化工製程安全管理

Chemical Process Safety Management

張一岑 / 著

葉序

　　二次世界大戰以後，廉價石油大量供應，化學工業發展神速，大幅提高人類的生活水準。由於科技的進步，產品種類快速增長，化學工業的製造程序日趨複雜，詭異的化學反應亦不斷的增加，單位成本雖然大幅降低，但所隱藏的危險性也不斷地升高。根據統計資料，化學工業的安全性遠較其他工業高，但是由於化工廠儲存著大量的易燃性或危害性物質，任何小的設備或操作上的失誤，都可能造成人員的傷亡及環境的破壞，而成為地方新聞媒體的頭條標題。嚴重的化學災變，例如英國傅立克斯鎮（Flixborogh, UK）爆炸事件，印度博帕市毒氣外洩事件，及美國帕薩丁納市（Pasadena, Texas, USA）聚乙烯廠爆炸事件，不僅震驚了化學工業界，而且還加強了各國政府，強制執行安全法規的決心，由於災變的發生，一般社會大眾對於化學工業的恐懼及反感日益增加，製程安全性已成為大型化學投資專案的主要的決策考慮因素。

　　台灣地區地狹人稠，化學工業專區與一般商業區或社區之間，幾乎毫無緩衝距離可言，近年來雖然未曾發生巨大的災變，但是小規模的失火、爆炸及有毒氣體外洩事件層出不窮，無論從公共安全或經濟的觀點而論，化學工業的安全性有待於加強及提昇。

　　傳統的化學工程教育僅偏重於基本理論及程序設計方法的傳授，並未將工業安全列入正式課程之中，因此一般化學工程師皆缺乏製程安全的基礎及訓練。近年來此種現象已略有改善，部分院校已將工業安全列於必修課程之中，工業界也開始重視安全管理，但其重點仍僅限於工業衛生，個人安全及工作環境的改善，尚未考慮到製程安全技術的應用。

　　基於以上的體認，張一岑博士乃根據多年的經驗，並參考歐、美各國

程序安全準則，撰寫本書。本書涵蓋的範圍廣泛，凡與程序安全有關的技術，例如危害鑑定、風險評估、安全管理工業衛生，皆以專題討論。內容深入淺出，強調方法及步驟的介紹及應用，避免理論探討及公式的推演，凡具大學工程科系三年級以上程度者，皆可了解，本書除可提供專業工程師參考外，並可作為大專化工及工業安全科系的教材。本書與《化工製程安全設計》（張一岑、徐啟銘著，揚智文化事業公司出版發行）相輔相成，同為修習「製程安全」必備書籍，謹樂為序。

中央研究院院士
葉玄
民國八十三年六月

自序

　　化工製程安全著重於製程狀態本質安全的設計及分析，較傳統工業安全的重點如個人安全、工作環境改善及防火防爆更加深入。製程安全技術自1974年英國傅立克斯鎮（Flixborogh, UK）爆炸事件發生後，開始受到重視，由於發展神速，實用性高，已普遍應用於歐美工業先進國家的化工設計及工廠操作管理工作中。

　　我國近年來，由於社會大眾環保及公共安全的意識提高，政府及化學工業界開始加強安全管理及意外防範，大規模投資計劃必須經過嚴謹的環境及風險評估，預期在不久的將來，製程安全技術將成為化學工程師不可缺少的工具。由於傳統的化學工程教育偏重於基本理論的探討及方法的應用，甚少提供製程安全的課程，一般工程師普遍缺乏製程安全的背景，將難以應付化學工業所面臨的挑戰。

　　有鑑於此，作者乃參考英、美先進國家有關製程安全的準則及論著，並根據本身在國外從事化工設計的經驗撰寫本書，期以協助國內同業建立觀念，並熟悉方法之應用。全書共分為導論、風險評析、安全及管理等四個主要部分，分別列於六章中討論。導論包括第一章至第三章，第一章敘述化學災變統計、發生的原因、安全法規及技術的發展，其目的在於建立一些基本的觀念，第二章介紹工業衛生以及有毒化學物對於人體健康的影響，第三章討論火與爆炸的特徵及防護；由導論中，讀者可以了解化學災變的特性、影響及防護。

　　第二部分為風險評析，是由第四章（危害鑑定）及第五章（風險評估）所組成，事實上，危害鑑定是風險評估的一部分，由於危害鑑定已成為近代化學工程設計中不可缺少的一環，因此特別以專章討論。第四章不

僅介紹主要的鑑定方法，並列舉實例，以供讀者練習，風險評估中的機率分析、影響分析及風險分析，則列入第五章中，除介紹基本方法外，並列舉分析實例。危害鑑定及風險評估兩章，係參考美國化學工程師學會所屬的化學程序安全中心出版的準則所撰寫，期以協助讀者了解美國化學工業界通用的法則。

第三部分為第六章安全管理，簡介歐美各國主要化學公司進行的政策及管理法則，值得我國化學工業界的借鏡。

本書公式及圖表中所使用的單位以國際單位（SI）為主，絕大多數以英制單位為基準的公式，皆已轉換為以國際制為基準的公式，因此公式之係數或常數數值與原來英制為單位的不同。

化工製程安全範圍廣泛，限於篇幅，難以完全涵蓋，尚請學者、專家指正。有關製程安全設計部分，則列入「化工製程安全設計」一書內討論，不在此贅述。

本書承揚智文化事業公司葉忠賢先生鼎力支持，得以順利出版，中央研究院院士，美國長春藤名校賓夕凡尼亞大學工學院院長、講座教授（已退休）葉玄博士惠賜序文，美國化工安全專家聯碳公司勒茲（W. K. Lutz，程序安全中心小組成員）與費雪（H. G. Fisher, DIERS 計劃主持人）二氏提供技術資料，並協助解決疑惑，虹門技術公司周總經理治忠博士，成功大學化工研究所所長周澤川博士及徐啟銘博士提供改善建議，賴筱彌小姐負責編輯出版事宜，在此謹向他們表示最大的謝意。

先嚴（諱國柱）生於北方貧苦農村，幼喜聲、光、化、電之學，立志以科技救國，早年肄業於天津國立北洋大學，修習礦冶工程。民國十六年因避北洋軍閥捕捉而輟學，後改習政治經濟，終生未償其志，深以為憾。本書出版時，適值先嚴九十冥壽，哀思之情，不能自己，謹將本書獻給他老人家，以慰在天之靈。

張一岑
民國八十三年十一月

目錄

第 3 章　　火與爆炸　　55

第 4 章　　危害鑑定　　101

附錄部分

第1章　緒論

科技的高度發展帶動了經濟及工業的成長，同時也大幅提高人類的生活水準。化學工業自然也不例外，由於高科技的進步及應用，化學程序的複雜性更為增加，規模不斷地增加擴大，高壓高溫系統、高危害性物質、與詭異化學反應的應用也屢見不鮮。由於製造過程複雜及規模龐大，化學程序的危險機率相對地提高，機械設備失常或操作上的失誤，所可能引發的後果嚴重性及災害的影響也大幅增加，為了避免意外發生，程序安全性已成為程序選擇及設計的主要考慮。

二次世界大戰以來，化工製程設計方法與設備標準不斷的演進，已屆成熟階段，製程的安全性也相對增加。純以安全統計的觀點而論，化學工業是所有工業中意外率最低的工業之一，但是由於災變的破壞力太大，往往成為傳播媒體的頭條新聞，一般公眾及新聞界對於化學工業的恐懼及反感，日益增加，因此加強化學工業程序的安全，是化學工業界亟須努力的重點。

化學工程師不僅必須具備程序安全的觀念，同時也應熟悉化學災變的統計、法規的演進及安全技術的發展，本章的重點在於介紹一些與安全有關的基本觀念，以建立讀者基本的背景，但不涉及深入的探討。

1.1 意外與損失統計

1.1.1 傷亡及疾病統計

災變與損失的統計是量測工業安全的指標，也可作為量測安全管理執行的成效。由於財產的損失受製程及周圍環境的因素影響很大，難以有效表達，而且社會大眾及政府主管機關對於人命的重視，遠超過財產的損失，因此大部分的損失統計皆以人員的受傷或死亡為量測對象。最主要的損失統計有下列三種：

(1)致命意外率（Fatal Accident Rate，簡稱 FAR）。

(2)年平均致命機率（Fatality Rate per Person per Year）。

(3)美國職業安全與健康署意外率（OSHA Incidence Rate）。

致命意外率（FAR）是英國化學工業界所使用的統計數值，它是根據1,000個員工一生中工作的死亡率，由於此統計假設一個人一生工作年限為50年，每年平均工作2,000小時，因此此統計數字為一億（10^8）工時內的死亡率：

致命意外率＝（意外致命或死亡人數×10^8）/（所有員工×計算
時間內的工作時數）　　　　　　　　　　　　　　　（1-1）

年平均致命機率為每年每人的致命機率，數值與實際工作時間無關，僅考慮每年死亡人數及考慮範圍內的總人數：

年平均致命率＝（每年死亡人數）/（總人數）　　　　（1-2）

如果已知致命意外率及平均個人工作時數，即可求出該工作的年平均致命率：

年平均致命率＝（致命意外率）×（平均每年每人工作時數）
　　　　　　　　　　　　　　　　　　　　　　　　（1-3）

例如化學工業的致命意外率為$4/10^8$時，每星期工作44小時，每年工作48星期，年平均致命率為：

$4/10^8$時×44時/星期×48星期/年＝$8.4×10^{-5}$（次數/年、人）

最後一個統計方法為美國職業安全與健康署使用的意外率，它是以每百人工作年為基準計算，由於美國平均每人每星期工作40小時，每年工作50星期，因此它是200,000小時曝露於工作危害所發生的意外的統計，意外可分為下列兩種：

(1)傷亡或疾病。

(2)工作天數的損失。

美國職業安全與健康署意外率（傷亡或疾病）＝（意外傷亡及疾病次數×200,000）/（員工總工作時數）　　　　　（1－4）

美國職業安全與健康署意外率（工作天數損失）＝（工作天數損失×200,000）/（員工總工作時數）　　　　　（1－5）

美國職業安全與健康署職業傷亡、疾病及工作天數的損失等定義〔4，6〕如下：

⑴職業性受傷：工作環境下單次意外直接或間接（曝露或接觸）造成的人體損傷，例如割傷、破裂、關節或筋骨扭傷、切斷等。

⑵職業性疾病：員工由於曝露於工作環境因素所發生身體不正常狀況、不適或疾病，包括由於吸入、吸附、消化或直接接觸所造成慢性疾病，但不包括職業性受傷中所列的人體損傷。

⑶工作天數的損失：由於職業性受傷或疾病所造成的員工無法工作的天數，包括因職業性受傷或疾病的緣故，員工無法全時、全天工作，或因受傷、疾病而被調至臨時工作所損失的工作天數。

由於美國職業安全與健康署意外率包括所有與工作或職業有關的傷亡及疾病，較僅考慮死亡（致命）的致命意外率或年平均致命率等統計數據，更能反應實際勞工意外狀況，因為大部分的職業性或工作相關的活動並不具嚴重的死亡威脅，但是小地方的疏忽經常可能造成人體的受傷，而且長期性曝露於不健康的環境（危害性物質或空氣、水的污染），很可能造成慢性的皮膚病或呼吸系統不適，這些肢體受傷或身體不適雖不致於致人於死，但是卻值得警覺及改善，如果統計數據僅考慮死亡的威脅，根本無法精確測及分辨工作環境的好壞程度，以作為改善的依據。由於美國職業安全與健康署意外率包括受傷及疾病，無法直接轉換為致命意外率或年平均致命率。

（**表1－1**）中列出不同產業的意外統計，如以致命威脅（致命意外率）而論，化學工業僅略高於運輸工具（汽車）業，但是如果將工作天數損失包括在內（美國職業安全與健康署意外率），則化學工業遠較其他工業安全。如與非工業性活動例如居家、旅行、戶外運動（**表1－2**）相比，化學工業的致命意外率僅略高於居家，遠低於乘坐小汽車、飛機，或戶外

表1-1 不同產業的意外統計〔3,4,5〕

產業別	美國職業安全與健康署意外率 (包括死亡及工作天數的損失)〔4〕	致命意外率〔3,5〕 (死亡人數/10^8 時)(註一)
化學	0.49	4.0(註二)
		5.0(註三)
		5.0(美國)
		5.0(西德)
		8.5(法國)
運輸工具	1.08	1.3
鋼鐵	1.54	8
造紙	2.06	—
煤礦	2.22	40
食品	3.28	—
營建	3.88	67
農業	4.53	10
肉類	5.27	—
卡車運輸	7.28	—
空服業(飛行員及空服人員)	—	250

註一：英國統計數據。
註二：不含1974年傅立克斯鎮爆炸事件數據。
註三：含1974年傅立克斯鎮爆炸事件數據。

休閒活動，更較現代人的吸煙或吞服避孕丸安全。

雖然化學工業的意外統計數據遠較其他工業爲低，但是爲何社會大衆仍然不信任化學工業呢？主要的原因爲化學工業或相關活動的意外破壞威力太大，往往造成少則數十人，多則數百人的傷亡，與數千萬美元的財產損失；以1984年印度博帕市化工廠毒氣外洩事件爲例，附近居民傷亡者高達三千人之多，全世界爲之震驚。

（**表1-3**）列出1870年至1990年間化學災變的統計，早期（1870年－1910年）化學工業尚在萌芽階段，主要的意外爲鍋爐爆炸，40年間共發生10,000次意外；1911年至1940年間，化工業多爲無機化學品的製造，劇毒性氯氣外洩及硝酸銨的爆炸是造成災變最主要的原因。二次世界大戰以後，煉油、石油化學及塑膠工業興起，易燃性物質失火及蒸氣雲爆炸所佔

表1-2 非工業性人數活動的致命統計〔3〕

活動 （自發性活動）	致命意外率（FAR） （死亡次數/10^8時）	致命機率 （平均每年每人致命率）
1.居家	3	
2.乘坐交通工具		
・公共汽車	3	
・火車	5	
・小汽車	57	17×10^{-5}
・自行車	96	
・飛機	240	
・摩托車	660	
3.戶外運動		
・打美式足球	–	4×10^{-5}
・獨木舟	1,000	
・攀爬岩壁	4,000	4×10^{-5}
4.吃避孕丸	–	2×10^{-5}
5.抽煙（每天一包）	–	500×10^{-5}
（非自發性活動）		
被隕石擊中		6×10^{-11}
被雷擊中（英國）		1×10^{-7}
失火		150×10^{-7}
被車輛撞倒		600×10^{-7}
核能電廠的輻射外洩（1公里內）（英國）		1×10^{-7}
飛機失事（英國）		0.2×10^{-7}
壓力容器爆炸（美國）		0.5×10^{-7}
潮水漲出堤防（荷蘭）		1×10^{-7}
白血病		800×10^{-7}

表 1-3 1870年-1990年間化學災變統計 [1,3]

期間	意外次數	毒物外洩	沸化液體氣化爆炸	局限性蒸氣爆炸	一般性爆炸	火災	非局限蒸氣雲爆炸	塵爆	其他(詳見說明)	死亡人數	受傷人數	說明
1870-1910	10,000				10,000							鍋爐爆炸
1911-1920	4	2			1			1		108		
1921-1930	6	3		1	1			1		502		
1931-1940	4	4								63		
1941-1950	11	4		1	2	2	2			861	6328	
1951-1960	12	1			7	1	2		1	85	300	可燃氣體外洩，未點燃
1961-1970	52	13	2	11	10	8	8			168	2817	
1971-1980	77	16	2	10	18	11	16	1	3	367	1315	2次為可燃氣體外洩 1次為合架崩潰
1981-1990	41	1	2		6	19	11		2	不詳	不詳	1次為颱風吹毀諸槽 1次為柴油流入河川之中
1961-1990	170	30	6	21	34	38	35	1	5	535 (註)	4132 (註)	

註：僅含1961年-1980年統計數值。

的比例大幅上升，破壞力及傷亡人數也大幅增加。1911年至1940年約三十年間，平均每年傷亡人數為48人，以後四十年間（1940年至1980年）平均每年傷亡人數高達81人。

1.1.2 財產損失統計

化學災變的財產損失數據多由保險公司收集，保險公司必須根據行業別及製程的歷史性意外機率及損失，以計算保險率及決定是否承擔風險。美國 M&M 保全顧問公司（M&M Protection Consultants）每年發表過去三十年間主要化學災變統計，以供保險業者參考。（**附錄二**）中列出1960年至1989年間一百件重大的災變摘要，包括發生時間、地點、原因、災情，以及損失金額，所有損失金額皆換算為1990年美金幣值，以便於比較。
（**附錄三**）則列出下列七件影響重大的意外事件：

(1)美國加州里其蒙通用化學公司（Richmond General Chemical Co., Richmond, California, USA）硫酸雲霧排放事件。

(2)美國德州菲力浦化學公司（Philips Chemical Co., Pasadena, Texas, USA）聚乙烯工廠爆炸事件。

(3)北海石油生產平台爆炸事件。

(4)美國內華達州太平洋工程及生產公司（Pacific Eng. and Prod, Co., Nevada, USA）過氯酸銨工廠爆炸事件。

(5)印度博帕市聯碳化學公司（Union Carbide Corp., Bhopal, India）化工廠劇毒氣體外洩事件。

(6)英國傅立克斯鎮（Flixborough, UK）人纖工廠爆炸事件。

(7)意大利薩維梭鎮（Severso, Italy）艾克梅沙化學工廠（Icmesa Chemical Co.）四氯雙苯戴奧辛散佈事件。

（**表1-4**）列出過去三十年間（1960年－1989年）意外事件及財產損失，損失統計以十年為單位，三十年間總損失達55億美元，平均每事件損失達 5 千 5 百萬美元，平均損失有逐年增加的現象，八十年代的平均損失遠超過六十年代及七十年代平均值，損失數值的上升值得化工業界警惕及反省。

表 1-4　過去三十年間(1960 - 1989)100 件主要化學工廠災變損失[1]

	意外次數	財產損失（註一） （百萬美元）	平均損失（註一） （百萬美元）
1960 - 1969	16	655	40.94
1970 - 1979	43	2,063	47.97
1980 - 1989	41	2,788	68.00
小計	100	5,486	54.86

註一：1990年幣值。

　　過去三十年間，化學製程技術不斷的革新、改良、安全技術及管理早已由早期的管家方式（Housekeeping）演變成高度專業技術，但是仍然無法在災變統計數字上顯示出進步的現象。

　　其主要的原因為：

(1)化學工廠規模增大，高危害性物質使用種類及數量增加。

(2)自動化及電腦化的結果，雖大幅降低員工的需求，並且提昇生產力，但是由於操作及維修人員長期須依賴精密儀器及電腦，不僅易疏漏於直接接觸設備，而且還喪失危機及危險意識，一旦發生意外，或設備失效時，往往無法及時判斷及處理。

(3)大型石化原料生產工業的發展已經非常成熟、利潤低、生存不易、多數工廠為了降低成本，不願意多雇用永久職工，工作量高時寧可要求員工加班或雇用短期合約職工，工作品質無法保持，易由於訓練不足或能力不足而造成意外。

(4)美國境內煉油、石化及化學工廠多在五十年代及六十年代興建，設備及製程遠較中東、遠東新興化學工業老舊，1982年至1986年間經濟衰退，工廠不僅無力投資改善，甚至大量裁減人員，以降低生產成本，間接造成八十年代末期大型災變不斷發生。

1.2 災變演變過程

  化學工廠災變的發生是由於一個或者是數個非企劃性事件所引發的，其發生的過程約可分為：發起（Initiation），散佈（Propagation）以及後果（Consequences）等三個階段。首先發生的意外事件稱之為發起事件（Initiating Event）。如果發起事件並不引起其他的事件，同時也未造成任何後果，災變不致於發生，例如一個備用壓力計的損壞，並不會影響程序的正常操作，也不致於造成毒性物質的外洩甚或引起火災或爆炸的發生。如果發起事件引起其他設備或元件的操作失常時，一連串的連鎖反應即會產生，最後則造成可怕的災害，例如高壓反應槽的壓力不斷上升，終於超過殼壁所能承受的最高壓力，而造成反應槽的破裂及反應物的外洩，這種機械、系統或操作人員對於發起事件的反應事件稱為中間事件。中間事件發生後的階段為散佈階段，此階段的設計或人為性的疏解、災害控制或制止的因應措施也屬於中間事件。

  中間事件演變的結果會造成可怕的後果，例如火災、爆炸、有害或物質的洩漏，這些後果發生後，又會引發出其他的事件及後果，例如管線破裂後，可燃性氣體外洩，而形成蒸氣雲，遇火源著火後爆炸；氣雲爆炸會造成其他桶/槽或設備的損壞，又可引發出毒性物質的外洩、散佈、火災與爆炸的後果，進而造成人畜傷亡及社區環境、生態的破壞。

  （表1-5）列出化學工廠的危害、發生事件、散佈及後果的例子，危害（Hazard）是造成化學工廠災變的隱因，例如易燃、可燃、反應性或劇毒性物質。意外發生時，足以造成廠區及附近地區人員的傷亡及財產的損失。發起事件則為設備失常、失控、人為失誤、公共設施的中斷、洪水、地震、雷電、颱風等天災或恐怖份子蓄意破壞；散佈階段的中間事件為操作條件（壓力、溫度、流速、濃度及相態）的變化、圍堵失效、有害物質外洩、潑灑及控制失常；後果則為火災、爆炸、撞擊、毒物散佈等。

  化學災變演變過程可以用1974年英國傳立克斯鎮人纖工廠的爆炸事件來說明（背景及災情詳列於**附錄三**中），該工廠中儲存過多（1,943公

表1-5 災變演變的過程〔2〕

危害	發起事件/意外	中間事件		災變後果
		散佈	修正及控制	
過量的危害物儲存量 ·著火物質 ·可燃物質 ·不穩定物質 ·毒性物質 ·過熱或過冷物質 ·惰性物質	機械設備失常 ·泵、閥、壓縮機 ·儀器、偵測器 圍堵失效 ·管線 ·桶槽 ·儲槽 ·氣密墊	程序參數失常 ·溫度、壓力、 濃度 ·流率 ·相態 圍堵失效 ·同左 物質外洩	安全系統反應 ·疏解閥 ·備用公共設施 ·備用機件/系 統 緩和系統應變 ·通氣 ·短堤	火災 爆炸 撞擊 劇毒物質散佈 人為失誤
快速反應特性 ·反應物 ·產品 ·中間產品 ·副產品	人為失誤 ·操作 ·維修 ·測試	·可燃性 ·爆炸性 ·毒性 ·反應性	·火炬 ·噴水系統 控制反應 ·計劃中 ·臨時決定	快速反應物質 散佈
對下列參數或物質敏感 的反應 ·雜質 ·溫度、壓力、濃 度、酸鹼度等程 序參數	公共設施中斷 ·電力 ·水 ·空氣 ·蒸氣	著火及爆炸 (操作員失誤) ·忽略 ·安裝 ·診斷/決策	意外發生後應變 措施 ·警示 ·緊急應變 ·個人防護設備 ·疏散及警衛	
	天災人禍 ·洪水、颱風、地 震、雷擊 ·恐怖份子破壞	外在因素 ·警示遲滯 ·未警示	外在事件 ·早期偵測 ·早期警告	
	方法及資訊錯誤 ·設計 ·傳播	方法/資訊錯誤 ·數量 ·實用性 ·時效性	資訊傳送 ·路徑 ·方法 ·時效	

秉，或434,000加侖）的易燃性物質，例如環己烷、石油腦、苯、甲苯等，整個工廠相當於一個定時炸彈。發起事件為反應器之間的連接管線修改時設計不良，管線因支持力不足而破裂。中間事件則為環己烷的外洩、揮發，形成蒸氣雲，後果則為蒸氣雲著火爆炸，大火連續了10天，造成28人死亡，119人受傷，並波及附近社區及商店，財產損失高達4億1千萬元（1990年幣值）。此事件震驚了整個英國化工界，促起工業界對於化學工業安全的重視及檢討。

（圖1－1）顯示造成1960年至1990年間100件最嚴重的化學災變的主要原因，機械失常（38％）所佔的比例最大，操作失誤（26％）次之，其他的原因如程序反常、天災人禍或設計錯誤僅佔三分之一左右（36％）。機械失常多由機械設備或元件的維護不良所引起的，操作失誤則為操作人員的判斷錯誤或忽略正常操作步驟，程序反常主要是由於公共設施（水電、蒸汽、空壓系統）中斷所引起的。如果執行合理及正常的操作及維修步驟，機械失常、操作失誤及程序反常等三項主要肇事的原因皆可避免。

（圖1－2）顯示造成大型災變的硬體設施，管線破裂所佔比例最高（29％），原因不詳者（佔23％）及儲槽（17％）次之。值得注意的是機械設計複雜的泵浦，壓縮機的失常所佔的比例甚低，僅4％左右。由此統計數字可以看出大部分的化學災變的發生並非由於技術的不足，而是由於基本安裝及維修的不確實所造成的。

高科技的設備及複雜的程序仍需人來控制、管理；如果管理、操作及設備維護不足，意外及災變仍然無法避免。

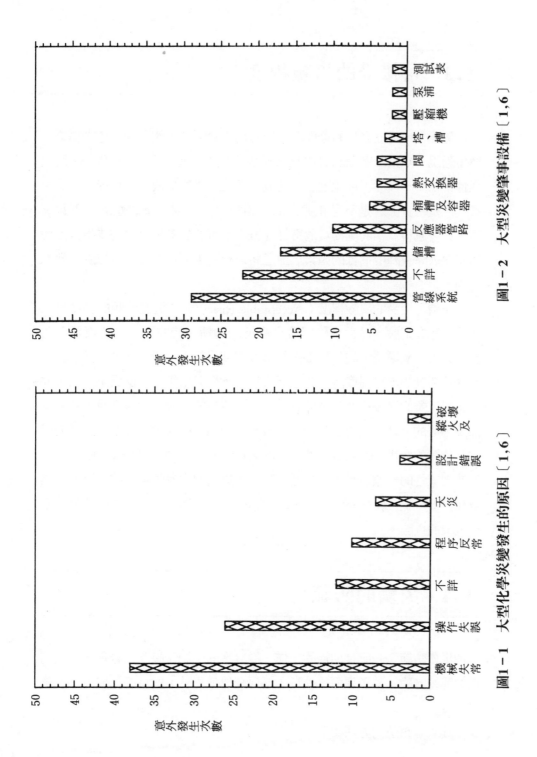

圖1－2　大型災變肇事設備〔1,6〕

圖1－1　大型化學災變發生的原因〔1,6〕

1.3 可接受的風險程度

防止化學災變發生的最簡單的方法為去除所有可能存在的危害物質，換句話說，如果工廠範圍之內沒有具危害性（劇毒、易燃/可燃、快速反應性）物質，自然不可能因意外的發生而造成毒物外洩、火災或爆炸的後果。但是事實上這是不可能達到的，因為現代化學工業的產品不下數萬種，許多原料及中間產物具危害性，吾人不可能放棄現代化的成果，因此只有從去除或降低危害的因素，並且將系統的風險程度降至可接受的範圍之內。

何謂可接受的風險程度（Acceptable Risk）呢？這個問題的答案見仁見智，難有定論，而且風險程度之高低隨國情、時間、風俗及環境而改變。如果一個環境中的化學工廠的風險程度遠超過一般，日常生活中非工商業性活動的風險程度時，自然不會被社會大眾所接受。反過來說如果要求化學工業的風險程度，遠低於正常生活活動的風險，便會造成工業的遲滯及物價的上升，因為過分安全的設施及管理，不僅會大幅增加生產的成本及建廠的費用，而且會加速產業的衰退及外移。由（**表1-2**）所列的一些非工業性的一般活動的致命意外率，可以看出化學工業的致命意外率為$4/10^8$小時，略高於待在家中的風險程度，且遠低於駕車、騎自行車或乘坐飛機的危險。

1.4 災變的防範

災變防範是一個長期性的工作，從專案的企劃、設計、營建，一直到正常運轉階段，都必須嚴格執行，任何疏忽或意外，即可能造成可怕的後果。

其基本預防的方法如下：

(1)設計合理化、安全化：

　　·廠址選擇

　　·廠房設備佈置

　　·本質安全設計

　　　　—降低/去除程序中的危害

　　　　—減少危害物質使用量

　　　　—選擇緩和的操作條件

　　·安全防範設施

　　　　—緊急疏解系統

　　　　—急冷、緩和及洗滌、焚化等處理

　　　　—消防設施

　　　　—緊急應變計劃

　　·安全檢討、危害鑑定

(2)工程及營建符合安全標準：

　　·標準規範，安全準則

　　·品質保證

(3)安全運轉：

　　·試俥/起動前檢討

　　　　—檢視

　　　　—操作及維修步驟

　　　　—員工配置及訓練

　　　　—緊急因應設備及執行步驟

　　·實際操作

　　　　—操作手冊及指令

　　　　—安全規則

　　　　—訓練及再訓練

　　·維修步驟

　　·管理系統

──製程修改步驟

──安全查核

(4)管理監督：

- ·製程/設備修改專案許可及執行
- ·定期安全查核
- ·風險評估/分析及改善建議之執行
- ·意外調查、報告及改進

對於運轉多年的工廠，管理階層宜訂定短、中、長期計劃，不斷改善製程，以增加程序的安全性。首先應全面檢討製程、設備及安全防護設施，將廠中的危害因素，依危險程度的嚴重性排列，特殊嚴重的危害因素必須立即著手改善，其餘可列入中期改善計劃中，逐年執行，期以三至五年之間完成全部硬體工作及軟體措施（如操作、維修手冊、安全管理制度、緊急應變計劃等）。

1.5　安全法規的演進

安全法規是政府針對過去發生的意外經驗及民眾的要求，與工業及利益團體的協商後所產生的反應，法規由特定主管機關如勞工署（局）、工業局的工業安全單位負責執行，法規包括工業安全標準、準則、政策、工安檢視、處罰條例等。（表1-6）列出英、美、荷蘭、歐洲共同市場、聯合國等有關工業安全的法案。由於空氣/水的污染及廢棄物皆會影響大眾安全，許多環保法規亦可歸類為工業安全法規，不過環保法規的加強及執行，多由環保主管機關（環保署、局，空氣/水/廢棄物管理處等）負責，而不是由勞工或工業管理機關負責。

表1-6 歐美各國工業安全法規及訓令

國家	年	法規名稱
英國	1802	學徒健康及品德法案（The Health and Morals Act）
	1831	工廠法案（The Factories Act）
	1906	鹼類法案（The Alkali Act）
	1927	爆炸性物質法案（The Explosive Substances Act）
	1951	河川及污染防止法案（The Rivers, Prevention of Pollution Act）
	1952	清潔空氣法案（The Clean Air Act）
	1960	噪音防制法案（The Noise Abatement Act）
	1961	工廠法案（修正案）（The Factories Act）
	1974	工作場所健康及安全法案（The Health and Safety at Work Act）
	1974	污染控制法案（The Control of Pollution Act）
	1984	工業主要的意外控制法案（The Control of Industrial Major Accidents Regulations）
美國	1908	炸藥運輸法案（Explosives Transportation Act）
	1956	聯邦水污染控制法案（Federal Water Pollution Control Act）
	1968	天然氣管安全法案（Natural Gas Pipeline Safety Act）
	1970	危害性物質運輸法案（Hazardous Materials Transportation Act）
	1970	清潔空氣法案（Clear Air Act）
	1972	噪音控制法案（Noise Control Act）
	1972	毒性廢棄物沈積法案（Deposit of Poisonous Wastes Act）
	1976	毒性物質控制法案（Toxic Substances Control Act）
	1986	緊急企劃與社區知曉權法案（Emergency Planning and Community Right-To-Know Act of 1986）
	1992	職業安全與健康署程序安全管理系統（OSHA 1910.119）
美國新澤西州	1986	新澤西州毒性災禍防範法案（New Jersey Toxic Catastrophe Prevention Act，簡稱 TCPA）
荷蘭	1982	工作環境法案（Working Environment Act）
歐洲共同市場（EEC）	1982	薩維梭訓令（Seveso Directive, 82/501/EEC）
經濟合作與發展組織（OECD）	1987	經濟合作與發展組織之化學品計劃（OECD Chemicals Programme）
聯合國（UN）	1977	聯合國之危險物品運輸規定（The Transport of Dangerous Goods, UN Code of Practice）
國際海洋會議（IMCO）	1977	國際海上危險物品運輸規定（International Maritime Dangerous Goods Code）
國際原子能委員會（IAEC）	1973	放射性物質的安全運輸規定

1.5.1 英國

英國是安全法規最先進的國家之一，早在十九世紀初期，即公布學徒健康及品德法案與工廠法案，主要目的在於建立一個合理而安全的工作環境，重點在於勞工個人的安全。1906年的鹼類法案及1927年的爆炸物質法案的制定及執行是爲了防止具危害性的鹼類及炸藥造成嚴重災害。1950年以後雖然陸續公布一連串與公共安全有關的法案，但是除了工作場所健康及安全法案（1974年）與工業主要意外控制法案（1984年）以外，其餘的法案皆爲環境保護或污染防制的法案，與工業製程安全並無直接的關係。

1974年傅立克斯鎮人纖工廠爆炸事件震驚了整個英國，大幅改變政府與化學工業界對於安全的態度，一夕之間，工業安全變成產、官、學界最重視的課題。英國政府召集專家學者及工業界代表，成立了一個嚴重危害顧問委員會（Advising Committee on Major Hazards，簡稱 ACMH），全面檢討重大性工業危害。這個委員會不僅發表了三個影響深遠的報告〔7〕，並且列出了：鑑定、認知、去除/降低危險機率、評估等四個控制工業危害的原則。這四個原則已普遍爲工業化國家及國際性工業組織所接受。

英國政府也將鑑定、評估及控制、緩和及抑止等列入法規之中：

(1)鑑定：將處理危害性物質場所設立之申報，列入1982年修正的工作場所健康及安全法案（The Health and Safety at Work Act, 1982）之中。

(2)評估及控制：首先出現於1974年公布的工作場所健康及安全法案中，在1984年的修正法案中，又將主要工業災害的控制規定包括在內。

(3)緩和及抑止：列入1984年修正的工作場所健康及安全法案中有關主要工業災害控制規定中。

1.5.2　其他歐洲共同市場國家

　　1976年義大利薩維挼鎮劇毒物質外洩事件發生之後，歐洲共同市場即著手研擬有關控制重大化學災變的訓令，此訓令於1982年發表，正式名稱為嚴重工業災害控制訓令（Directive of Major Industrial Accident Hazrds，82/501/EEC），簡稱為薩維挼訓令（Seveso Directive）。此訓令包括公共安全報告及操作安全報告兩個主要部分。操作安全報告包括工業場所的技術安全措施及公司管理的說明。

　　荷蘭是執行薩維梭訓令最徹底的國家，也將訓令的要求列入工作環境法案（Working Environment Act）及公害法案（Nuisance Act）中，有關工作環境安全的規定列入工作環境法案，有關公共安全（非工業區及非工作場所）的規定則列入公害法案中。工作環境法案是由社會部（Ministry of Social Affairs）勞工署屬下的勞工督查處負責執行。工作環境法案明文規定事業單位如果使用或儲存過量的危險性物質（薩維梭訓令中規定者）時，必須申報界外安全報告。

　　報告包括下列主要資訊：

　　⑴所有可能對廠區以外地區造成危害的意外的風險及後果分析。

　　⑵標明個人風險程度等值線的區域圖。

　　⑶廠區內設備及製程設計及操作資訊。

　　依據荷蘭的經驗，工業災變的發生主要是由於公司的安全管理不當所造成的，而不是因為製程設計上的缺失或硬體設備的不足〔8〕。

　　其他歐洲共同市場國家對於薩維梭訓令的重視及執行程度不一，西德政府認為工業標準的修正及演進足以達到控制工業災變的目的，只要工業界遵循設計標準，即可將風險程度降至可接受的程度之內。

1.5.3　經濟合作與發展組織

近年來，經濟合作與發展組織（OCED）開始重視重大工業災變，目前研擬的項目包括〔9〕：

⑴管制合諧化及新興工廠的許可程序。

⑵意外因應的一般性原則。

⑶廠址選擇政策。

⑷國界外的緊急事件及互助的安排。

⑸技術資料的交換。

⑹評估方面的合諧化、標準化。

⑺過去意外數據的交換。

⑻主要災變資料庫的建立。

⑼對公眾公開的資訊。

⑽化學品安全性的測試。

⑾全面性風險評估。

⑿法規執行的合諧化、一致化。

⒀危險決策的公眾參與。

⒁執照及許可之頒發。

1.5.4　美國

傳統上，美國政府比歐洲國家政府保守，政府不願意過份干預工業的發展，二次世界大戰以前，美國僅頒佈一項有關公害及公共安全的法案——炸藥運輸法案（Explosives Transportation Act），1950年至1960年之間僅將水污染、天然氣的管路運輸兩項立法管制。1970年以後，聯邦政府才逐步立法管制空氣、危害性物質及廢棄物、噪音等可能造成公害的污染物。一般工作場所安全及個人防護準則，則由1970年以後成立的職業安全及健康署（Occupational Safety and Health Administration，簡稱OSHA）負責訂定法規及準則。一般來說美國政府對於環境污染及公害的重視遠超

過工業安全，一般社會大眾往往把工業安全及危害與環境保護及公害防制混為一談，環保署（EPA）的政治影響力及其支持者的勢力遠大於職業安全與健康署（OSHA），未來有關化學公害及工業衛生部分業務，可能會併入環保署的業務範圍之內。

1992年公布的OSHA 1910.119條款〔11〕、1990年的清潔空氣法案修正案〔12〕及美國石油研究院（API）的API750報告〔13〕，皆推薦煉油、化學以及氣體處理工業，實施一種結構化的製程安全管理系統（Process Safety Management System），它包括：

(1)現有的程序安全資訊：

- 基本化學品數據表
- 流程圖及管線、儀表圖
- 程序設備規範表
- 安全防護系統的設計基礎
- 廠房（場所）佈置與電危害分類

(2)危害分析及檔案，OSHA 並未強制規定使用何種危害分析方法，業者可自行依需求選擇利用之危害分析方法，如危害與操作性分析（HAZOP）、失誤模式與影響分析（FMEA）、失誤譜（Fault Trees）等（參閱第四章：危害鑑定）。

(3)製程修改之管理步驟：

- 正式安全分析
- 正式許可步驟
- 修改/設計圖、操作手冊、訓練手冊等

(4)操作步驟手冊。

(5)操作員訓練檔案。

(6)定期程序設備檢視。

(7)正式的試俥/起動前檢討。

(8)緊急應變計劃。

(9)意外調查。

(10)定期安全查核。

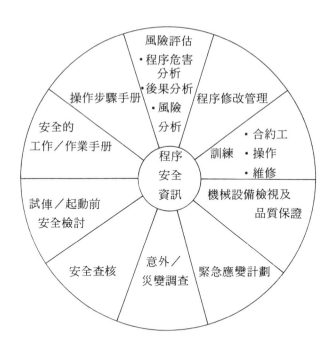

圖1－3　程序安全管理系統：安全檔案之建立、保存，危險管理計劃申報等〔10〕

（圖1－3）顯示程序安全管理系統的內容項目。

1987年9月28日職業安全與健康署公布的通告（OHSA Notice CPL2－2, September 28, 1987）明文規定安全檢查官員有權決定，受檢廠家是否必須增加適當的安全設施。檢查官員執行工作時，必須遵循下列原則及步驟：

(1)使用詳細的標準安全檢視校驗表。

(2)決定廠家的危險管理計劃是否確實執行。

(3)特殊程序（如具高能量的化學反應，產生危害物質的反應）的危害鑑定及評估。

(4)程序設計及控制的安全性。

(5)評估緊急應變步驟之可行性。

1986年通過的超級基金修正法案及再授權法案中第三條款（Title Ⅲ, Superfund Amendments and Reauthorization Act of 1986）中的緊急企劃

與社區知曉權（Emergency Planning and Community Right-to-Know Act）是美國聯邦政府第一個評估生產事業及附近社區於危害化學物質意外排放時緊急應變能力的法案，包括下列四個主要部分：

⑴緊急應變計劃（三〇一至三〇三節）。

⑵緊急通報（三〇四節）。

⑶社區知曉權申報需求（三一一及三一二節）。

⑷毒性化學物排放存量（三一三節）。

生產單位必須定期申報場所內所儲存的危害化學物質數量、種類、及排放量並制定緊急應變計劃，同時與地方警政單位、地方政府連線，建立連絡/通訊網路、社會及地方政府制定緊急應變計劃及措施。公眾及社會有權了解附近生產單位的操作情況，危害物質的使用及排放等。

1986年1月，新澤西州正式立法，要求化學工廠及儲存轉運場所進行全面性危險管理，此法案的名稱爲毒性災禍防範法案（Toxic Catastrophe Prevention Act，簡稱 TCPA）〔14〕，此法案是美國第一個有關「危險管理」的州法。法規要求處理或儲存極端危害性物質（Extraordinarily Hazardous Substances，簡稱 EHS）的廠家或則是場所向州環保局申請（NJDEP）註冊，並申報危險管理計劃，州環保局必須檢討及許可危險管理計劃。如果生產單位在註冊時未擬具危險管理計劃，州環保局將協助業者研擬極端危害性物質風險降低工作計劃（Extraordinarily Hazardous Substances Risk Reduction Work's Plan），此計劃是作爲未來執行強制性極端危害性物質意外的風險評估（Extraordinarily Hazardous Substance Accident Risk Assessment, EHSARA）的基礎。生產單位必須執行風險降低工作計劃，以減少意外發生機率。如果風險機率無法如期降低時，州環保局有權強制生產單位停機，一直到所有的風險降低計劃完全付諸實施爲止〔15〕。

最初僅選擇11種極端危害性物質，目前業已增至近100種，（**附錄五**）中具刺激毒性效應的化學物質即爲新澤西州規定的極端危害物質。

毒性災禍法案包括下列項目的作業規定：

⑴現有及新的極端危險性物質場所設計的安全檢討。

⑵標準操作步驟。

(3)防護性維護計劃。

(4)操作員訓練。

(5)意外調查步驟。

(6)風險評估。

(7)緊急應變計劃。

(8)廠內及廠外危險管理計劃的查核步驟。

1.6　程序安全技術的發展

　　1970年以前，並無所謂程序安全技術的名稱，安全技術的發展著重於消極性、附加性的處置（Disposal）、緩和（Mitigation）及消防（Fire Protection）和疏解（Relief），雖然六十年代危害鑑定、風險評估技術已普遍應用於航空、太空、國防工業上，但是並未受到化學工業的重視。當時化學工業界及工程界深信，只要加強設計標準化及合理化，即可將化學程序的風險程度降至合理及可接受的水準之內。如果單從平均傷亡的統計數字例如「美國職業安全與健康署意外率」而論，此種看法並無任何不妥之處，因為化學工業的意外率遠低於其他產業。1974年英國傅立克斯鎮人纖工廠爆炸事件及1984年印度博帕市毒性氣體外洩事件發生以後，整個改變了工業界的看法。嚴重化學災變的發生，迫使工業界認清了下列幾個基本的事實：

(1)化學程序十分複雜，除了附加價值高的精密化學品製造程序是以小量批式生產之外，大部分化學品的製造皆為連續式，而且數量龐大，任何一個小步驟發生問題，即會產生連鎖性的反應。

(2)化學工廠中儲存著大量的危害性物質，任何處理上的失誤，即可能造成危害物質的洩漏，進而引發失火、爆炸或毒性物質的擴散，造成嚴重的財產損失、人畜傷亡及社區環境的破壞。

(3)化學工業的發展是循序漸進的，許多運轉有年的工廠尚存有三、五十年前設計的設備及程序，其設計及製造方法雖已不合現代標準，但由於過去始終未發生問題，因此在多一事不如少一事的心態下，

仍然繼續操作，終將發生可怕的意外。

(4)單一設備或程序設計的合理化、標準化及安全化，並不保證系統的安全，因為系統的整合不當，也會造成可怕的後果。

英國化學工業界是最早致力於程序安全技術的發展，他們所提倡的危害鑑定、風險評估及控制方法，已普遍為其他工業化國家所接受。程序設計工程師，對於安全的觀念也有了很大的轉變，安全並不只是加裝安全防護設施或疏解系統，而且是以危害鑑定、風險機率的評估為工具，以達到最終的安全目標（圖1-4）。設計的基本原則為設計本質上安全的工廠，換句話說，是以增加本質安全（Inherent Safety）為前提，除非不得已才考慮以附加或外在的安全防護設施增加程序的安全性。英國化工安全專家如李茲（*F. Lees*）、克萊茲（*T. Kletz*）二氏是少數的拓荒者，他們的著作及理念已普遍為化工界所接受。克萊茲氏所提出來的本質安全設計（Inherent Safety Design）的觀念及設計例證，在九十年代普遍為各大跨國性化學公司及工程公司作為內部訓練及研習的課題。

美國化學工業界起步較晚，一直到八十年代中期，才警覺到程序安全的重要，此種心態多少受到1984年印度博帕事件的影響。目前工業界的領袖已充分了解安全的重要性，不僅加強安全工作及管理的投資，同時也摒除門戶觀念，不將安全技術視為私產，主動提倡技術的交流及公開。美國化工學會（AIChE），於1985年所成立的化學程序安全中心（Center of Chamical Process Safety，CCPS），支持者超過60家化學公司，以下設技術分組委員會，委員包括各大化學公司如杜邦（Dupont）、聯碳（Union Carbide）、空氣產品及化學公司（Air Products & Chemicals）、卜內門（ICI）、大西洋富田（ARCO）、羅姆及漢斯（Rohm & Haas）公司專家，其目的在於發展及交換有關化學程序安全的技術。成立以來，已陸續出版了20餘本準則（Guidelines），內容包括危害鑑定、風險評估、安全管理、安全自動化、安全查核、程序安全設計、蒸氣雲擴散模式、設備可靠度數據、危害物質的儲存及運輸等。這些準則已普遍為工業界接受及應用。

1976年包括杜邦、聯碳公司在內的29家化學公司在美國化學工程師學會的監督下，成立緊急疏解系統設計院（Design Institute for Emergency

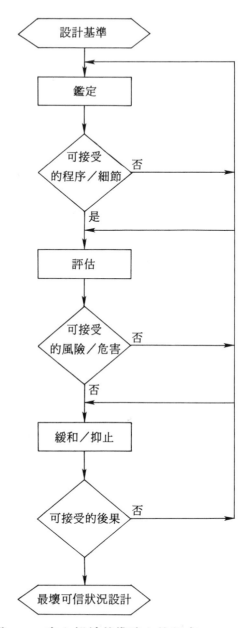

圖1-4　安全設計基準建立的程序

Relief Systems，簡稱 DIERS），其目的在於加強爭議性氣液雙相在疏解系統中動力學的研究、失控反應的處理、大型整體排放與失控反應的實驗。自1976年起，10年之內共投資160萬美元進行各項研究，研究成果包括了50餘份實驗及理論的報告，另外尚有一套嚴謹的電腦設計程式（SAFIRE），以及一套小型實驗裝置。有關 DIERS 發展的技術，目前已有近70個公司使用其研究成果，會員每年集會一次，研討技術的改進並交換經驗〔16〕。

1.7　合理的因應態度

　　化學工業的發展及成長，大幅提高人類的生活水準及便利，但是由於程序複雜，而且處理的化學品多具著火、易燃、毒性、刺激或爆炸等危害性質，任何微小的機械或人為失誤，都可能造成嚴重的財產損失及人員的傷亡。社會大眾固然享受現代化學工業所提供的生活上的享受及方便，但是又恐懼於可能帶來的災變及損失，居住於化學工業區附近的居民皆具有此種愛恨交集的心理，地方上雖可得到化工業所帶來的經濟上的繁榮及稅收，但是萬一發生意外，居民及社會必須付出龐大的代價。吾人究竟應採取何種態度及策略呢？

　　這個問題的答案見仁見智，爭議性頗高，雖有一定的定論，在地方上往往會演變成政治性的對抗。英國程序安全專家克萊茲博士（*Dr. T. Kletz*）以一個傳聞已久的美女與野獸的寓言，來比喻吾人此時的處境〔17〕。

<u>寓言：美女與野獸</u>

　　　　古代有一個國王，膝下僅有一個女兒（公主），公主不但具有沈魚落雁的美貌及文才，並且端莊賢淑，因此各國王子及賢能之士前往求婚者絡繹不絕。經過了半年的挑選及考核，僅有三人合格。由於三個候選者的條件相當，難以取捨，國王決定出一個難題，親自考選。他要求這三個人輪流走進一個具有兩扇門的房

間，三人必須在一定的時間內打開一扇門，如果門後是公主的話，此人即可成爲駙馬，榮華富貴自然不在話下，將來還有接掌王位的可能。另外一扇門後則爲兇殘的餓獅，如果不幸開啓，則將遭到悲慘的命運。

第一位候選人考慮了一陣子，決定放棄，他認爲駙馬的尊榮及榮華富貴皆爲身外之物，並不足以冒著生命危險，他寧可安貧樂道，平凡的度過一生。

第二位候選人聘請了許多風險評估的專家，組成一個專案小組，不僅應用許多精密的儀器測試門後公主及獅子的反應、氣味及其他特徵，還應用複雜的數理統計方法發展預測模式，企圖研擬一套危險性最低的最佳判斷及因應的方法。此舉不僅花費大量金錢，而且還需要很長的時間。他屢次要求延期，由於一再延期的結果，不僅國王及公主不耐煩，他自己也覺得繼續延期下去，年華逐漸老去，即使成功也無法享受駙馬的榮華富貴，最後他要求專家們建議出一個決定，當他打開那扇最理想的門時，門後跳出的不是公主，而是飢餓的獅子。臨死前，他仍然不明白，爲什麼他花費了大量精力，仍不免遭到失敗的結果。

第三位候選人馬上聘請馴獸師，學習馴獅技術。

這個寓言間接反映吾人的處境，三個駙馬候選人代表整個現代人群，兇悍的獅子代表化學工業的危害及可能發生的災變，美麗賢慧的公主代表化學工業及現代化所提供的高度生活水準。吾人自然可以學習第一位候選人，放棄化學工業及現代化的生活，回歸自然。回歸自然並不一定可以帶來幸福，依據歷史的統計數字，農業生產及田園生活的意外傷亡率遠高於現代工業，即使吾人情願放棄現代的化學或其他工業，傳統農業經濟不僅無法養活現有的人類，而且也無法維持良好的健康及衛生環境。

吾人也可學習第二位候選人，努力進行各種複雜的測試實驗及評估工作，將風險程度降至最低。風險評估及危害鑑定，固然非常重要，但是無論如何，任何人類活動的風險程度也無法降至零左右，只能降低意外發生次數及影響，但是無法完全避免意外的偶然發生。

合理的態度應如第三位候選人，學習及發展控制危害、降低危險機率

的技術，只要吾人努力改善工作環境，選擇最佳設計方法及遵循安全準則，自然可以將危害控制於最低，而且可以不斷提高科技，同時享受工業文明所帶來的生活水準。

參考文獻

1. D.G. Mahoney, Large Property Damage Losses in the Hydrocarbon-Chemical Industries, M&M Protection Consultants, 1990.

2. AIChE, Guidelines for Hazard Evaluation Procedures, American Institute of Chemical Engineers, New York, 1985.

3. F.P. Lees, Loss Prevention in the Process Industries, Butterworths, London, U.K, 1986.

4. Accident Facts, 1985 Edition, National Safety Council, Chicago, USA, p 30 ,1985.

5. T.A. Kletz, Eliminating Potential Process Hazards, Chemical Engineering, April, 1985.

6. D.A. Crowl and J.F. Louvar, Chemical Procees Safety：Fundamental with Applications, Prentice Hall, Englewood Cliffs, New Jersey, USA, 1990.

7. Advisory Committee on Major Hazards, Three Reports, Published in 1976, 1979, 1984, United Kindom.

8. J.I.H. Oh and C.A.W.A. Husmann, Major Hazard Regulation in the Netherlands：The Organizational Safety Reports, p 415, I. Chem E. Symposium Series No. 110, Preventing Major Chemical and Related Process Accidents,Hemisphere Pub. Corp., New York, 1988.

9. OECD Chemicals Programme and Associated Documentation, Organization of Economic Cooperation and Development, 1987.

10. H. West and C.D. Einn, Understanding OSHA'S New Process Safety Regs., Control, p26, April, 1993.

11. U.S. Code of Federal Regulations, Title 29, Section 1910.119, Feb. 24, 1992 Federal Register.

12. Clear Air Ammendments of 1990, Report 101 - 951, Conference Report Accompany Senate Bill S.1630, October 26, 1990.

13. API Recommended Practice 750, Management of Process Hazards, American Petroleum Institute, Washington D.C., USA, Januany, 1990.

14. A Guide to the New Jersey Toxic Catastrophe Prevention Act, Nus Corporation, Gaithersburg, MD, USA, 1987.

15. J.K. Brooks, R.C. Haney, G.D. Kaiser, A.J. Leyva and T.C. Mckeivey, A Survey of Recent Major Accident Legislation in the USA, p425, Ichem. E Symposium Series No.110, Preventing Major Chemical and Related Process Accidents, Institute of Chemical Engineers, 1988.

16. AIChE, Emergency Relief System Design Using DIERS Technology, Design Institute for Emergency Relief Systems (DIERS) Project Manual, American Institute of Chemical Engineers, New York, USA, 1992.

17. T. Kletz, Plant Design for Safety, Hemisphere Corp., New York, USA, 1991.

第2章　化學品毒性與健康考慮

毒性物質與人體接觸的方式

毒性物質對於人類健康的影響

毒物學研究

劑量/反應關係

相對毒性

恕限值

危害指數

噪音

工業衛生

個人防護設備

參考文獻

化學工業處理及製造數以萬計的化學產品,其中包含許多對人體健康有害的物質,化學工程師必須具備有關化學品毒性的基本知識背景,同時在設計及操作時,進行適當的安全及健康考慮,以降低或消除化工程序對員工及附近居民造成不可挽回的健康危害。這些基本知識包括:

(1)毒性物質與人體接觸的方式。
(2)毒性物質對於人類健康的影響。
(3)毒性物質劑量與反應關係。
(4)防止或降低毒性物質與人體的接觸。

第一項及第二項與毒物學有關,第三項則屬於工業衛生的範圍,第四項則屬於工程設計的範圍。毒物學是研究物質對於人體或生物體的健康危害影響的學問,毒性物質則界定為對於人體或生物體產生負面影響的物質,它們對生物體的作用可能是化學性,也可能是物理性,許多物理作用如噪音、輻射也會造成人類的失聰及癌症,也將在本章範圍之內討論。

2.1 毒性物質與人體接觸的方式

化工程序所排放的氣態物質,隨風散佈於大氣之中,然後為土壤、河川、湖泊所吸收,液態物質則進入土壤、河川、湖泊及海洋之中,固態物質也會隨著氣體或液體的夾帶、進入環境之中。如果人類生存的環境空間中含有毒性物質,這些毒性物質自然會與人體接觸,而可能進入人體器官之中。接觸的方式可分為下列幾種:

(1)經由口或鼻孔進入呼吸系統。
(2)隨食物經口、喉,進入消化系統。
(3)表皮吸收進入血液或組織之中。
(4)皮膚受傷後,感染的毒性物質,經傷口進入組織或血液循環系統。

毒性物質進入人體後,有些經循環系統流至身體的各器官,或累積至某些特定器官之中,其損害往往是長期性的,有些與人體表皮接觸後直接造成損害,例如腐蝕或刺激性物質與皮膚接觸後,會產生立即或延遲性的損傷,但並不一定會進入及累積於其他器官之中。

毒性物質進入人體後，可經由下列途徑排放或轉變成惰性或無害物質：

　　(1)經肺、肝或腎臟排出人體。

　　(2)與人體中其他物質作用，轉化成惰性物質。

　　(3)儲存於脂肪組織之中。

　　腎臟是人體最主要的排泄器官，血液中的毒性物質經腎細胞萃取後，隨尿排出體外。由消化器官進入人體的毒性物質通常是由肝臟過濾，一般來說分子量低於200以下的物質，會進入血液之中，然後經腎臟萃取，隨尿排放，分子量高於200者，則進入膽汁之中。肺臟亦可以排出部分氣體毒物，例如酒精、氯仿等，由口鼻吸入後，進入肺臟，再由吸入路徑排出，毒性物質亦可進入汗、頭髮、指甲、皮膚之中，然後隨排汗、皮膚、指甲、頭髮的脫落而排出，但是數量遠較腎、肝及肺臟的排放量低。肝臟是去毒或毒性轉化的主要器官，毒性物質與膽汁或其他肝臟中的化學物作用，可轉化成無害或低毒性物質。此種轉化作用亦發生於血液、腸壁、皮膚、腎臟或其他器官之中。

　　最後一個過程為儲存，化學物質主要儲存於脂肪組織，有些可存於骨、血、肝及腎臟之中。如果組織的養份供應降低，脂肪即會分解，以提供不足的養份，累積於脂肪組織中的化學物即會放出，進入血液之中，造成器官或組織的損害。（**圖2－1**）顯示毒性物質與人體接觸後吸收、循環、累積及排放的過程。

2.2　毒性物質對於人類健康的影響

　　毒性物質與人類接觸後，會經過動力及官能兩種程序，在動力程序中，毒物被組織或器官吸收而參與新陳代謝，或經過累積、儲存、分配及排泄等過程。未被排泄或去毒的物質，則與組織、細胞或器官作用產成毒性反應，此種毒性反應的過程，則稱為官能程序。

　　官能程序可分為下列三個階段：

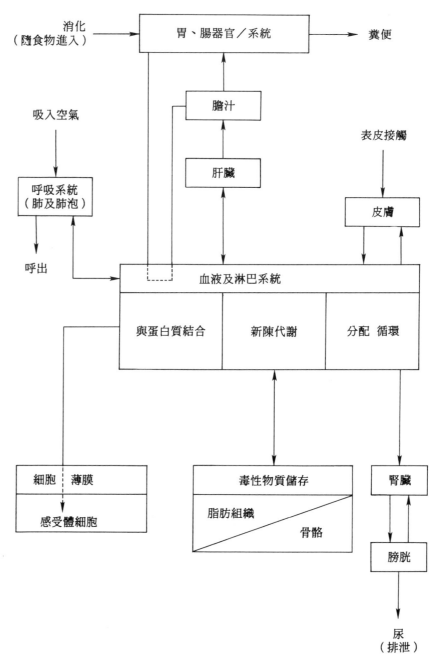

圖2-1　毒性物質與人體接觸途徑〔1〕

(1)與目標器官或感受體初步作用。

(2)產生生物化學反應。

(3)產生顯著的影響。

（**圖2-2**）顯示毒性物質的官能程序。

毒性物質與感受體作用，結合後，會產生生物化學反應或影響，例如：

(1)破壞或抑止酵素活性。

(2)改變細胞薄膜或細胞中的輸送器。

(3)干擾碳水化合物的新陳代謝作用。

(4)干擾脂肪新陳代謝作用，造成脂肪過量累積。

(5)停止或干擾蛋白質的生物合作。

(6)干擾荷爾蒙或酵素所促成的生理調節程序。

(7)干擾呼吸程序中，電子傳送至氧分子的程序。

有些生物化學反應會引起一連串生理上的或行為上的立即性及劇烈性的反應，這些反應例如人體溫度變化、心跳加速（或減少）、呼吸困難、血壓上升（或下降）、幻覺、昏迷等顯著的症狀。氰化物以及一氧化碳會造成呼吸速率的增加或是降低，而過量的古柯鹼（Cocaine）、安非他命（Amphetamines）及有機鹼（Alkaloid）會造成血壓上升，過量的鐵、亞硝酸鹽、氰化物會降低血壓，汞、有機磷酸鹽會造成皮膚乾燥，改變皮膚顏色。

許多毒性物質與人體接觸後所產生的反應是慢性的，其症狀必須經過很長的時間才會顯示出來，例如胎兒發育不全，染色體的改變，影響遺傳、癌症、免疫系統的破壞等。

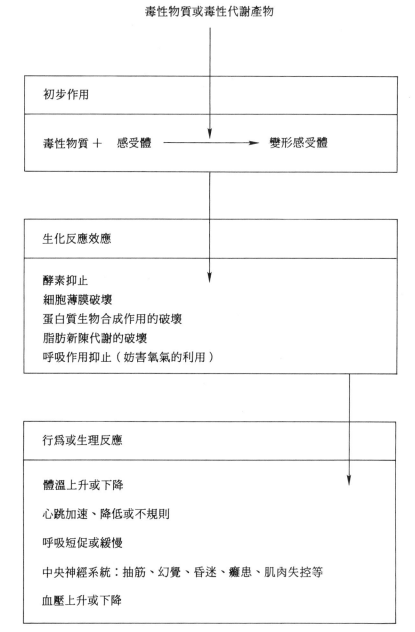

毒性物質或毒性代謝產物

初步作用
毒性物質 ＋ 感受體 ──────▶ 變形感受體

生化反應效應
酵素抑止 細胞薄膜破壞 蛋白質生物合成作用的破壞 脂肪新陳代謝的破壞 呼吸作用抑止（妨害氧氣的利用）

行為或生理反應
體溫上升或下降 心跳加速、降低或不規則 呼吸短促或緩慢 中央神經系統：抽筋、幻覺、昏迷、癱瘓、肌肉失控等 血壓上升或下降

圖2－2　毒性物質在人體中的官能程序〔1〕

2.3 毒物學研究

毒物學研究的主要目標是量化毒性物質對於組織或器官的人體影響，換句話說為測量或發現不同濃度（劑量）對組織及器官的影響。毒物影響研究通常是以天竺鼠、老鼠或兔子等動物為測試對象，然後將結果推算或延伸至人體。

進行毒性研究之前，首先必須確定下列幾個主要項目及資訊：

(1)毒性物質成份及物理化學特性。

(2)測試或目標組織（器官）。

(3)測試的反應及影響。

(4)劑量範圍。

(5)測試時間。

劑量範圍是以每公斤（kg）動物所攝取的毫克（mg）為單位，以便於將動物試驗結果應用於人類。空浮物質則以體積百萬分之一（ppmv）或毫克/立方公尺空氣（mg/m^3）為單位。測試時間則視反應時間而定，劇烈毒性物質可產生的影響，在接觸後短期間內即會顯示出來，慢性毒物的影響所需時間較長，難以有效測量或判斷。

毒物研究雖然已有數十年的歷史，但是目前仍然難以精確地預測毒性物質對於人體所產生的反應，主要的原因如下：

(1)人體與毒性物質接觸後，會產生不同程度及不同種類的反應，例如刺激、痛癢、窒息、敏感、失明、器官系統受損及死亡等，嚴重性則視濃度、強度及接觸時間而異。

(2)反應隨年齡、健康情況、新陳代謝速率、飲食習慣、遺傳、種族、生存環境而不同，變化性很高。

(3)僅有少數化合物有足夠的人體反應或實驗數據，絕大多數的數據是以實驗動物為對象而得，必須推算或引伸至人體上，準確性及精確性尚待建立。

(4)化工廠的排放多為多元物質的混合物，目前尚未建立一套合理而有

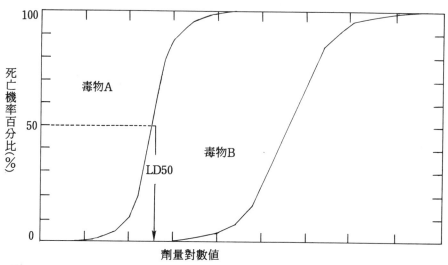

說明：圖中 LD$_{50}$為造成50％死亡率的劑量

圖2－3　劑量／反應關係圖

效的組合準則，以預測混合物對人體所產生的反應。

(5)目前尚未進行突發性排放對於人體或實驗動物所造成的反應研究。

2.4　劑量／反應關係

由於年齡、性別、體重、種類的不同，不同試驗者或動物所產生的反應亦不完全相同，因此毒性研究必須在不同劑量下，進行大量的動物實驗，並利用統計方法，求得不同劑量下具反應性的平均值及標準誤差，然後將劑量與反應的關係繪圖。標準的劑量／反應關係圖（Dose-Response Relationship）如（**圖2－3**）所顯示，橫坐標為劑量的對數，縱坐標為在不同劑量下，受測者所產生某種反應的平均機率百分比。劇烈毒性可以有效地以劑量／反應關係圖顯示其毒性，但是慢性或長期毒性例如致癌物質或影響遺傳的毒物，則難以利用此類關係表示。

劑量／反應關係圖的應用，不如方程式方便，因此有必要發展適於計算的近似公式。機率單位函數（Probit Functions）最適於此類計算的應

用，它是與劑量/反應曲線相當的直線函數，機率單位函數 Y 與機率 P
（Probability）的關係可以用下列公式表示〔2〕：

$$P = \frac{1}{(2\pi)^{\frac{1}{2}}} \int_{\infty}^{Y-5} \exp\left(-\frac{u^2}{2}\right) du \qquad (2-1)$$

公式（2-1）中，P 與 Y 的關係如（**表2-1**）或（**圖2-4**）所顯示，
機率單位其實只是一個任意選擇的變數罷了，它的平均值為 5，標準誤差
為 1。

公式（2-1）將劑量/反應關係轉變為直線形的機率單位函數圖（**圖
2-5**），機率單位函數 Y 與劑量反應曲線的關係則使用迴歸方法求出：

$$Y = a + b \cdot Ln\left(C^n t\right) \qquad (2-2)$$

其中，a、b 及 n 為迴歸常數
　　　C＝濃度（百萬分之一，ppm）
　　　t＝接觸或曝露時間（分鐘）

目前至少有20種常用的化合物已具備齊全的致命劑量/反應數據，因
此可以應用機率單位函數表示，（**表2-2**）顯示此20種化合物的迴歸常
數。

連續性排放濃度，不隨時間變化改變，可直接將濃度代入公式（2-
2）求出機率單位函數；瞬間排放濃度隨時間而變化，可將不同時間段的
濃度與時間段的乘積總和，以求出總接觸劑量（V）：

$$V\text{（總接觸劑量）} = \sum_{i=1}^{m} C_i^n \triangle t_i \qquad (2-3)$$

其中，$\triangle t_i$＝i 段時間（分鐘）
　　　m＝時間段數總和

然後以總接觸劑量（V）取代公式（2-2）中的 $C^n t$ 項，以求出機率
單位函數。熱能、噪音、輻射能、壓力等因素與反應的關係，亦可用機率

表2-1　機率單位與機率（％）的關係〔2〕

%	0	1	2	3	4	5	6	7	8	9
0	-	2.67	2.95	3.12	3.25	3.36	3.45	3.52	3.59	3.66
10	3.72	3.77	3.82	3.87	3.92	3.96	4.01	4.05	4.08	4.12
20	4.16	4.19	4.23	4.26	4.29	4.33	4.36	4.39	4.42	4.45
30	4.48	4.50	4.53	4.56	4.59	4.61	4.64	4.67	4.69	4.72
40	4.75	4.77	4.80	4.82	4.85	4.87	4.90	4.92	4.95	4.97
50	5.00	5.03	5.05	5.08	5.10	5.13	5.15	5.18	5.20	5.23
60	5.25	5.28	5.31	5.33	5.36	5.39	5.41	5.44	5.47	5.50
70	5.52	5.55	5.58	5.61	5.64	5.67	5.71	5.74	5.77	5.81
80	5.84	5.88	5.92	5.95	5.99	6.04	6.08	6.13	6.18	6.23
90	6.28	6.34	6.41	6.48	6.55	6.64	6.75	6.88	7.05	7.33
%	0.0	0.1	0.2	0.3	0.4	0.5	0.6	0.7	0.8	0.9
99	7.33	7.37	7.41	7.46	7.51	7.58	7.65	7.75	7.88	8.09

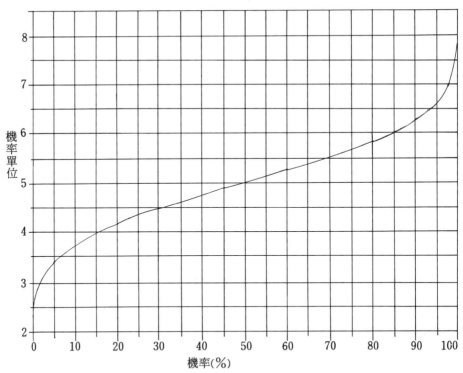

圖2-4　機率單位與機率關係圖〔2〕

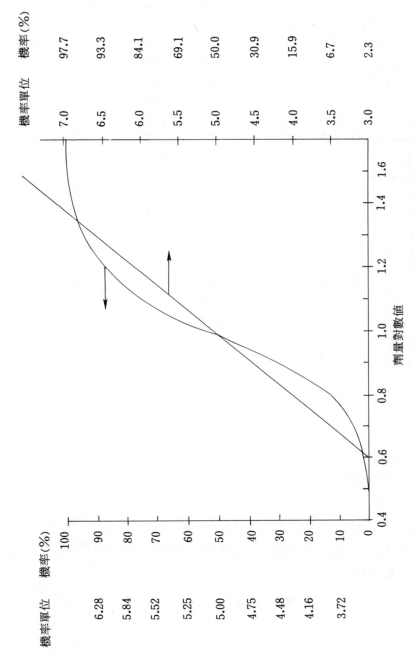

圖2－5　機率單位的轉換圖〔2〕

說明：圖中 S 形曲線為機率（％）與劑量對數值關係，即所謂劑量反應關係，直線為迴歸線，即機率單位與劑量對數值的迴歸關係。

表2-2　化合物致命機率單位函數迴歸常數值〔3〕

化合物	a	b	n（分鐘）
Acrolein（丙烯醛）	-9.931	2.049	1
Acrylonitrile（丙烯腈）	-29.42	3.008	1.43
Ammonia（氨）	-39.5	1.85	2
Benzene（苯）	-109.78	5.3	2
Bromine（溴）	-9.04	0.92	2
Carbon Monoxide（一氧化碳）	-37.98	3.7	1
Carbon Tetrachloride（四氯化碳）	-6.29	0.408	2.50
Chlorine（氯）	-8.29	0.92	2
Formaldehyde（甲醛）	-12.24	1.3	2
Hydrogen Chloride（氯化氫）	-16.85	2.00	1.00
Hydrogen Cyanide（氰化氫）	-29.42	3.008	1.43
Hydrogen Fluoride（氟化氫）	-35.87	3.354	1.00
Hydrogen Sulfide（硫化氫）	-31.42	3.008	1.43
Methyl Bromide（溴化甲烷）	-56.81	5.27	1.00
Methyl Isocyanate（異氰酸甲酯）	-5.642	1.637	0.653
Nitrogen Dioxide（二氧化氮）	-13.79	1.4	2
Phosgene（光氣）	-19.27	3.686	1
Propylene Oxide（環氧丙烯）	-7.415	0.509	2.00
Sulfur Dioxide（二氧化硫）	-15.67	2.10	1.00
Toluene（甲苯）	-6.794	0.408	2.50

單位表示〔4〕：

$$Y = a + b \cdot Ln(B) \qquad\qquad (2-4)$$

公式（2-4）中，B為動機變數（Causative Variable），例如熱、壓力、噪音等；a、b則為迴歸常數。（表2-3）列出不同動機變數及迴歸常數值，以供讀者參考使用。

意外或損失	動機變數	a	b
火災			
閃火造成的死亡	$t_e I_e^{4/3}/10^4$	−14.9	2.56
火池燃燒造成的死亡	$tI^{4/3}/10^4$	−14.9	2.56
爆炸			
肺出血造成的死亡	$P°$	−77.1	6.91
耳鼓破裂	$P°$	−15.6	1.93
撞擊死亡	J	−46.1	4.82
撞擊受傷	J	−39.1	4.45
	J	−27.1	4.26
結構損失	$P°$	−23.8	2.92
玻璃破裂	$P°$	−18.1	2.79
毒性物質排放			
氯氣造成的死亡	$\Sigma C^{2.75}T$	−17.1	1.69
氯氣造成的受傷	C	−2.40	2.90
氨氣造成的死亡	$\Sigma C^{2.75}T$	−30.57	1.385

註：t_e＝有效接觸時間（S）；I_e＝有效輻射強度（W/m²）；t＝火池燃燒時間
（S）；I＝有效火池輻射強度（W/m²）；$P°$＝最大過壓（N/m²）；J＝撞擊
動量（N·S/m²）；C＝濃度（ppmv）；T＝時間段（min）；單位S＝秒；W
＝瓦特；m＝公尺；N＝牛頓；min＝分鐘；ppmv＝百萬分之一（體積
比）。

2.5　相對毒性

物質的相對毒性，可以依據劑量/反應關係圖，或50％致命劑量值排
列，（表2－4）列出荷基——史特涅相對毒性表（Hodge-Sterner Table
for the Degree of Toxicity），毒性指數排列自1至6為止，指數為1時，
幾乎不具毒性，指數為6，則為劇毒物質。一個體重約70公斤的成人僅以
舌嚐一下劇毒性物質（約70毫克），即具致命危險。

表2－4 荷基—史特涅相對毒性表（Hodge－Sterner Table for Degree of Toxicty）〔5〕

毒性指數	相對毒性	LD$_{50}$（50％致命劑量）（每公斤體重攝取劑量）	化合物
1	極低	＞15公克	塑化劑
2	輕微	5－15公克	乙醇
3	一般	0.5－5公克	馬拉松農藥（Malathion）
4	高毒性	50－500毫克	七基氯農藥（Heptachlor）
5	嚴重	1－50毫克	巴拉松農藥（Parathion）
6	劇毒	＜1毫克	沙瑞（Sarin）化學戰劑

2.6 恕限值

恕限值（Threshold Limit Value，簡稱 TLV）是劑量/反應關係圖上最低劑量值，劑量如低於恕限值，人體可以去除或排出毒性物質，對於健康不致於產生任何危害。美國政府工業衛生師協會（American Conference of Governmental Industrial Hygienists）公布的恕限值是針對空浮物質而論，主要目的在於建立一個參考標準系統，在此標準之下，員工一生在正常工作時間（每星期工作五天，每天八小時）內，對健康通常不致產生任何負面影響。氣體的恕限值的單位為體積比之百萬之一，固體粉塵的單位為每立方公尺空氣所含的毫克，參考狀態為攝氏25度及760毫米水銀柱（一大氣壓）。

在應用恕限值之前，應先了解其性質及限制：

⑴恕限值並非安全濃度與危害（或毒性）濃度區分點。

⑵許多物質的恕限值由於數據不全，尚未公布，但是並不表示不具恕限值的物質對健康不具任何危害。

⑶工作場所的空浮濃度宜儘量降低，恕限值不宜作為空浮物質的濃度設計或操作標準。

⑷應用恕限值以決定或判斷工作場所的空浮濃度時，仍應請教工業安

全（保健）專家。

(5)恕限值的高低與物質的相對毒性雖然有關，但不可作為相對毒性比較的參考。因為不同物質的劑量/反應曲線的斜度與範圍不同。

(6)評估連續性毒性物質排放影響時，恕限值僅能作為初步參考之用，不宜以恕限值作為判斷安全的標準。

(7)恕限值自1976年公布以來，已修正多次，最新限值為1986年所公布的數據〔6〕。

恕限值共分為：

(1)時間平均限值（TLV-TWA）。

(2)短期接觸恕限值（TLV-STEL）。

(3)濃度最高上限值（TLV-Ceiling）。

時間平均限值，是一星期五個工作天，每天八小時工作（40小時/星期）下，所有員工可能重複接觸、曝露的時間平均濃度限值。短期間內如果濃度超過恕限值的情況是可以允許的，但是濃度不可超過最大的允許之上限值。

「短期接觸恕限值」為員工在15分鐘內連續接觸，而不致造成無法忍受的痛癢等刺激或敏感、慢性或不可逆的人體組織變化、麻木而無法自救或逃生等情況的最高恕限值。每天發生的次數不得超過4次，每次發生的時間間隔超過60分鐘，同時不超過日時間平均限值。

濃度最高上限值（TLV-C）為即使在瞬間下亦不可超過的最高上限濃度，僅少數快速反應的物質如氯化氫、氟化氫、氰化氫、臭氧、碘具此最高上限值。

美國職業安全與健康署亦公布其劑量限值，稱之為許可接觸值（Permissible Exposure Level，簡稱 PEL），其數值與 AGCIH 公布的時間平均濃度限值相近，一般來說，由於考慮較為保守、數值略低，所公布的化合物數量較少，而且並不經常修正。

美國國立職業安全與健康研究院（AIOSH）於七十年代公布的立即危險性（Immediately Dangerous to Life and Health，簡稱 IDLH）是以30分鐘的接觸時間內，人類可以安全逃離現場而不致防礙逃生或產生不可逆的健康危害的最高濃度，此數值僅為估計值，並不依據合理或嚴謹的毒性

數據，而且公布後亦不再檢討、修正，可信度不高，一般工業衛生專家普遍認為數值過高，僅可供參考，不宜應用至緊急應變計劃或緊急疏散途徑的選擇工作。

緊急應變計劃準值（Emergency Response Planning Guidelines，簡稱 ERPG）為美國組織資源顧問公司（Organization Resources Counselors, Inc）於1986年負責研擬的準值，目前已由美國工業衛生學會（AIHA）負責，其主要目的為提供化工業者作為緊急應變計劃之用，此準值共分 ERPG-1，ERPG-2及ERPG-3等三類，其定義如下：

⑴ERPG-1（第一類緊急應變計劃準值）：任何人接觸一小時內，除了和緩的暫時性負面健康影響或特殊界定的氣味外，不致產生任何健康危害的最高空浮濃度值。

⑵ERPG-2（第二類緊急應變計劃準值）：任何人接觸一小時內，不會產生妨礙逃生或進行防護行動能力的不可逆或其他嚴重的健康影響或症狀的最高空浮濃度值。

⑶ERPG-3（第三類緊急應變計劃準值）：任何人接觸一小時內，不會對生命造成威脅的最高空浮濃度值。

目前已發展出來40個化合物的緊急應變計劃準值，而且已逐漸為工業界認可，預期不久，將會為政府管制機構所接受，成為工業標準值。（**附錄四**中列出這40個準值）。許多公司亦自行發展第二類緊急應變計劃準則（見**附錄五**）。

劇烈毒性濃度（Acute Toxic Concentration，簡稱 ATC）是美國新澤西州環保局公布的濃度值〔7〕，它的定義為一小時接觸時間內，受劇烈性健康影響的居民低於5％以下的濃度，此數值是應用於毒性化合物排放的風險評估，已公布的103個特別危害性物質（Extraordinarily Hazardous Substances）的劇烈毒性濃度值，是下列三類數值中的最低值：

⑴已發表的動物致命濃度數據中的最低值。

⑵50％死亡率的濃度乘以0.1倍。

⑶立即危險值。

（**附錄五**）中列出常見化合物與元素的恕限值、許可接觸值、立即危險值、第二類緊急應變計劃準值、劇烈毒性濃度及所產生的健康影響。

大部分的工作場所的空氣中，皆含有多種氣態化合物，可以使用下列公式判斷員工所接觸的濃度，是否超過接觸恕限值：

$$A = \sum_{i}^{n} \frac{C_i}{(TLV\text{-}TWA)_i} \qquad\qquad (2-5)$$

其中，C_i＝i 項物質空浮濃度（ppm）

$(TLV\text{-}TWA)$＝i 項物質的時間平均恕限值（ppm）

n＝總物質數

A＝判斷係數

如果 A 值超過 1 時，即表示員工所接觸的空浮物質濃度已超過安全標準。混合物的時間平均恕限值可用下列公式求出：

$$(TLV-TWA)_{mix} = \frac{\sum_{i}^{n} C_i}{\sum_{i=1}^{N} \frac{C_i}{(TLV\text{-}TWA)_i}} \qquad\qquad (2-6)$$

公式（2-6）中，$(TLV\text{-}TWA)_{mix}$為混合物的時間平均限值，C_i、n 及（TLV－TWA）分別為濃度（ppm）、混合物中總物質數、及物質時間平均恕限值（ppm）。

2.7 危害指數

物質蒸氣壓愈高，愈容易散佈於大氣之中，其劇烈毒性濃度愈低，其毒性愈強，因此這兩個數值的商可以作為分辨危害程度的指數。下列公式可以用來決定化合物質危害指數〔8〕：

$$(SHI)_a = \frac{EVP}{760} \times \frac{10^6}{ATC} \qquad\qquad (2-7)$$

其中，$(SHI)_a$＝危害指數（劇烈性）

EVP＝化合物在攝氏20度時的蒸氣壓（公厘水銀柱，mmHg）

如果化合物的臨界溫度低於攝氏20度時，使用1,111公
厘水銀柱（mmHg）

ATC＝新澤西州環保局公布劇烈毒性濃度（ppm）

　　美國職業安全與健康署考慮使用美國工業衛生學會公布的第三類緊急
應變計劃準值取代ATC，有些化學公司則由ATC、ERPG-3或美國環保
署公布的關懷準值（Level of Concerns）中，選擇適當數值取代。

　　危害指數值愈高，危害愈大，指數超過5,000以上，即為特殊危險物
質，美國石油協會建議危害指數超過5,000以上者，宜遵循其公布的程序
危害管理中的準則〔9〕，進行安全管理工作物質的慢性危害指數界定
為：

$$(SHI)_c = \frac{EVP}{760} \times \frac{10^6}{EL} \qquad\qquad (2-8)$$

其中，$(SHI)_c$＝慢性危害指數

　　　　EL＝接觸恕限值（ppm），使用時間平均恕限值，許可接觸
限值或其他限值之中最低值。

　　有些化學公司將危害指數區分為三至四個不同等級，並訂定不同程度
的設計準則，以便於有效控制危害。

2.8　噪音

　　化學工廠內的機械設備，如馬達、泵浦、壓縮機的運轉，高壓氣體的
減壓及火炬（燃燒塔）都會產生噪音，為了避免工作人員耳膜受傷，工業
安全或衛生人員應將噪音超過安全標準的場所明顯的標示出來，並且嚴格
要求任何人進入高噪音場所範圍之前，均須裝戴安全耳塞。

　　噪音測量單位為分貝（Decibel），分貝為兩個不同音源的強度比例
的對數：

音階強度測量值（分貝，dB）$= -10 \log \left(\dfrac{I_2}{I_1}\right)$ 　　　　（2－9）

其中，I_1為聲音強度 1

　　　　I_2為聲音強度 2

　　為了方便起見，0 分貝界定為人耳開始聽見聲音的強度。（**表2－5**）列出各種音源的分貝值，分貝值超過70以上，人類即會感覺喧擾，超過120分貝以上，耳朵難以忍受，8 小時工作天的時間平均限值為90分貝。（**表2－6**）列出許可噪音強度範圍及接觸時間，以供參考使用。

　　由於每天 8 小時內不同時間的噪音強度不同，可使用下列步驟計算時間平均值：

(1)依測試的音度高低值，分成幾個時間段，每個時間段內，高度相同。

(2)計算不同音階的時間頻率值（f_i）：

$f_i = \dfrac{t_i}{8} 10^{[0.1(L_i - 90)]}$ 　　　　如 $L_i < 90, f_i = 0$ 　　　　（2－10）

　　其中，$L_i = i$ 時間內的音階強度（分貝）

　　　　　$t_i = $ 時間（時）

(3)計算總時間頻率值（f）：

$f = \displaystyle\sum_{i=1}^{n} f_i$ 　　　　　　　　　　　（2－11）

(4)計算時間平均值（L）：

$L = \dfrac{\log(f)}{0.1} + 90$ 　　　　　　　　　（2－12）

如果時間平均值 L 超過90分貝，即表示噪音過高，應設法改善或使用耳塞。

表2-5　不同活動的聲音強度〔10〕

聲音來源	音階（分貝）
刺耳、痛苦程度	120
鎚擊	95
工廠	90
喧擾的辦公室	80
擁擠的街道	70
一般談話	65
私人辦公室	50
一般住宅	40
錄音室	30
耳語	20
樹葉振動	10
人耳開始聽到聲音	0

表2-6　許可噪音強度〔11〕

音階 （分貝，dBA）	最長接觸時間 （時）
90	8
92	6
95	4
97	3
100	2
102	1.5
105	1
110	0.5
115	0.25
130	0

2.9　工業衛生

　　工業衛生（Industrial Hygiene）是鑑定、估計及控制可能造成健康危害的工作場所的條件及環境的學問，工業衛生師則為實際執行工作場所有關選擇及使用測試儀器、估計工作人員接觸劑量、並且參與控制危害物質的排放工作的專業人員。標準的工業衛生專案包括下列幾個項目：

(1)偵測空浮毒性物質的濃度及輻射、噪音、熱或其他物理因素的強度。

(2)選擇適當的個人防護設備，以降低員工毒物接觸量。

(3)研擬處理危害物質的步驟及安全的防範措施。

(4)研擬改善工作環境及相關設施，以降低化學及物理危害因素對員工的健康影響。

　　工業衛生師與工業安全師密切合作，並參與程序改善，擴廠或新廠設計階段中的安全檢討工作，並提出改善建議。

2.10　個人防護設備

　　個人防護設備是危險環境中工作人員必須使用的設備，以避免人體受到物理或化學危害因素的傷害，主要的防護設備如下：

(1)頭盔：工廠工作人員必備設備，以保護頭部避免重物下墜直接撞擊或頭部碰撞至其他物體。

(2)安全眼鏡：防止危害物質進入眼睛，鏡片必須具一定強度，如受到撞擊，鏡片即會向前脫落，而不致傷及眼睛。

(3)氣密式護目鏡：適合應用於空浮危害性物質濃度高的工作環境。

(4)鋼類安全鞋：鞋尖內鑲有鋼片，可保護腳趾。

(5)塑膠裙：防止腐蝕性液體直接與衣裳接觸。

(6)防護衣：以丁基橡膠或防火纖維製成，適於處理危害性物質使用。

(7)橡膠袖套：保護前肘、手及腕部。

(8)外塗聚氯乙烯薄膜的手套：防止酸、鹼或其他腐蝕性物質直接與手接觸。

(9)聚氯乙烯或腈類製長靴：保護膝部以下部分，以免與酸、鹼、油類或其他化學物接觸。

(10)耳塞：保護耳內器官，降低噪音強度。

(11)呼吸器：呼吸器是在空浮危害物質濃度高，或空氣比例低的環境中，所使用的空氣過濾或輔助呼吸的器具，呼吸器僅於緊急情況或特殊環境下使用，切勿將呼吸器成為每日工作必備的器具，如果工作環境的空氣品質太差，應及時改善。（**表2－7**）列出化學工業使用的呼吸器。選擇呼吸器時必須請教專業工業衛生師，美國國立職業安全與健康研究院已公布使用準則及步驟〔12〕。所有的呼吸器必須定期檢查，以確保操作正常。

表2－7　化學工業使用的呼吸器〔13〕

種類	說明	同類商品型號
口、鼻防塵罩	$O_2 > 19.5\%$ PEL>0.05mg/m³	3M8710 Dust
含化學物過濾器的口鼻罩	$O_2 > 19.5\%$ GMA 過濾器（黑色）：1,000ppm 有機蒸氣 GMA 過濾器（黃色）：50ppm 氯化氫或二氧化硫 　　　　　　　　　　10ppm 氯氣	MSA　Camfo Ⅱ Cartridge
含化學物過濾器的護面罩	$O_2 > 19.5\%$ GMA 過濾器（黑色）：2％有機物 GMA 過濾器（橄欖色）：0.05％殺蟲劑	NSA 工業氣體面罩
自持式呼吸器（SCBA）	具空氣筒（20分鐘），適於毒性或刺激性氣體濃度高的環境下使用	史谷脫呼吸器（Scott Air Pak Ⅱ）

參考文獻

1. S.E. Manahan, Hazardous Waste Chemistry, Toxicology and Treatment, Lewis Publishers, Chelsea, Michicagan, USA, 1990.

2. D.J. Finney, Probit Analysis, p23, Cambridge University Press, Cambridge, U.K., 1971.

3. AIChE, Guidelines for Chemical Process Quantitative Risk Analysis, Center for Chemical Process Safety, American Institute of Chemical Engineers, p156, New York, USA, 1989.

4. F.P. Lees, Loss Prevention in the Process Industries, p208, Butterworths, London, U.K., 1986.

5. N.I. Sax, Dangerous Properties of Industrial Materials, p1, Van Nostrand Reinhold Co., New York, N.Y., USA, 1984.

6. ACGIH, Documentation of the Threshold Limit Values and Biological Exposure Indices, 5th ed., American Conferenc of Governmental Industrial Hygienists, Cincinnati, Ohio, USA, 1986.

7. R. Baldini and P. Komosinsky, Consequence Analysis of Toxic Substance Clouds, J. Loss Prev. Process Ind., 1 (July 3), p147 – 155, 1988.

8. ORC, Process Hazards Management of Substances with Catastrophic Potential, Organization Resources Counselors, Inc., Washington, D.C, USA, 1988.

9. API, Management of Process Hazards, API Rec.Practice 750, American Petroleum Institute, January, 1990.

10. P.A. Scheff, Engineering Design for the Control of Work Place Hazards, p6 15, McGraw-Hill, USA, 1987.

11. N.I Sax, Dangerous Properties of Industrial Materials, 4th edition, p118, Van Nostrand Reinhold, New York N.Y., USA, 1975.

12. NIOSH Respirator Decision Logic, US Dept. of Health and Human Services,

DHHS－NIOSH Publication No. 87-1-8, May, 1987, Washington, D.C., USA.

13. D.A. Crowl and J.F. Louvar, Chemical Process Safety：Fundamentals, with Applications, p72, Prentice－Hall, New Jersey, USA, 1990.

第3章　火與爆炸

化學工廠所使用的原料及生產的產品，多為可燃燒的有機化合物，如果處理不當，很容易發生火災及爆炸，造成可怕的人員傷亡及財產的損失。以1990年為例，全年內美國境內化工廠因火災及爆炸而傷亡的人數超過100人，財產損失近10億美元（1990年幣值）。其他損失如生產的停頓、市場的衝擊、物價的上升、以及訴訟費用，雖難以確實估計，但是至少也在數億美元以上。為了防止火災及失火所引發的爆炸，工程師必須了解物質著火及爆炸特性、著火源以及降低失火爆炸危害的方法。本章除討論火及爆炸的特徵及防止方法外，並將介紹靜電危害及防範的方法。有關火災及爆炸的影響則於（第五章）中討論。

3.1　火的基本特徵

　　火或燃燒程序是物質的氧化反應，當易燃性物質與熱源接觸後，即可能著火。著火的三個基本條件為：燃料、氧化劑以及著（點）火源。（**圖 3－1**）顯示著火的三角形圖，三個條件必須同時存在，才會著火，如果任何一個條件喪失時，火勢無法繼續維持。燃料可為固態、液態或氣態，煤及木炭是最普遍的固體燃體，汽油、柴油為一般性液體燃料，天然氣及液化石油氣則為家庭或工業用的氣體燃料。由於燃燒程序發生在氣態，氣體燃料最容易燃燒；液體燃料必須先吸收熱能，揮發成氣體後，才開始燃燒；固態燃料必須受熱分解，形成氣態後才可燃燒，固體燃料著火時往往

圖3－1　著火的三個因素（火三角）

需要氣/液體燃料助燃。最普通的氧化劑為空氣或純氧氣，雙氧水及硝酸也可作為氧化劑。著火源則為火花、靜電、熱能或火焰。

火依燃料或著火源的不同，可分為下列四類（美國分類標準）：

⑴A類：固體燃料著火。

⑵B類：液體及氣體著火。

⑶C類：電火。

⑷D類：金屬著火。

火可依火勢的大小分為下列五種〔1〕：

⑴主要火災：需20個以上的噴射水源，才可撲滅的火災。

⑵大型火災：18－19個噴射水源。

⑶中型火災：3－17個噴射水源。

⑷中小型火災：1－2個噴射水源或3個以上的水管。

⑸小型火災：1－2個水管或手持式滅火器。

3.2 物質著火特性

3.2.1 著火濃度範圍

即使在著火條件之下，可燃性氣體與空氣的濃度比例必須在一定的範圍之內，才會著火燃燒，此一範圍是以氣體在空氣中的濃度的上限及下限表示。氣體濃度若低於著火濃度下限（Low Flammability Limit，簡稱 LFL）時，則氣體濃度太稀薄，無法著火，如若濃度超過著火濃度上限（Upper Flammability Limit，簡稱 UFL），空氣濃度稀薄，也無法著火。著火濃度上、下限亦稱為爆炸濃度上、下限（Lower Explosive Limit, LEL 或 Upper Explosive Limit, UEL）。著火濃度上、下限視氣體燃料與空氣分子作用的比例而定，如果缺乏數據時，碳氫化合物的著火濃度上、下限可由下列經驗式〔6〕求得：

$$LFL = 0.55C_st \qquad\qquad (3-1)$$
$$UFL = 3.5C_st \qquad\qquad (3-2)$$

C_st 是氣體燃料燃燒時，在其與空氣混合物中的體積百分比，假設碳氫化合物的分子式為 $C_mH_xO_y$，其與氧氣的反應式為：

$$C_mH_xO_y + ZO_2 \rightarrow MCO_2 + x/2H_2O \qquad\qquad (3-3)$$

所需氧的克分子數（Z）為：

$$Z = m + x/4 - y/2 \qquad\qquad (3-4)$$

氣體燃料在混合物中的體積百分比（C_st）為：

$$C_st = \frac{氣體燃料克分子數}{混合物克分子數} \times 100$$
$$= \frac{100}{\left(1 + \dfrac{Z}{0.21}\right)} \qquad\qquad (3-5)$$

公式（3－5）中，0.21為氧氣在空氣中的濃度分率。

將 C_st 代入公式（3－1）及（3－2）中，公式（3－1）及（3－2）則變為：

$$LFL = \frac{55}{4.76m + 1.19x - 2.38y + 1} \qquad\qquad (3-6)$$
$$UFL = \frac{350}{4.76m + 1.19x - 2.38y + 1} \qquad\qquad (3-7)$$

著火濃度範圍會受壓力、溫度、周圍環境重力場、火焰延伸方向的影響，由於其數值係由實驗得來的，數值精確性與實驗方法及條件有關。目前最普通的測試方法為美國礦業局所發展的，測試的主要設備為一上閉下開、5公分直徑、1.5公尺高的圓管，管中充滿了氣體與空氣的混合物，

著火源則放置於管的下端。一般的測試是在常壓（一大氣壓）、常溫的條件下進行，火焰則由下向上延伸，但是也可在其他壓力、溫度、火焰方向及惰性氣體的混合條件下進行。（**表3－1**）列出一些常見的有機化合物的著火濃度上、下限，以及其他特性，如閃火點及自燃溫度的數據，以供參考使用。

壓力低於一大氣壓時，著火範圍會收縮，如果壓力繼續降低，上下限會不斷接近，直到上、下限重合，而無法著火燃燒為止。（**圖3－2**）顯示甲烷的著火濃度範圍的變化與壓力的關係，當壓力低至0.18大氣壓（18 kpa）時，濃度上、下限交會，甲烷即無法著火；相反的，如果壓力

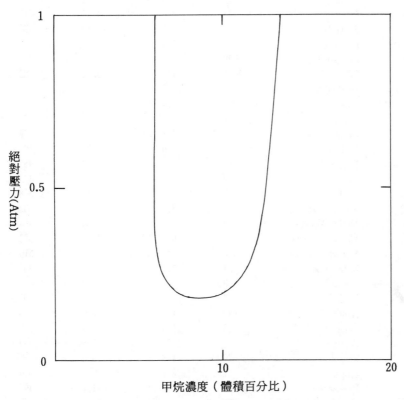

圖3－2 壓力對甲烷著火濃度範圍的影響〔2〕

表3−1　有機化合物著火特性〔1〕

化合物名稱 (中文)	(英文)	閃火點 (℃)	著火濃度下限 (空氣中百分比)	著火濃度上限 (空氣中百分比)	自燃溫度 (℃)
丙酮	Acetone	0.0	2.5	13	538
丙炔	Acetylene		2.5	110	305
丙烯醛	Acrolein	−26	2.8	31	
丙烯腈	Acrylonitrile	0	3.0	17	
苯胺	Aniline	70	1.3	11	
苯	Benzene	−11	1.3	7.9	562
丁烷	Butane	−60	1.6	8.4	405
一氧化碳	Carbon Monoixide		12.5	74	
氯苯	Chlorobenzene	29	1.3	9.6	638
環己烷	Cyclohexane	−18	1.3	8	245
乙硼烷	Diborane		0.8	88	
環氧己烷	Dioxane	12	2.0	22	
乙烷	Ethane	−135	3.0	12.5	515
乙醇	Ethyl Alcohol	13	3.3	19	423
乙烯	Ethylene		2.7	36.0	490
環氯乙烯	Ethylene Oxide	−29	3.0	100	427
乙醚	Ethyl Ether	−45	1.9	36.0	82
甲醛	Formaldehyde	−	7.0	73	
汽油	Gasoline	−43	1.4	7.6	
庚烷	Heptane	−4	1.1	6.7	223
己烷	Hexane	−26	1.1	7.5	223
氫	Hydrogen		4.0	75	400
異丙醇	Isopropyl Alcohol	12	2.0	12	455
異丙醚	Isopropyl Ether	0	1.4	7.9	443
甲烷	Methane	−188	5.0	15	538
醋酸甲酯	Methyl Acetate	−9	3.1	16	502
甲醇	Methyl Alcohol	12	6.0	36	464
氯化甲烷	Methyl Chloride	0	8.1	17.4	632
異丁酮	Methyl Ethyl Ketone	−4	1.4	11.4	516
異己酮	Methyl Isobutyl Ketone	23	1.2	8.0	460
甲基丙烯酸甲酯	Methyl Methacrylate	10	1.7	8.2	421
異戊酮	Methyl Propyl Ketone	7	1.5	8.2	505
石油腦	Naptha	−49	1.2	6.0	288
辛烷	Octane	13	1.0	6.5	220
戊烷	Pentane	−40	1.51	7.8	309
酚	Phenol	79	1.8	8.6	−
丙烷	Propane		2.1	9.5	466
丙烯	Propylene	−108	2.0	11.1	497
二氯化丙烯	Propylene Dichloride	16	3.4	14.5	557
環氧丙烯	Propylene Oxide	−37	2.3	36	465
苯乙烯	Styrene	31	1.1	7.0	490
甲苯	Toluene	4	1.2	7.1	536

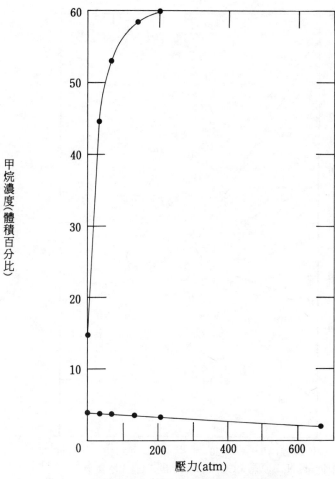

圖3－3 高壓對甲烷著火濃度範圍的影響〔3〕

增加,則會擴大著火濃度範圍,由(**圖3－3**)中可以看出上限增加的幅度遠較下限降低的幅度大。有些碳氫化合物的著火濃度在高壓下驟增,如果氣體濃度近於著火上限,點燃後,火焰內會產生一個冷焰區域。著火濃度上限與壓力的關係可由下列經驗公式求出〔4〕:

$$UFL_P = UFL + 20.6 \left(\log P + 1 \right) \qquad\qquad (3-8)$$

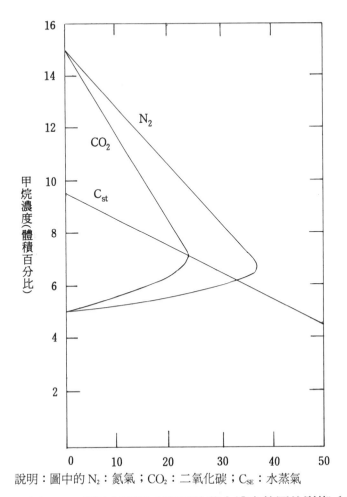

說明：圖中的 N_2：氮氣；CO_2：二氧化碳；C_{SE}：水蒸氣

圖3－4　惰性氣體濃度對甲烷著火濃度範圍的影響〔3〕

其中，P＝絕對壓力（mpa，即1,000 kpa）

UFL＝一大氣壓下著火濃度上限（體積百分比）

升高溫度亦可擴大著火濃度範圍，（**圖3－4**）顯示天然氣的著火濃度範圍與溫度的關係。可燃物質的著火濃度上、下限與溫度的關係，可由下列兩個公式求得〔5〕：

$$LFL_T = LFL_{25} \left[1 - 0.75 \left(T - 25 \right) / \triangle H_c \right] \qquad (3-9)$$

$$UFL_T = UFL_{25} \left[1 - 0.75 \left(T - 25 \right) / \triangle H_c \right] \qquad (3-10)$$

碳氫化合物		氮氣	二氧化碳
中文名稱	英文名稱	（體積百分比）	（體積百分比）
甲烷	Methane	38	24
乙烷	Ethane	46	33
丙烷	Propane	43	30
正丁烷	n-Buteane	41	28
正戊烷	n-Pentane	43	29
正己烷	n-Hexane	42	29
乙烯	Ethylene	50	41
丙烯	Propylene	43	30
苯	Benzene	45	32

其中，$\triangle H_c$＝物質的燃燒淨熱值（kcal/mole）

　　　T＝溫度（℃）

LFL_{25}及 UFL_{25}分別為攝氏25度時，物質的著火濃度下限及上限。

　　氣體燃料的著火濃度範圍，也會受到惰性氣體的加入而改變，由於惰性氣體的存在會降低燃料與空氣接觸及混合的程度，因而抑止燃燒反應的發生，惰性氣體的加入比例愈高，著火濃度範圍愈窄狹。（圖3－4）顯示氮氣、二氧化碳及水蒸氣等三種惰性氣體，對於甲烷著火濃度範圍的影響，當氮氣的濃度達40％或二氧化碳的濃度達30％時，著火濃度上下限交會，甲烷無法著火燃燒。（表3－2）列出抑止碳氫化合物燃燒所需的氮氣及二氧化碳的最低濃度。

　　氣體燃料在氧氣中的著火濃度範圍，較在空氣中大，在氧氣中的著火濃度下限與在空氣中相近，但是在氧氣中的上限值遠較在空氣中的上限值高。

　　氣體混合物的著火濃度上、下限可以用利沙特利爾公式（Le Chatelier Equation）求得〔3〕：

$$(LFL)_m = \frac{1}{\sum_{i=1}^{n} \frac{Y_i}{LFL_i}} \qquad\qquad (3-11)$$

其中，（LFL）$_m$＝混合氣體的著火濃度下限（體積百分比）

LFL$_i$＝i項氣體的著火濃度下限（體積百分比）

Y$_i$＝i氣體的克分子分率（摩爾分率）

n＝氣體總數

$$（UFL）_m = \frac{1}{\sum_{i=1}^{n} \frac{Y_i}{UFL_i}} \qquad （3-12）$$

（UFL）$_m$及 UFL$_i$分別為混合氣體及i項氣體的著火濃度上限。

由於利沙特利爾公式為經驗性公式，並非完全正確，其實用性及限制請參閱柯瓦（ *Coward* ）及鍾斯（ *G. W. Jones* ）兩氏所發表的報告（U.S.Bureau of Mines，Bulletin 503，p6，1952）。

3.2.2 閃火點

液體燃料必須吸收熱能揮發成氣體後，才會著火燃燒，液體燃料的著火難易度與其揮發性有關，易於揮發的汽油遠較難以揮發的重油易於著火。閃火點（Flash Point）是決定液體物質危害性的主要的物理特性，當溫度達到閃火點時，液體揮發成氣體的質量足以與空氣混合，而形成可燃混合物，此時雖然可以著火，但是揮發的質量不足以維持火勢的延續。閃火點與壓力有關，壓力增加時，閃火點會上升。（ **表3-1** ）亦列出一般碳氫化合物的閃火點。混合物的閃火點可由實驗求得。

閃火點的測試方法有開口杯式（Open Cup Test）〔7〕及閉口杯式（Closed Cup Test）〔8〕兩種，由開口杯方式所得到的閃火點略高於閉口杯方式所得的閃火點。（ **圖3-5** ）顯示液體的蒸氣壓、著火濃度上、下限及自燃溫度的相互關係。

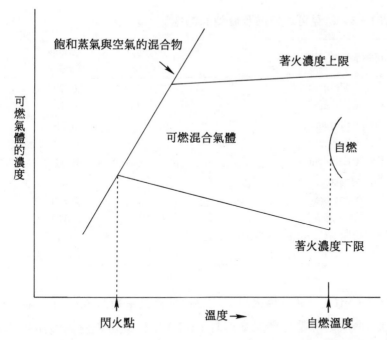

圖3－5 蒸氣壓、著火濃度上、下限、閃火點、及自燃溫度的相互關係
〔3〕

3.2.3 液體著火點

當溫度達到著火點（Fire Point）時，著火後，可燃性液體所揮發成氣體的質量足以維持火焰的持續，著火點略高於閃火點。

3.2.4 點燃能

點燃能（Ignition Energy）是引發物質燃燒所需的最低能量，它與物質（或混合物）的成分、濃度、壓力及溫度有密切的關係：
(1)點燃能隨著壓力增加而降低。
(2)點燃能隨惰性氣體如氮氣、二氧化碳的濃度增加而上升。
(3)可燃性塵粒的點燃能與可燃性氣體的點燃能相近。
（表3－3）列出常見可燃性氣體的點燃能，烷類的點燃能很低，僅為

表3-3　常見可燃氣體及塵粒的點燃能〔4〕

可燃氣體或塵粒	壓力（atm）	點火能（mJ）
甲烷（Methane）	1	0.29
乙烷（Ethane）	1	0.24
丙烷（Propane）	1	0.25
丁烷（Butane）	1	0.25
乙烯（Ethylene）	1	0.12
苯（Benzene）	1	0.22
氨（Ammonia）	1	>100
氫（Hydrogen）	1	0.019
玉米粉塵（Corn Starch Dust）		0.3
鐵粉		0.12

0.25毫焦耳（mJ），而汽車火星塞的點燃能為25毫焦耳（mJ）左右，人走過地毯所產成的靜電約為22毫焦耳（mJ），如果可燃性氣體存在時，任何一個小火花或摩擦產生的靜電能足以點燃氣體，而造成火災。

3.2.5　自燃

可燃氣體、液體或固體在未與點火源接觸的條件下，自行點火燃燒的現象稱為自燃（Autoignition or Spontaneous Ignition）。自燃是物質在適當條件（溫度、壓力、體積）之下與氧的反應，由於反應所產生的熱能超過系統損失的熱能，因之燃燒得以維持。物質開始自行燃燒的溫度稱為自燃溫度（Autoignition Temperature，簡稱 AIT，或 Spontaneous Ignition Temperature，簡稱 SIT）。自燃溫度受系統壓力、體積、催化劑及流動條件的影響而變化，系統壓力、體積、或氧氣濃度的升高會降低自燃溫度；容器表面含有催化氧化物質或塵埃時，自燃溫度可能會降低至攝氏100—200度，應用自燃溫度數據時，宜事先了解數據測試時的條件。（**表3-1**）列出一些常見的有機氣體的自燃溫度，有些物質如二硫化碳（CS_2），自燃溫度很低，僅攝氏90度，處理此類物質時應避免其與空氣或氧化劑接觸，以免形成可燃性混合氣體。

3.3 點火源

如（**圖3-1**）所顯示，點火源是造成火災或燃燒的三個必要條件之一，如欲防止火災的發生，必須設法避免這三個必要因素同時存在。由於空氣無所不在，難以有效避免或去除；化學程序中所使用的原料、中間產品及最終產品多為可燃性物質，僅能設法降低其儲存量或使用量，或者設法增加其安全性，但是無法完全去除；因此最有效的防止失火的方法為去除或控制點火源，避免點火源與可燃物質接觸。工程師在控制點火源之前，必須先鑑定程序中的點火源。

化學程序中的點火源很多，最主要的有下列幾個大類：

(1)火焰源，直接加熱或高溫的設備外表。

(2)物理點火源，如壓縮能、吸附熱、機械摩擦、切割及碰撞。

(3)化學源，如催化劑、發火物質、化學能。

(4)電源，如電器設備、靜電、電線短路、輻射頻率、雷電等。

美國工廠互助工程公司（Factory Mutual Engineering Corporation）曾分類過25,000個以上工業火災的原因，其中以火焰源所佔的比例最高（44%）電源次之（25%），如果除去人為性縱火及吸煙所造成的火災，火焰源與電源所造成的火災比例相當。

3.3.1 直接燃燒的火焰

化學程序中的火焰源為：

(1)鍋爐、加熱爐、工業窯爐、焚化爐、燃燒器的火焰（關閉式）。

(2)火炬、燃燒塔的開放式火焰。

(3)香煙。

(4)設備或煙囪排放的高溫油煙。

(5)無焰燃燒的悶煙。

(6)高溫設備的外表。

表3-4　工業火災造成的原因〔9〕

原因	百分比（％）
電源	
電器設備或電線短路	23
靜電	1
雷電	1
小計	25
物理源	
機械摩擦	10
機械設備	2
小計	12
火源	
燃燒器火焰	7
燃燒產生的火花或餘燼	5
吸煙	18
縱火	3
焊接、切割所產生的火花	4
高溫設備（鍋爐、火爐、塔等）表面	7
小計	44
化學源	
化學反應失控	1
熔融物質潑灑	2
物料過熱	8
自燃	4
小計	15
其他	4

(7)車輛或設備的內燃機。

(8)人為縱火。

(9)焊接、切割用火焰。

　　鍋爐、加熱爐、窯爐、焚化爐或燃燒的製程設備，是化學程序必須的設備，無法去除，只能加強安全防範設施，避免直接燃燒的火焰散佈至燃燒室之外，或降低火焰與可燃性的排放氣體接觸。焚化廢氣或排放氣體的火炬及燃燒塔的火焰，大多直接曝露於大氣之中，火炬及燃燒塔的位置，宜遠離製程設備、生產工廠，或直接排至大氣的疏解閥，以避免開放火焰與可燃性物質接觸。

　　香煙也是造成火災的主要原因，佔工業火災原因的18％（**表3-4**），煙頭並不足以點燃可燃性氣體，但是打火機或火柴的火煙卻是有效的點火源，化工廠內必須全面禁煙，以防意外。

車輛或製程設備中的內燃機也可能造成火災，工廠內應儘量降低汽、卡車的活動，車輛必須行駛在固定的道路及停在指定的安全地點，摩托車則不准駛入工廠之內。

高溫設備的外表應加適當保溫材料，以防止高溫外表直接曝露於大氣之中，有些設備例如工業窯爐，由於內部燃燒室耐火磚材質的限制，加裝保溫材料會造成內部耐火磚的高溫時，則可設法隔離，或遠離可燃性氣體，或以冷水噴淋外表，以降低其溫度。

設備或煙囪排放的高溫油煙，應設法禁止或在排放前冷卻，並且避免無煙燃燒的悶煙產生。

約3%的工業火災是由人為性縱火造成的，只有加強安全管理及警衛設施，以避免閒雜人等進入工廠區內。

焊接、切割是修設、製造金屬桶、槽或設備不可缺乏的工作，無法完全避免或降低其活動，僅能設法加強工作時的安全防護。線上設備的焊接、切割工作前必須全面檢視設備，避免可燃性物質的存在。管線及設備應通以惰性氣體，完全驅除可能造成意外的物質，處理或處置閒置設備、桶槽之前，亦應設法清除其中盛裝的物質，以免意外的發生。

安裝驅動柴油發電機、泵浦的內燃機時，應妥善考慮空氣吸入裝置及排氣排放管線的位置，以避免可燃氣體由管線進入內燃機內，點火引爆。

3.3.2 物理點火源

主要的物理點火源為：

(1)壓縮熱。

(2)機械摩擦、撞擊、及火花。

(3)物理吸附等。

可燃氣體、液滴與空氣的混合物，經壓縮後，溫度如果超過自燃溫度，即會點火。

當汽車引擎的溫度過高或汽缸中的汽油濃度過低時，壓縮點燃即可能會發生，此時即使將開關關閉（熄火）後，引擎仍會繼續運轉。另外一個例子為乙烯壓縮點燃時，如果低壓乙烯管線中的空氣，未被完全清除或空

氣自其他設備中洩入時，當乙烯/空氣混合物進入壓縮機後，由於空氣的定壓比熱對定容比熱的比例值高於乙烯，壓縮後的氣體溫度高於無空氣存在時的乙烯溫度，此時如果溫度超過乙烯的自燃溫度時，自燃現象就會發生。可燃性氣體，如進入空氣壓縮機吸氣管中，經壓縮後，亦會產生自燃現象。一些大型災變即由此類壓縮點燃而造成的。

由機械摩擦產生的火花而造成的工業火災約為總數的10％，為最主要的物理點火源。機械器具的應用經常會產生火花，應設法降低，或避免在儲存易燃性物質的場所，進行機械性的工作如研磨、擊碎等。

撞擊會產生機械火花，撞擊時，造成的設備或管線的破裂及延伸，也會產生火花，如果產生的火花與可燃性氣液體接觸，即可能造成火災。清洗儲槽時，清洗設備與儲槽外殼撞擊所產生的火花，亦可能會引燃槽中的殘餘的可燃液體或其蒸氣。

具伸縮性的高分子聚合物，受到外界強制性的振動時，會造成內能的積聚，積聚的內能有時也會造成自燃，例如壓縮空氣自橡膠封緘的裂隙中溢出時，即可能造成橡膠封緘的自行燃燒。另外一個特殊的例子為冷水經過由棉及橡膠複合材料所製成的消防水管噴出時，也會造成橡膠振動及內能的積聚，進而引燃橡膠水管〔10〕。

物質被活性碳、矽膠、分子篩（Molecular Sieves）等吸附所產生的物理吸附（Physisorption）是放熱的程序，如果所吸附的物質易燃，而且吸附物已含氧化劑或化學吸收的氧時，即可能點燃。吸附物表面有時也會促進分子的聚合反應，物理吸附所放出的熱量會加速反應，而造成反應失控。以活性碳吸附乙炔或酮類時，都可能造成點燃的危險〔10〕。

3.3.3　化學源

化學點火源為化學能、催化劑、強氧化劑，發熱熔結反應（Thermite Reactions），不穩定的過氧化物，乙炔衍生物及硝化物等。

表面塗有鋁、鎂等金屬的鋼製設備或鋼板受重物撞擊後，會產生強烈的火花，此類火花的產生，一半由於機械撞擊，一半由於化學（鋁、鎂）原因造成的，因此在具著火危險或可燃性物質多的地區，應避免使用表面

塗有含鋁、鎂等金屬的塗料的設備。原油中所含的硫化氫會與鋼製設備或桶槽作用產生硫化鐵，硫化鐵在乾燥、溫暖的條件下，呈紅熱發光狀，而且具發火性，必須設法沾濕，然後由設備表面去除，切勿在乾燥條件下，以利器刮除。

反應性化學系統中的雜質，所接觸的設備材料，也可能具催化作用，加速或引發化學反應而造成反應失控、化合物裂碎，進而造成火災，乙炔、乙烯及環氧乙烯會被粉狀鐵鏽、矽膠、焦碳、氧化鋁或其他金屬氧化物催化而裂解。乙烯與氫氣在純化床中，經床內物質催化裂解，及受鐵鏽催化而造成裂解反應皆為已知的事實〔11,12〕，至少有一次的環氧乙烯的蒸餾塔的爆炸是由於在沸器內的環氧乙烯蒸氣，受鐵鏽粉催化而造成的反應失控所引起的。

氧化劑濃度的增加也會引起火災，常溫下，微量的固體氧化劑如高錳酸鉀、硝化物皆可能引燃燃料。幾個常見的例子為：

⑴高錳酸鉀與甘油醇（Glycerol）混和後，經過一段時間，會引燃甘油醇。

⑵微量含有硝酸鹽的熱傳鹽類與液態二氯化矽烷（Dichlorosilane）接觸後，馬上會發生爆炸。

⑶惰性氣體中微量的氧與可燃物質接觸後也可能引火。

因此強氧化劑的處理、儲存應特別小心，避免與可燃性的物質接觸，有關氧化劑的儲存及處理，請參閱美國國家防火協會出版的第43號報告（NFPA43）。

鋁粉、鋁製物品與含有氯氟的碳氫化合物冷凍劑、溶劑及潤滑劑接觸會造成爆炸事件〔13〕。其他金屬如鋇、鋰、鎂、鈹、鈦等也可能引發鹵化碳氯化合物的爆炸。不過特氟龍（Teflon）比較安全，不會被上列金屬所引爆。

有機過氧化物、炸藥等不穩定的物質在空氣中受到撞擊、震動或加熱後，會引發火災或爆炸，處理此類物質時，必須遵守安全步驟，同時儘量避免此類物質在系統中累積，以免日後發生意外事件。

馬達德氏（L.A. Medand）曾討論不穩定物質在製程中可能造成的危險〔10〕，茲將幾個最常見的系統列出，以供參考：

⑴在含氨或氮氧化物的系統中，會產生不同形式的不穩定的氮化物（Nitrides）、醯胺鹽（Amides）、亞醯胺鹽（Imides）或硝化合物。

⑵乙炔或其他炔類系統中，炔類會與銅、銀等金屬形成不穩定的金屬炔化鹽。

⑶氨及含氨基物質會與氯、亞過氯酸鹽（Hypochlorites）或其他氯化物形成敏感爆炸性的三氯化氮（Nitrogen Trichloride）。

⑷在超低溫的系統中，氮氧化物與含有共軛雙鍵（Conjugated Double Bonds）的烯類反應，形成不穩定的膠狀物質。

美國國家防火協會出版的 NFPA 491M 報告及布瑞澤瑞區氏（ *L. Bretherich* ）所撰寫的《反應性化學危害手冊》（ Handbook of Reactive Chemical Hazards, 4th Edition, Butterworth, Boston, USA, 1990 ），包含許多可能形成危險性的不穩定物質的系統及反應，讀者可自行研讀。

3.3.4　電點火源

電點火源包括靜電、雷電、亂電流、電器設備等。

表3-5　化工程序中可能產生靜電效應的系統〔14〕

相態/相態	系統
氣/液體	・濕蒸氣的清洗
	・水的噴淋
	・濕蒸氣的洩漏
氣/固體	・以壓縮空氣輸送顆粒狀固體
	・流體化床
液/液體	・兩種不相溶液體物質的混和
	・液滴在另一液體物質中沈落
液/固體	・液體在管線中流動
	・液體過濾
	・充填容器時液體的飛濺
固/固體	・固體物質在輸送帶上的輸送
	・紙或塑膠的捲動
	・人體的行走

3.3.4.1 靜電

　　靜電是造成化工廠火災中的點火源之一，許多工業爆炸事件皆由靜電所引起的。靜電基本上，是由兩種不同的物質接觸後，所產生的表面效應，以絨布摩擦玻璃棒或人走過地氈時，皮鞋與地摩擦皆會產生靜電。如果兩個物體為良導電體，電荷可以自由移動，分離時，正負電荷會抵消，兩個物體皆會恢復為原狀（未具電荷）。如果其中之一為絕緣體，不具導電性，電荷無法自由移動，物體分離後，仍各自保持電荷，一為正電荷，另一物體則帶負電荷。靜電壓可低自 1 伏特，也可高至1,000伏特。

　　許多化學程序中皆包含不同物體的表面接觸，相互移動及分離，例如氣/固體、氣/液體、固/固體物質的作用及分離（**表3－5**），設計時應設法避免其危害，並降低靜電的產生。（**圖3－6**）顯示各種可能產生靜電的活動。

液體的流動

　　非極性（Nonpolar）液體在管線中的流動，會產生靜電而帶電荷，當電阻係數（Resistivity）超過10^8歐姆・公尺（$\Omega \cdot m$）以上，即具危險性。（**表3－6**）列出一些有機化合物的電阻係數，一般非極性碳氫化合物的電阻係數高達10^{13}歐姆・公尺以上，長碳鏈有機樹脂約10^{11}左右，略具極性的氯化有機物如氯苯、溴苯、氯仿或有機酸的10^8歐姆・公尺，低碳醇類如甲醇、乙醇約10^6歐姆・公尺，強極性的丙烯腈，乙二酸約10^3歐姆・公尺，甲酸的電阻係數最低，僅100歐姆・公尺。

　　僅須加入少量的強極性添加劑或溶劑，即可有效降低非極性液體的電阻係數，添加劑必須溶於流體之中，否則不僅不會降低電阻係數，反而會造成係數的增加。以汽油為例，則其電阻係數為10^{13}歐姆・公尺，如果每公秉加入1－2公克的添加劑（Teepol 530或Lissapol N），則其電阻係數即降至10^8歐姆・公尺。

　　液體中所含的懸浮固體雜質或不相溶的液滴，也會增加其電阻係數，當固體物質在非極性或非導性的液體中沈澱時，液體的電荷急速上升，因此在可燃性液體溶劑中沈澱過程必須在惰性氣體環境中進行，以免靜電荷放電所產生的火花點燃液體上方所揮發的蒸氣與空氣的混合物。

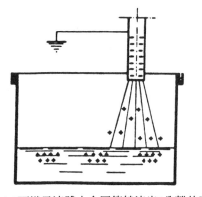

(a)不導電液體由金屬管線流出(分離效應)

(e)塑膠或捲紙(分離效應)

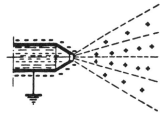

(b)液體由金屬管線噴出(分離效應)

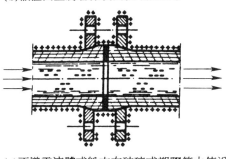

(c)不導電液體或粉末在玻璃或塑膠管中傳送

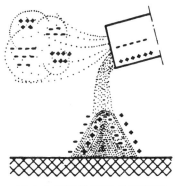

(f)穿著絕緣鞋走過尼龍地氈或塑膠地板

(g)粉末由塑膠袋倒出(分離效應)

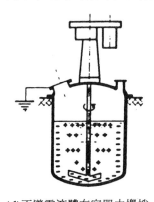

(d)不導電液體在容器中攪拌

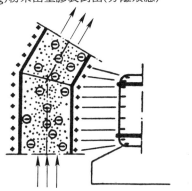

(h)粉末在塑膠管中輸出,不僅會產生靜電,而且會造成附近金屬感應帶電

圖3-6　產生靜電的物理程序

表3-6 液體有機化合物的電阻係數〔17〕

液體化合物		電阻係數 (Resistivity)
中文名稱	英文名稱	歐姆·公尺 (Ω·m)
1.非極性有機化合物 (電阻係數＞10^8Ω·m)		
二硫化碳	Carbon Disulfide	10^{16}
四氯化碳	Carbon Tetrachloride	10^{15}
柴油	Diesel Oils	10^{13}
汽油	Gasoline	10^{13}
環己烷、苯、甲苯、二甲苯	Cyclohexane, Benzene, Toluene, Xylene	10^{13}
乙醚	Diethyl Ether	10^{13}
1,4環氧己烷	1,4 Dioxane	10^{12}
茴香酸	Anisole	10^{11}
硬脂酸丁基酯	Dibutyl Stearicate	10^{10}
溴苯、氯苯	Bromobenzene, Chlorobenzene	10^8
氯仿	Chloroform	10^8
丙酸	Propionic Acid	10^8
2.極性有機化合物 (電阻係數＜10^8Ω·m)		
二氯乙烷 (1,2)	1,2-Dichloroethane	10^7
苯酸乙基酯	Benzoic Acid Ethyl Ester	10^6
甲醇、乙醇、丙醇、丁醇	Methanol, Ethanol, Propanol, Butanol	10^6
醋酸乙基、醋酸	Ethyl Acetate, Acetic Acid	10^5
丙烯腈、丁烯腈	Acetonitrile, Propionitvite	10^5
丙酮、丁酮、環己酮	Acetone, Butanone, Cyclohexanone	10^5
異丙醇、異丁醇	Isopropanol, t-butanol	10^4
甲酸乙基酯	Ethyl Formate	10^4
硝化苯	Nitrobenzene	10^4
乙二醇	Glycol	10^3
乙醛	Acetaldehyde	10^3
甲酸	Formic Acid	10^2

為了降低靜電所造成的失火危險，宜採取下列防範措施：

(1)可燃性流體輸送管線內，必須全部充滿液體，以免爆炸性或可燃性的氣體在管中產生；如果管線無法完全充滿時，必須防止空氣的進入；充填或排放至桶、槽的速度不可太快，酯類的流速每秒不宜超過10公尺，汽油、柴油或長碳鏈碳氫化合物則視管徑大小而異（**表3-7**），40公厘的直徑的管內流速不宜超過 7 公尺/秒，管徑增至600公厘時，其速度不宜超過 1 公尺/秒。

(2)每秒流速超過 1 公尺時，必須選擇具導電性或具內襯的金屬彈性管線，彈性金屬管線間的凸緣或偶合之間，必須互相接觸或以金屬管線相連，不宜使用絕緣料如橡膠製成的彈性管線。

(3)由非導體材料製成的瓶、罐、將液體傾倒至金屬桶、槽時，充填管線、漏斗必須伸至桶、槽底部，以避免液體飛濺或產生漩渦、氣泡；導電材料製成的器具如桶、槽、噴嘴、漏斗、管線等必須互連，並以地線接地；含有兩種或兩種以上互不相溶的液體混合物時，必須儲存於導電性或金屬桶、槽之中，不宜將此類混合物傾倒至絕緣性塑膠製成的器皿或桶、槽之中。

(4)流體在兩個桶（槽）之間的連接管線中流動，或經過泵浦輸送而產生亂流時，會造成液體及管線帶電荷，當金屬製的連接管線、泵浦與桶、槽接觸或分離時，即可能放電，因此必須將泵浦及桶、槽之間以導線相連，並以地線接地。金屬管線與桶、槽之間的導線連接處，宜遠離管線或桶/槽的出入口，以避免與可燃蒸氣接觸（**圖3-7(a)、(b)**）。

(5)由裝置在卡車或火車廂上的液體儲槽，將液體傳送至固定儲槽時，儲槽及車輛之間必須以電導線相連，並以地線接地，同時使用具導電性的傳送管線，司機及工作人員必須穿著導電性鞋靴。

(6)以塑膠器皿由儲槽吸取液體時，塑膠器皿的容量必須低於5公升，以免累積的靜電荷產生火花。

(7)反應槽中帶電荷的液體，與金屬製取樣器或測試工具接觸後，即會放電，為了避免失火的危險，取樣及測試工作宜以閉路方式進行，並且以惰性氣體充填槽中空間，以避免槽中之液體與外界空氣接觸

表3-7　汽油、柴油等非極性碳氫化合物由管線排至桶、槽的最高速度
　　　　（公尺/秒）

管線直徑 （公厘）	40	50	80	100	200	400	600
速度 （公尺/秒）	7.0	6.0	3.6	3.0	1.8	1.3	1.0
流量 （公升/分）	600	800	1100	1600	3500	10000	17000

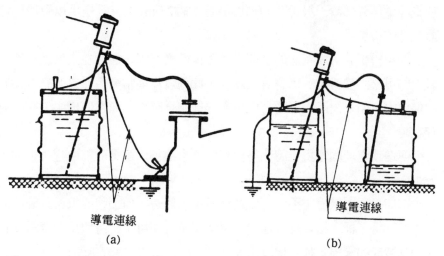

(a)

(b)

圖3-7　流體在桶、槽之間輸送時，管線、桶、槽之間必須以導線相連，
　　　　並接地線〔17〕

（**圖3－8**(a)、(b)）。

固體粉粒的傳送

　　固體粉粒的傳送、研磨、混和、篩選、充填桶槽或在空氣中飛濺時，分離過程不斷的產生，因此不論所接觸的物體是否具有導電性，每一個固體粉粒皆會帶電荷，同時會將所接觸的物體充電。由於一般粉粒的傳送或拂拭，所產生的放電能量低，不足以點火；然而，大型儲槽內固體粉粒拂拭效應的累積所造成的放電能量，可能高達百分之一焦耳（10 mJ），此放電能量值雖低於一般粉粒的點燃能量（約25 mJ），但是足以引燃點燃能量低的粉粒。

　　即使粉粒及可燃氣體的濃度低於著火濃度下限，懸浮在空氣及可燃氣體中的可燃固體粉粒，仍會著火爆炸，此種爆炸最常發生於盛裝有機樹脂的儲槽中，如果樹脂表面的有機溶劑未被完全驅除，而且儲槽中又有空氣存在時。

　　傳送或處理固體粉粒時，應注意下列事項，以避免靜電引起失火的危險：

(1)如果周圍環境中不含可燃性氣體或蒸氣時，僅須將導電材料製成的管線、桶、槽以導線連接，以地線接地即可；也可使用非導電材料製成的管線、桶、槽及工具。

(2)如果環境中含有可燃性氣體或蒸氣時，宜在惰性氣體，如氮氣下進行充填、儲存、輸送、研磨、篩選等程序，避免空氣或氧氣滲入系統之中（**圖3－9**(a)、(b)）。

(3)由非導體材料製成或具塑膠內襯的桶、槽將表面受溶劑沾濕的固體粉粒移轉至導電材料製成的桶、槽時，宜使用木製圓鍬，或接地線的鐵鏟。

(4)使用導電材料製成的桶、槽盛裝表面受溶劑沾濕的固體粉粒時，粉粒不宜裝入塑膠袋中，桶、槽亦不宜安裝含有塑膠或非導體材料製成的內襯。

(5)將帶電荷的固體產品充填由導電材料製成的桶/槽時，如果桶/槽不接地線，桶/槽會被充電，應使用具導電性車輪的槽車裝載可能具高電荷的固體，同時保持車輪清潔，工作人員應穿著導電性鞋靴。

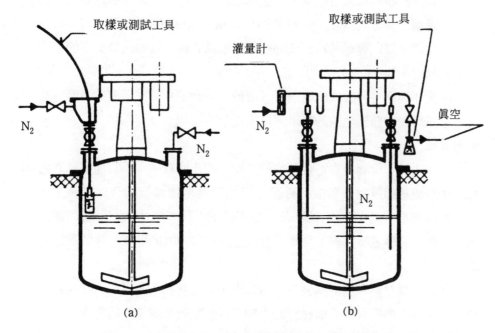

取樣或測試工具

灌量計

取樣或測試工具

N₂

N₂

N₂

眞空

N₂

(a)

(b)

圖3-8　反應槽中取樣或測試裝置的安全設計〔17〕

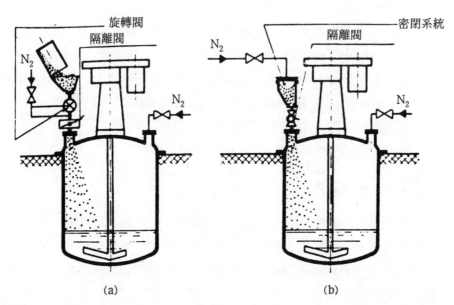

旋轉閥

隔離閥

密閉系統

隔離閥

N₂

N₂

N₂

N₂

(a)

(b)

圖3-9　可燃性氣體存在時，將固體粉粒充填桶、槽的安全設計〔17〕

(6)大型固體粉粒儲槽內壁不得塗以絕緣性的塗料，直徑超過 3 公尺的儲槽，其電場強度不得超過500 kv/m，以免遭電擊放電。

(7)使用金屬或導電材料製成的通風及吸氣管線，管線內壁不宜使用絕緣性塗料。

(8)使用導電材料製成的輸送帶、滑輪、驅動帶、圓柱形滾輪，同時測試轉動物體對地線的電阻，以確定是否接地。

人體接地

工作人員宜穿著具導電性鞋底的鞋靴，如皮底鞋靴；不宜穿著鞋底由塑膠硬紙板或纖維材料製成的鞋靴，以免與接地物體接觸時放電產生火花，鞋底漏電電阻應低於10^8歐姆。如果鞋底不具導電性，則可使用連接鞋底與膝部的導電帶，導電帶的最低電阻必須高於10^6歐姆，以免電震危險。

脫除人纖材料製成的衣裳時，也會產生高電荷及放電現象，在具爆炸危險的場所不得脫除含人纖材料的衣物，以免放電造成爆炸的危險。

靜電防範及安全準則

(1)英國標準局標準第5958號（BS 5958，British Standards Institution，1991）。

(2)瑞士化學工業安全專家委員會所出版的《靜電：工廠安全規定》（Static Electricity Rules for Plant Safety，Expert Commission for Safety in the Swiss Chemical Industry（ESCIS），SUVA，Fluhmattstrasse 1，CH 6002，Lucerne，Switzerland，1988）。

(3)美國國家防火協會報告第77號（NFPA 77）。

(4)美國石油研究院報告第2003號（API 2003）。

3.3.4.2 電機設備

化工廠中的轉動設備，如泵浦、壓縮機、攪拌器、絞碎機、電熱、輸送設備等，大多由電力驅動；設計及安裝時，如不嚴格控制，很容易會因線路短路或設備失誤而造成失火及爆炸事件。最可能造成火花的設備及元件為下列七類：

(1)電源開源。

(2)電路斷電器。

(3)馬達啓動器。

(4)按鈕站。

(5)電源插頭。

(6)電墊或照明設備。

(7)馬達。

為了確保安全起見，電路及電機設備的設計及安裝前，必須界定地區的危害性，然後依據地區危害性分類，應用合適及安全的設計及安裝準則。有關電路及電機設備的設計準則，不在本書範圍之內，讀者可參閱下列組織出版的規則及準則：

(1)美國全國電機及電子器材製造協會（National Electric and Electronic Manafacturers Association，簡稱 NEMA）。

(2)美國電機及電子工程師學會（Institute of Electric and Electronic Engineers，簡稱 IEEE）。

(3)美國國家標準局（American National Standards Institute，Inc．，ANSI）。

(4)美國國家電機規定（National Electric Code，簡稱 NEC）。

(5)美國石油協會出版的煉油工廠電機設備檢視準則（API Guide for Inspection of Refinery Equipment）。

(6)美國卜內門公司電機設備安裝規定（ICI Electric Installations Code）。

3.3.4.3 雷電

儲槽的避雷及通地設施設計或安裝不良時，即可能遭雷擊而失火，有關預防雷電的設計準則請看下列資料：

(1)美國國家防火協會報告第78號（NFPA 78）。

(2)美國石油協會報告第2003號（API RP2003）。

(3)電擊防範研究院標準作業規定第175號（Lightning Protection Institute，LPI－175）。

(4)M.G.Frydenlund，Understanding Lightning Protection，Plant Engineering，

Dec. 13, 1990.

浮頂式儲槽（Floating Roof Tanks）的接地（Grounding）及避雷聯線（Bonding）設施的安裝，必須遵照一定的安全準則，以免雷擊失火；油氣輸送管線之間的電流傳送可經過接連凸緣的螺栓，不致於造成阻礙，如果螺栓表面塗有絕緣塗料，如特氟龍時，可在凸緣之間使用星形墊圈，以加強金屬凸緣之間的接觸；管線上的「三明治」式閥，旋轉接頭或任何可能造成電流阻礙的接合處宜安裝跨接電線，以利電流通過，其主要目的在於電擊時，降低電流傳送至地面的電阻。

地面的接觸情況會影響地緣的效果，地面宜含適當水份，便於電流散佈，接地表面過份乾燥時，電流難以散佈，接地效果不佳。

3.3.4.4　雜散電流

雜散電流（Stray Currents）並非蓄意設計或提供的電流，它是經由電流或電機設備的感應，或相互影響而產生的閒雜電流，它可能是連續性或間歇性、單向性或交替式。主要的雜散電流源，為無線電頻率傳送器（Radio-Frequency Transmitters）、高壓電輸送線、電化學作用及陰極保護系統。

無線電頻率所造成的雜散電流

金屬結構如起重機、怪手、加油管線會受附近高能量無線電或雷達輸送器的影響，成為偶發性天線，在金屬結構的尖端不連續處放電，產生火花〔15〕，檀香山的貨櫃轉運站及德國漢堡港口的起重機皆曾發生人員灼傷事件，其電壓強達1,000伏特，漢堡港的意外事件是由 7 公里以外的一個300瓦強度的廣播站所引起的〔16〕。

無線電輸送站所造成的天線效應及輻射頻率與金屬結構的大小、形狀有關，頻率低於30MHZ以下時，對迴路結構如起重機、儲槽充填/排放迴路，及管線、支柱所組成的迴路最為有效。

由於鐵鏽會加強此類天線效應所引起放電強度，而且點火能量下限（Power Threshold for Ignition）與金屬結構的電阻有關，不宜應用清潔表面的點火能源下限（300v）來判斷是否安全。必須假設在最壞可能發生的天線效應下，在無線電發射站周圍20公里內，實際進行無線電頻率場的

分析，以決定是否安全。

高壓電線

　　高壓電線下的地表面的電場約 5 千伏/公尺（kv/m），人、物與地線接觸時可能會產生火花，放電能量與人/物體及地面之間的電容量、高壓線電壓有關。由實驗證明可以得知，在一般人及車輛的電容量下，尖端電壓必須超過 4 千伏（4kv）以上，才可點燃碳氫化合物或有機醇類的蒸氣，由於一般高壓線所感應的電壓低於此數值，因此只有在極高的電場下或周圍充滿了特殊易於點燃的有機蒸氣與空氣的混合物時，才會發生火災。

陰極防腐系統

　　儲槽的陰極防腐系統也會造成裝載液體化學品或油品的船舶與儲槽之間的電動勢，油品卸載時，兩者電路相通，即會產生強烈的電流，而成為點火源。為了避免火花或電弧的產生，可以使用絕緣性凸緣，切勿使用不具導電性的橡膠管，因為橡膠管內液體的流動會產生靜電。

化學電流

　　兩種不同金屬物體的接觸及分離時，也會產生化學電流，也可能點燃周圍的可燃氣體。

　　利用金屬器具由盛裝酸、鹼及鹽類等電解質的儲槽中取樣及進行測試工作時，也會產生此類化學電流。馬達德氏曾討論下列兩個事件〔10〕：

(1)鋁棒與鑄鐵製的硝化槽側維修用的開口接觸後，即會產生火花，其電壓約1.5伏特，電流為1.6安培，幸而電流感應低，僅0.01mH，所釋放的能量僅0.013mJ，未能引火。

(2)一個以不鏽鋼線連接的取樣瓶，伸入盛裝酸類的輪船的儲槽中時，由於化學電流產生的火花，造成氫與空氣混合氣體的爆炸。

　　為了防範化學電流的產生，宜使用與儲槽材質相同的金屬器具，以進行取樣、測試工作。

3.4 爆炸

爆炸是高壓氣體與周圍環境之間平衡的過程所產生的後果，由於平衡速率非常快速，高壓氣體所含的能量以震波方式散佈而消失。由於周圍環境的不同，會產生局限性或非局限性爆炸，例如在密閉容器或建築物中，氣體壓力上升而產生的爆炸為局限式爆炸，而散佈於大氣中的有機蒸氣雲點燃後的爆炸，則為非局限式爆炸；爆炸由其產生的原因可分為物理式或化學式，由於溫度升高，容器內氣體壓力上升，所產生的爆炸為物理爆炸，可燃性氣體點燃，產生快速氧化化學反應，溫度上升、體積快速膨脹所造成的爆炸，則為化學能的釋放。

爆炸程序非常複雜，雖然經過數十年的研究，吾人目前仍然不完全了解爆炸的活動狀態，為了安全起見，工程師使用爆炸模式或企圖延伸實驗結果時，必須格外小心，設計時宜酌加足夠的安全係數。

3.4.1 爆震及突燃

爆炸可分為爆震（Detonation）及突燃（Deflagration）兩種方式，它們是以爆炸後所發出的震波的速度而區分，如果震波移動的速度超過音速，爆炸方式為爆震，速度低於音速時，則為突燃。突燃所產生的壓力上升約為大氣壓力的數倍，而爆震所造成的壓力上升則為突燃的十倍，甚至數十倍之多。

爆震的產生是由於大量的能量必須在很小的體積內，以很短的時間（大約1/1,000秒）釋放出，而爆震的產生方式可分為熱爆震（Thermal Mechanism）及連鎖反應（Chain Branching Mechanism）兩種方式。在熱爆震的方式中，氣體的溫度因化學反應而上升，溫度上升則加速反應速率，因而造成氣體的壓力及溫度，在極短的時間內急速增加。如果氣體的化學反應產生高反應性的自由根（Free Radicals），由於自由根相互作用或與其他氣體作用，會產生更多的分子及反應性物質，其系統壓力也會在

短時間內快速上升而產生爆震。

　　如果化學反應或火焰的進行，是依賴分子的擴散或氣體的亂流時，能量釋放的速率則受質量傳送的速率所限制，壓力或火焰的移動速率較為緩慢（低於音速以下），爆炸的方式為突燃；例如汽缸中汽油與空氣混合物的燃燒引爆為突燃方式，其速率約1/300秒。突燃也可能演變成爆震，這種情形通常發生在管線系統中，因為突燃所放出的能量會傳送至壓力波，而導致壓力的急速上升，最後發生爆震現象。

3.4.2　局限爆炸

　　在一個固定體積的容器或建築物內，所發生的爆炸稱為局限性爆炸（Confined Explosion）；塵爆（Dust Explosion）及蒸氣爆炸（Vapor Explosion）是最常發生的局限性爆炸，一般化學程序設備及桶/槽中的燃燒反應、熱分解或反應失控也會導致局限性爆炸。

　　局限性爆炸的特徵，例如爆炸或著火濃度範圍，點燃後壓力上升的速率及最高壓力等，可以使用實驗方法求得。

　　蒸氣的爆炸測試裝置如（圖3－10）所顯示，其基本構造為一個密閉的壓力容器，不同比例的可燃蒸氣空氣的混合物可以在控制條件下輸入，以充填容器，容器內裝有點燃器與壓力計及溫度計等測試儀表，可以測試點燃後容器內壓力及溫度的變化。（圖3－11）顯示局限性蒸氣爆炸後，壓力隨時間的變化關係，壓力在極短時間內（0.2秒－0.4秒）增至9巴（Bar）左右，由於壓力僅數個大氣壓左右，爆炸方式為突燃爆炸。改變可燃蒸氣與空氣的比例則可測試爆炸濃度範圍、不同濃度下爆炸壓力、以及壓力上升速率。（圖3－12(a)、(b)）顯示某特定蒸氣的爆炸測試圖，其爆炸範圍為2%－8%，最高壓力為7.8巴（測試壓力），壓力上升速率為360巴/秒。

　　懸浮在空氣中的固體塵粒引燃後，即會產生塵爆現象，塵爆通常發生於麵粉加工、殼倉、煤礦或煤加工廠中。由於塵埃點燃爆炸後所產生的震波，在向周圍散佈時會激動塵埃，而造成次級爆炸，因此局部性的塵爆，會很快地引發整個工廠或區域的爆炸。1977年美國路易斯安娜州紐奧良市

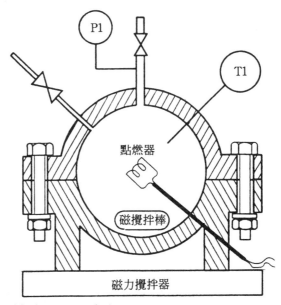

說明：圖中 PI：壓力計；TI：溫度計

圖3-10　蒸氣爆炸測試裝置〔20〕

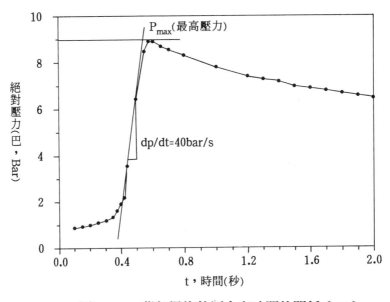

圖3-11　蒸氣爆炸後壓力與時間的關係〔20〕

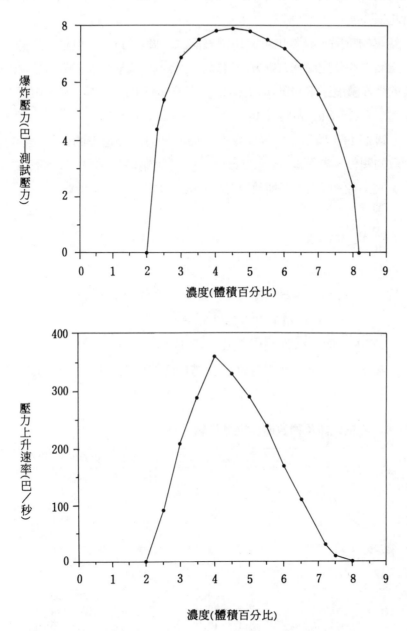

圖3-12 爆炸壓力、壓力上升速率與蒸氣濃度的關係〔20〕

附近的殼倉爆炸後，即引發一連串的爆炸，造成35人死亡，及數千萬美元
的財產損失。

　　塵爆的特徵，雖然也可使用儀表測試（**圖3-13**），但是由於塵粒大
小在空氣中的分配受重力影響，難以有效控制，實驗結果較難確定，一般
塵粒的爆炸濃度下限約為20-60公克/立方公尺（g/m³），其上限為2-6
公斤/立方公尺（kg/m³）〔18〕。

　　（**圖3-14**）顯示，局限性爆炸的最大壓力上升速率的對數與容器體
積對數的關係，其斜率為負的三分之一，此關係稱為立方定律（Cubic
Law），其關係可以用下列數學方程式表示：

$$\left(\frac{dP}{dt}\right)_{max} V^{\frac{1}{3}} = K \qquad\qquad (3-13)$$

　　其中，$\left(\dfrac{dP}{dt}\right)_{max}$ ＝最大壓力上升速率（巴/秒，bar/s）

　　　　　V＝容器體積（立方公尺，m³）

　　　　　K＝突燃指數（巴·公尺/秒，bar·m/s）

　　（**表3-8**）列出一些常見氣體及物質塵埃的突燃指數，以供參考使
用。

表3-8　常見氣體及物質塵粒突燃指數〔18〕

物質	最高壓力（巴）	突燃指數（巴·公尺/秒）
1.氣體		
甲烷	－	55
丙烷	－	75
氫	－	550
2.塵粒		
聚氯乙烯	6.7 － 8.5	27 － 98
奶粉	8.1 － 9.7	58 － 130
聚乙烯	7.4 － 8.8	54 － 131
糖	8.2 － 9.4	59 － 165
樹脂	7.8 － 8.9	108 － 174
褐煤	8.1 － 10.0	93 － 176
木屑	7.7 － 10.5	83 － 211
醋酸纖維素	8.0 － 9.8	56 － 229
鋁粉	5.4 － 12.9	16 － 750
顏料、色素	6.5 － 10.7	28 － 344

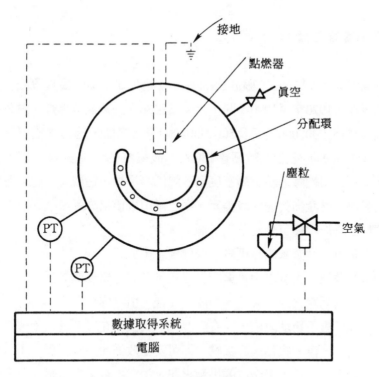

圖3－13　塵爆測試裝置〔20〕

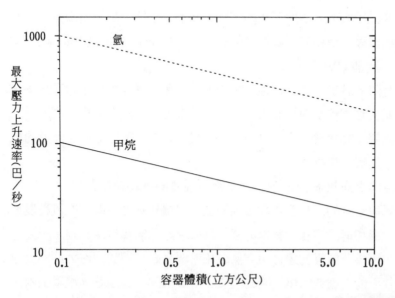

圖3－14　最大壓力上升速率對數與容器體積對數的關係（立方定律）〔20〕

3.4.3 蒸氣雲爆炸

蒸氣雲爆炸（Vapor Cloud Explosion）是化學工業中最具危險性及破壞性的爆炸，1970年至1990年間，至少發生36次的蒸氣雲爆炸，意外事件財產損失在15,000,000美元及500,000,000美元之間，總損失約15億美元（1990年幣值），死亡人數高達150人。最嚴重的蒸氣雲爆炸事件，為1989年美國德州帕薩迪納市高密度聚乙烯工廠爆炸，造成二十餘人死亡，近百人受傷，財產損失達5億美元，聚乙烯市場價格亦受波及。

蒸氣雲爆炸程序可分為下列三個步驟：

(1)大量可燃性蒸氣由高壓設備或儲槽中排放。

(2)蒸氣散佈於大氣之中，與空氣混和，形成可燃性蒸氣雲。

(3)蒸氣雲遇點火源（火花、熱能等）後，引燃爆炸。

如果蒸氣雲不斷地散佈，與空氣混和，其濃度在降至著火（爆炸）濃度下限之前，一直未與點火源接觸，即可安全散佈而不會引爆，不過此類情況甚少發生，因為化工廠內的迸發火花、道路中行駛的車輛、及高溫設備的表面，都是可能引爆的著火源。

蒸氣雲是由於桶、槽設備或管線破裂後，大量液體揮發成蒸氣後，或大量蒸氣排放於大氣之中所形成的，其範圍不受容器、設備所限制。一般大都將蒸氣雲爆炸稱為非局限性蒸氣雲爆炸（Unconstrained Vapor Cloud Explosion，簡稱 UVCE）。

依據有限的試驗數據及定性分析結果，蒸氣雲爆炸特徵〔14〕為：

(1)蒸氣雲點燃機率與氣雲大小有關，氣雲愈大，點燃機率愈高。

(2)蒸氣雲與點火源接觸，不一定會引發爆炸，產生閃火或火災的機會，遠較爆炸為多。

(3)蒸氣雲爆炸效率很低，僅2％的燃燒能量轉換為爆炸震波。

(4)蒸氣與空氣的混和度及點火源的位置與爆炸威力有關，亂流程度愈高，混和情況愈佳，威力愈強。點火源離蒸氣釋放源愈遠，威力愈大，因為蒸氣雲的邊緣與空氣混和情況良好。釋放源附近的點火源往往不能引燃或引爆，因為蒸氣雲濃度太高，超過著火濃度上限。

(5)蒸氣雲爆炸，基本上為突燃現象而非爆震，但一般皆以爆震模式模擬（請參閱第五章有關模式討論）。

　　蒸氣雲爆炸的防範，必須從安全設計及操作兩方面著手，防止可燃性氣/液體洩漏，並降低工廠內的點火源、揮發性可燃液體的儲存量及使用量、加強洩漏氣體的偵測，另外尚須定期進行設備的維修保護，並安裝隔離閥等措施。

3.4.4 沸騰液體氣化膨脹爆炸

　　沸騰液體氣化膨脹爆炸（Boiling Liquid Expanding Vapor Explosion，簡稱BLEVE），發生於盛裝液體的高壓儲槽或設備之中，如果液體的溫度高於常壓沸點，當設備、儲槽管壁破裂或因周圍地區失火而吸收大量熱量時，液體會迅速氣化，釋出大量能量而爆炸，如果釋放的物質具可燃性，則極其可能導致氣雲爆炸，如果具毒性，則會危害周圍人畜及社區安全。

　　火災是造成沸騰液體氣化膨脹爆炸最主要的原因，引發爆炸的步驟為：

(1)盛裝液體設備或儲槽周圍地區失火。

(2)火勢蔓延至設備或儲槽外殼。

(3)設備或儲槽內液體吸收熱量，溫度升高、氣化、壓力逐漸上升，最後造成殼壁破裂。

(4)火焰如蔓延至設備或儲槽頂端或上方蒸氣部分，由於沒有液體吸收熱量，外殼金屬溫度迅速上升，管壁也會因金屬喪失其張力而破裂。

(5)殼壁破裂後，壓力迅速降低，大量液體迅速氣化。

(6)液體與火接觸後著火爆炸，將殼壁向外彈擊，彈擊出的設備組件及殼壁，亦會造成損失。

有關沸騰液體氣化膨脹爆炸模式在（第五章）中討論。

3.5 化學工廠中的火災

化學工廠失火會造成人員傷亡及嚴重的財產損失，研擬防範火災之前，宜了解造成火災發生的原因及失火後的發展及蔓延過程。

化學工廠中所發生的火災，是由於可燃性物質洩漏或潑灑所造成的，小量物質的洩漏是由於凸緣、取樣點、排放管線或其他管線及桶/槽的接頭不良而造成的，大量洩漏或潑灑則由於管線、設備、桶/槽、泵浦破裂及損壞所造成的。

可燃性物質由程序管線或設備洩漏後，由於點火時間不同，會產生不同的結果；可燃氣體或液體洩漏後如立即著火，會如火炬或燃燒器一樣產生火焰，直接噴在附近設備或空間上，如果洩漏的氣/液體未與點火源接觸，氣體或揮發的蒸氣會形成蒸氣雲。蒸氣雲如與點火源接觸則會產生蒸氣雲爆炸或閃火現象，蒸氣雲爆炸已於上節討論，不在此贅述。閃火是蒸氣雲燃燒的結果，其威力遠較爆炸為低，雖不一定直接造成桶/槽及設備的破裂，但也會造成廣泛的損失，例如電線、電纜的失火及短路，桶/槽的壓力上升及疏解，原料及產品的排放等；閃火也會造成附近空間氧氣的缺乏，而導致人員的窒息。

未揮發的液體洩漏後，會形成液池，液池點燃後形成池火，大型池火所產生的輻射熱也會造成嚴重的後果。

化學工廠的洩漏主要發生於泵浦、凸緣、一般設備、及大型儲槽，所發生的火災亦因洩漏處所不同而異，茲將各種失火情況簡述於後。

3.5.1 凸緣失火

管線之間或管線與設備、桶、槽之間接頭的凸緣，易因物質的洩漏而失火。凸緣的洩漏主要是由於溫度變化而造成凸緣的變形，當高溫流體通過管線時，凸緣外部溫度較管線為低，凸緣內外部分膨脹程序不同，會造成螺栓、氣墊及凸緣的變形，時間一久，凸緣之間的氣密情況，即會由於

不斷的熱脹冷縮而越來越差，終將造成裂隙，而導致管線內流體的洩漏。

改進既有凸緣氣密的方式為使用：

(1)具套筒的長螺栓。

(2)柏威爾（Belleville）式墊圈。

3.5.2　泵浦失火

泵浦的封緘（Seal）或填函蓋（Gland）的洩漏，是造成泵浦火災最主要的原因，克萊茲氏曾詳細討論烯類分離工廠泵浦失火事件〔14〕，他建議安裝隔離閥以降低流體的洩漏。改善泵浦的機械可靠度，使用複式機械封緘、加強封緘及氣密度等，亦可降低洩漏發生的機率。

3.5.3　設備包層套的失火

設備的包層套，如保溫材料，往往會為油或其他可燃液體所浸漬，如果包層套溫度很高，足以點燃浸漬的油液時，包層即會失火。

預防包層套失火的方法為：

(1)防止包層套為油或可燃液體所浸漬，即防止洩漏，並且不在凸緣或接頭處安裝包層，以金屬薄片製成的軸環圍繞取樣裝置，以避免取樣裝置洩漏的液體與包層接觸。

(2)包層套不可太厚，厚度愈高，保溫效果愈佳，但是也愈利於包層所浸漬的油液的自燃，決定保溫包層厚度時，除考慮保溫效益外，亦應避免自燃現象的加強。

(3)包層外部宜以鋁片、表面具瀝青塗膜，或以膠結劑處理的材料包覆，以防止包層浸漬的油液與空氣接觸。

(4)使用玻璃泡棉、鬆曲的鋁箔以取代傳統保溫材料。

3.5.4 儲槽失火

大型儲槽失火事件屢見不鮮，固定頂儲槽失火的發生頻率約為1/833
儲槽率〔14〕，浮頂儲槽失火頻率則不詳。由於儲槽容量大，失火後火勢
難以有效地加以控制，因此會很快地蔓延至附近儲槽，造成大量的產品洩
漏及損失。

儲槽失火及爆炸事件大多是由於人為的疏忽或儀器失常而導致的液體
溢流所造成的，有些則由於空氣進入儲槽後，與蒸氣混和形成可燃性氣體
而點火爆炸，另外儲槽附近的火焰、蒸氣雲爆炸及閃電也會造成儲槽的失
火。

儲槽失火後不久，即會損壞殼壁、管線及泵浦等設施，依據以往的經
驗，與火焰接觸的管線，在10－15分鐘內即被破壞，所產生的輻射熱亦足
以損壞附近的其他儲槽。

預防儲槽失火的措施為：

(1)定期檢查液面指示儀表、泵浦及管線，避免洩漏及溢流。

(2)儲槽之間宜保持安全距離，以降低輻射熱的影響。

(3)儲槽區宜配備水噴淋系統，必要時，可以冷水冷卻儲槽以防止儲槽
外殼過熱。

(4)大型儲槽周圍部分應以獨立的短堤加以包圍，以防止洩漏或潑灑的
液體散佈，另外應儘量避免數個儲槽設置於同一個短堤之內，依據
以往的經驗，只要一個儲槽失火，所有同一短堤內的儲槽皆會遭受
波及。

(5)短堤內管線上的閥以及凸緣數量應儘量降至最低，泵浦宜設置於堤
外。

(6)低壓及常壓儲槽應通以氮氣，以避免空氣進入，高壓儲槽應裝置壓
力疏解裝置。

3.6 化學工廠的消防措施

化學工廠中的消防策略可分爲下列兩種：

(1)消極性火災預防及防範。

(2)積極性保護。

消極性預防及防範措施，是以預防火災的發生及發生後限制火勢的蔓延，而積極性的保護措施則爲救火及緊急因應措施。

工廠設計及營建時，應將消極性預防及防範措施考慮在內，這些火災預防的考慮包括：

(1)去除火災發生的可能性，例如去除點火源、可燃性物質的洩漏及排放。

(2)火災發生時，物質的緊急移轉，例如壓力疏解及送至火炬焚化，緊急排放至安全場所或儲槽，以降低設備中的可燃性物質含量。

(3)應用耐火材料，以避免著火。

(4)限制火勢的蔓延。

(5)儲槽及設備之間保持安全距離，以降低火勢蔓延。

積極性保護措施，雖然也在設計時考慮，但是卻在火災發生後，才會發揮作用，這些設施包括：

(1)火災偵測及警示系統。

(2)滅火劑。

(3)消防水供應系統。

(4)固定式滅火系統。

(5)活動式滅火系統。

美國道化學公司（Dow Chemical Company）所發展的道失火及爆炸指數（Dow Fire and Explosion Index），可協助安全工程師排列不同程序及場所的危險程度計量化，以作爲判斷及因應的參考，有關道指數的說明及應用，請參閱（第四章4.2.1節）。道化學公司發表的準則〔19〕並包括下列保護設施的說明：

(1)基本火災及爆炸防範及保護措施。

(2)推薦的最低預防及保護措施。

其標題項目則列於（**表3-9**及**表3-10**）中，其他有關化學工廠火災防範準則及手冊，請參閱下列著作：

(1)Protection Manual for Hydrocarbon Processing Plant, by Vervalin, 1973.

(2)BS CP 3013：Fire Portections in Chemical Plant, 1974.

(3)Guidelines for Safe Storage and Handling of High Toxic Hazard Materials, American Institute of Chemical Engineers, 1988.

表3-9　道化學公司損失防範準則：基本防範及保護措施〔19〕

項次	項目及標題
A	足夠的消防用水供應
B	桶/槽（容器）、管線、鋼結構的結構設計
C	壓力疏解裝置的過壓
D	腐蝕抗阻及裕度
E	管線及設備中反應物質的分離
F	電機設備的接地
G	輔助電力元件的安全位置（變壓器、斷電器）
H	電力中斷後的一般性防護設施，例如備用電源、柴油發電機及備用儀器用空壓系統
I	法規、同業公會、工程師學會準則（ASME, NEC, ASTM, ANSI 等）的遵守
J	故障保安儀電系統設計
K	車輛及人員緊急疏散路徑及場所
L	消防用水及化學品洩漏之安全排洩
M	表面發熱設備的絕熱
N	國家電力規範（National Electric Code）之遵守
O	玻璃器皿應用於易燃性或危害性場所及設備的限制
P	建築物及設備的安全佈置
Q	管線支架及儀電用纜線盤的防火措施
R	隔離閥的安裝及設計說明
S	冷卻水塔損失防範及保護
T	消防器材的防護
U	電力安全分類（Electric Classification）
V	程序控制室防火牆及設計需求

表3-10　道化學公司損失防範準則：最低預防及保護措施〔19〕

項　次	項目及標題
1.	耐火處理
2.	設備及場所應具備的噴淋水保護需求
3.	滅火用泡沫膠及薄膜化學藥劑
4.	監視槍
5.	排洩、棄置及潑灑的控制
6.	燃燒氣體偵測儀
7.	儲槽周圍的短堤
8.	掩埋於地下的儲槽
9.	應用於儲槽上的泡沫膠劑
10.	遙遠的手控設施
11.	特殊儀器
12.	防火牆及障礙
13.	建築物的通風
14.	塵爆控制
15.	開放式程序結構
16.	建築物的緊急疏解通氣

參考文獻

1. Central Fire Brigades Advisory Council, Home Office, United Kingdom, Item 10, 1970.

2. Coward and D.W. Jones, U.S. Bureau of Mines, Bulletin 503, 1952.

3. M.G. Zabetakis, U.S. Bureau of Mines, Bulletin 627, 1965.

4. M.G. Zabetakis, Fire and Explosion Hazards at Temperature and Pressure Extremes, AIChE − Inst. Chem. Eng. Symp. Sec 2, Chem. Eng. Extreme Cond. Proc. Symp., pp 99 − 104, 1965.

5. M.G. Zabetakis, S. Lambiris, and G.S. Scott, Flame Temperatures of Limit Mixtures, 7th Symposium on Combustion, Butterworth, London, U.S., p 484, 1959.

6. G.W. Jones, Inflammation Limits and Their Practical Application in Hazardous Industrial Operations, Chem. Rev. , Vol. 22 , No. 1 , p1 − 26, 1938.

7. Pensky and Martens, American Society of Testing and Measurements, Standard Method D − 93 − 61, and D − 56 − 61.

8. Cleveland, American Society of Testing and Measurements, Standand Method D − 92 − 57.

9. NSC, Accident Prevention Manual for Industrial Operations, National Safety Council, Chicago, IU, USA, 1984.

10. L.A. Medard, Accidental Explosions, Vols. 1 and 2, John Wiley & Sons, NewYork, N.Y., USA, 1989.

11. L.G. Britton, D.A. Taylor and D.C. Webster, Thermal Stability of Ethylene in Elevated Pressures, Plant/Operations Progress, Vol. 5 , No. 4, 1986.

12. R.T. Halle and M.O. Vadekar, Rust Catalyzed Ethylene Hydrogenation Temperture Runaway, 3rd Annual Ethylene Producers Conference, AIChE

Spring Meeting, Houston, Texas, April 9, 1991.

13. R.F. Schwab, Chlorofluorohydrocarbon Reaction With Aluminum Rotor, Loss Prevention, Vol 5, 1971.

14. F.P. Lees, Loss Prevention in the Process Industries, Vol.1, p 498, Butterworths, London, U.K. 1980.

15. P.S. Excell, Radio-Frequency Ignition Hazards, Hazard Prevention, May/June, 1984.

16. S.M. Richardson and J.L.J. Rosefield, Radio Frequency Transmission Hazards in Exploration and Porduction Operations, European Newsletter, Edition 4, April, 1987.

17. Static Electricity : Rules for Plant Safety, Plant/Operations Progress, Vol. 7, No.1, p1, 1988.

18. W. Bartknecht, Explosions, p27, Springer-Verlag, New York City, N.Y., USA, 1981.

19. Dow Fire and Explosion Index Hazard Classification Guide, 6ᵗʰ Edition, Dow Chemical Company, 1987.

20. D.A.Crowl and J.F. Louvar, Chemical Process Safety : Fundamentals with Applications ,P72, Prentice Hall, New Jersey, USA, 1990.

第4章　危害鑑定

程序/系統危害校驗表

相對危害程度順序表

初步危害分析

假設狀況分析

安全複檢

危害及操作性分析

失誤模式及影響分析

危害鑑定方法的選擇

電腦程式

參考文獻

化學品的搬運、輸送、製造、儲藏及廢棄物的處理過程隨時可能發生意外事故，導致財產的損失，人員傷亡及環境生態的破壞，如欲防範意外的發生降低發生的機率，首先必須事先找出可能導致意外發生的原因，然後進行製程設計或操作運轉的修改，以達到安全的最終目的，危害鑑定就是找出危害特性的系統性方法。

危害鑑定的方法很多〔2〕，主要的方法可分為下列十種：

(1)程序/系統危害校驗表（Processs/Systems Checklists）

(2)相對危害順位排列

依據程序中的物質，操作情況及安全設施的相對危害性，所發生的危害程度的排列方法。

(3)初步危害分析（Preliminary Hazard Analysis，簡稱PHA）

工程設計初期所使用的簡易分析方法。

(4)假設狀況分析（"What if"Analysis）

列出可能發生的意外狀況，然後分析設計或操作步驟及應變措施。

(5)安全複檢（Safety Review）

傳統非正式的工程設計或程序試俥前使用的檢討安全措施的方法，由於缺乏系統性，檢討成效往往因複檢者經驗多寡而相異。

(6)危害以及操作性分析（Hazard and Operability Analysis，簡稱HAZOP）

系統化的分析程序/系統中危害及操作實用性的方法，近年來已成為化學工程設計的標準作業程序。

(7)失誤模式及影響分析（Failure Modes and Effects Analysis，簡稱FMEA）

表列程序/系統設備或作業方法上可能發生的失誤模式及影響分析方法，或稱失誤模式、影響及嚴重性分析（Failure Modes, Effects and Criticality Analysis）。

(8)失誤譜（故障樹）分析（Fault Tree Analysis）

決定失誤原因的系統圖（譜）的分析方法，為標準安全分析的方法。

(9)事件譜（事故樹）分析（Event Tree Analysis）

推演失誤所可能引發的結果的圖形分析方法。

⑽因果分析（Cause – Consequence Analysis）

上列方法之中，第一種至第七種方法將於本章內介紹，而第八至第十種（失誤譜，事件譜及成果分析）將在（第五章風險評估）中有詳細的討論。

4.1 程序/系統危害校驗表

校驗表是校對及驗證程序、系統設計或操作方法是否合乎標準或合理的清單，通常是一連串針對不同項目的安全措施的是非題，以方便使用。校驗表為非計量性的鑑定方法，它可能提供針對程序或系統某種問題上的了解，協助找出某一個單一設備或作業步驟的缺失及危害，但是由於化學製程非常複雜，研擬完善的問卷以分析設備或系統間的相互作用的影響，是很困難的工作，因此校驗表使用的目的僅在於提醒校驗者一些標準性及一般性的安全考慮，以免疏忽。（**附錄六**）及（**附錄七**）分別列出兩個不同的校驗表，（**附錄六〔1〕**）的問題主要使用於一般安全及管理上，而（**附錄七〔2〕**）中的問題則應用於鑑定程序或系統中的危害之用，內容比較專業化。

校驗表的研擬應該由具有運轉、設計經驗及安全訓練的資深工程師加以負責，此類校驗表並不具任何工業機密，各公司之間相互觀摩、交換的情況非常普遍，使用者僅需熟悉基本工程或工安基礎，即可於短期內進入狀況，並不需要正式的培訓及講習。許多公司通常使用標準型式或問題的校驗表，以抽驗工廠之運轉或工程專案之進行，有時也作為管理階層批准或評估專案之可行性的工具，這些可以算作一種針對安全上的溝通及管制方式。（**附錄七**）列出一個標準的程序/系統危害校驗表，以供參考使用。

4.2 相對危害程度順序表

由於化學工廠意外所造成的災害很大,為了分辨不同物質及不同製程的危害程度,保險業及化學工業界發展出不同的危害指數,其中最普遍的為下列兩種:

⑴道失火及爆炸指數〔4〕。

⑵蒙得失火、爆炸以及毒性指數〔5〕(Mond Fire, Explosion, and Toxicity Index)。

道及蒙得指數將程序的危害性計量化,可以提供決策者比較確實的概念,同時也可協助區分不同程序的相對危害性。

4.2.1 道失火及爆炸指數

道失火及爆炸指數於1964年首先由道化學公司發展,至目前為止,已經過多次的修正及補充。它提供了一種簡單的排列化學工廠中不同程序危險程度的方法,使用者可客觀地將不同的危害因子以計分方式填入標準表格中,算出失火及爆炸因數,然後再根據指數大小,判斷危害的嚴重性。(**表4-1**)列出指數嚴重性的分類,指數高於159時,則具非常嚴重的危害性。

道失火及爆炸指數亦可作為估算意外後果的基準,其主要的目的為:

表4-1 道失火及爆炸指數相對危害表

道失火及爆炸指數	相對危害程度
1-60	輕微
61-96	適度
97-127	普通
128-156	嚴重
159以上	非常嚴重

(1)失火及爆炸所造成的損失計量化。

(2)找出可能造成失火及爆炸的因素、物質或程序。

(3)將危險程度以金額表示，以提醒經理部門注意。

　　道失火及爆炸指數可以協助使用者了解製程的相對危險程度及意外可能造成的損失，但是無法取代詳細的危害評析工作，僅能算作一種縱覽的工具。

　　使用道失火及爆炸指數表時，必須先具備下列文件：

(1)標準指數計算表格及使用手冊〔4〕。

(2)流程圖。

(3)費用或價值估算數據。

(4)工廠設備佈置圖。

　　然後依據表格及手冊的說明，將所需數據填入，（**圖4-1**）顯示指數計算步驟為了協助讀者了解，此處以一簡單的聚醇生產單元為例，逐步求得所需數據，（**表4-2**）、（**表4-3**）及（**表4-4**）則分別列出計算結果：

(1)製程單元說明：首先將甘油輸入批式反應器中，然後逐漸將環氧乙烯及環氧丙烯注入，反應後產生聚醇，反應完全後，除聚醇產品外，尚有剩餘部分未反應的環氧丙烯。聚醇工廠具備爆炸控制、液體排放及噴淋滅火系統等安全設施。

(2)決定基準物質及物質因子，說明如下：

　　危害的基準物質：環氧丙烯（反應器中數量多，而且最具危害性的物質）

　　物質因子（MF）＝24（由**表4-5**查得）

(3)計算一般程序危害因子：一般程序危害因子包括放熱、吸熱化學反應、物質傳送、密閉式或室內操作情況（避免及降低氣體散佈），排放式潑灑控制因子，每一種危害因子視情況不同相異，以聚醇生產為例，由於反應激烈，其因子值（處罰值）以最高值（1.25）填入，一般程序因子（F_1）值則為各危害因子的總和。

　　（F_1）值為：

　　$F_1 = 1.0 + 1.25 + 0.85 + 0.45 + 0.35 = 3.90$

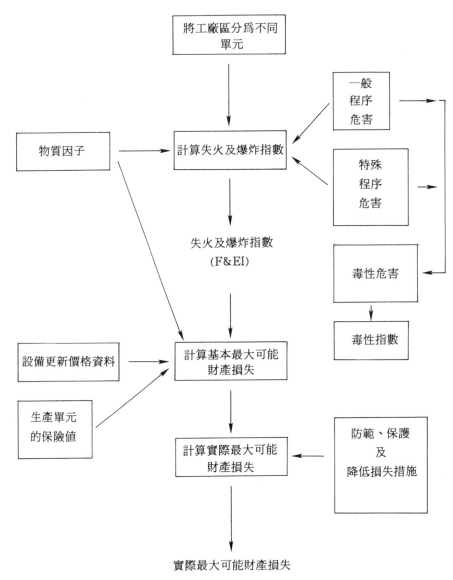

圖4-1　計算道失火及爆炸指數及最大可能財產損失步驟〔4〕

表4-2 失火及爆炸指數表〔4〕

		地點：_____	日期：1/7/1993

工廠名稱：×××化學公司 YYY 廠	程序單元：聚醇工廠	評析者：	複閱者：

物質及程序			

程序單元中的物質：甘油、環氧乙烯、環氧丙烯

操作方式： 起動 停機 正常	物質因子之基準物質名稱：環氧丙烯	

	處罰值	使用之處罰值	
物質因子（MF）（註一） ⟶			24
1. 一般程序危害			
基準因子 ⟶	1.00	1.00	
A.放熱化學反應（0.3-1.25）		1.25	
B.吸熱化學反應（0.2-0.4）		-	
C.物質傳送（0.25-1.25）		0.85	
D.閉路式或室內程序單元（0.25-0.9）		0.45	
E.其他	.35	0.35	
F.排放及澄瀘控制（0.25-0.5） 200加侖			
一般程序因子（F₁） ⟶		3.90	
2.特殊程序因子			
基準因子 ⟶	1.00	1.00	
A.毒性物質（0.20-0.80）		0.4	
B.低壓（壓力小於500mmHg）	.50	-	
C.在著火範圍內或附近溫度操作 是否具惰性氣體			
1.儲槽區存有高燃物質	.50	-	
2.程序失控或失常	.30	-	
3.在著火範圍內	.80	.80	
D.塵爆（0.25-2.00）（註二）		-	
E.壓力： 操作壓力100psig 釋放設定壓力125psig		0.34	
F.低溫（0.20-0.30）			
G.易燃及不穩定物質數量：重量100磅 燃燒熱13,200BTU/lb			
1.程序中的液體、氣體及反應性物質（註三）		1.60	
2.儲槽中的氣體或液體（註四）			
3.庫存易燃固體及程序中的塵埃（註五）			
H.腐蝕及侵蝕（0.10-0.75）		-	
I.洩漏—接頭及包裝（0.1至1.50）		-	
J.燃爐應用（註六）		-	
K.熱媒油系統（0.15-1.15）（註七）		-	
L.轉動機械	.50	0.5	
特殊程序危害因子（F₂） ⟶		4.64	
單元危害因子（F₁×F₂=F₃） ⟶		8.0	
失火及爆炸因子（F₃×MF＝F&E1） ⟶			192

註一:參考文獻〔4〕中表I　　註二:參考文獻〔4〕中圖II　　註三:參考文獻〔4〕中圖3　　註四:參考文獻〔4〕中圖4
註五:參考文獻〔4〕中圖5　　註六:參考文獻〔4〕中圖6　　註七:參考文獻〔4〕中表III

表4-3　損失控制率表〔4〕

1. 程序控制（C_1）
   (a)緊急供電系統　　0.98　　　　(f)惰性氣幔　　　0.94-0.96
   (b)冷卻系統　　　　0.97-0.99　　(g)操作步驟　　　0.91-0.99
   (c)爆炸控制　　　　0.84-0.98　　(h)反應性化學物檢討　0.91-0.98
   (d)緊急停俥系統　　0.96-0.99
   (e)電腦控制　　　　0.93-0.99
   　　　　C_1小計　　　　0.84

2. 物質隔離（C_2）
   (a)遙控閥　　　　　0.96-0.98　　(c)液體排放　　　0.91-0.97
   (b)排放　　　　　　0.96-0.98　　(d)互鎖系統　　　0.98
   　　　　C_2小計　　　　0.91

3. 消防措施（C_3）
   (a)洩漏防制　　　　0.94-0.98　　(f)噴淋系統　　　0.74-0.97
   (b)鋼結構　　　　　0.95-0.98　　(g)水簾　　　　　0.97-0.98
   (c)埋於地下的儲槽　0.84-0.91　　(h)化學泡沫　　　0.92-0.97
   (d)水供應　　　　　0.94-0.97　　(i)防火器及監視器　0.95-0.98
   (e)特殊系統　　　　0.91　　　　(j)電纜防護措施　0.94-0.98
   　　　　C_3小計　　　　0.74
   　　　損失控制率 = $C_1 \times C_2 \times C_3$ = 0.56

表4-4　單元分析綜合表〔4〕

A-1：失火及爆炸指數	192	
A-2：接觸半徑	50	公尺
A-3：接觸範圍內價值	50,000,000	元
B：損失因子	0.88	
C：最大可能的財產損失	44,000,000	元
D：損失控制因子	0.56	
E：實際財產損失	24,640,000	元
F：最大可能的停工日數	25	日
G：停工損失	10,000,000	元

表4-5　道失火及爆炸指數表中所使用的數據〔4〕

化合物	物質因子	燃燒熱 千卡/公斤	閃火點 攝氏度數	沸點 攝氏度數
丙酮（Acetone）	16	6,833	−20	56
丙炔（Acetylene）	40	11,500	（註一）	−83
苯（Benzene）	16	9,611	−11	80
溴（Bromine）	1	0	−	−
丁烷（Butane）	21	10,945	（註一）	−0.6
碳化鈣（Calcium Carbide）	24	5,056	−	−
一氧化碳（Carbon Monoxide）	16	2,389	（註一）	−192
氯氣（Chlorine）	1	0	−	−
環己烷（Cyclohexane）	16	10,389	−20	82
環己醇（Cyclohexanol）	4	8,333	68	161
柴油（Diesel）	10	10,389	38−55	157
乙烷（Ethane）	21	11,333	（註一）	−89
燃料油（Fuel Oil）	10	10,389	38−66	150−300
汽油（Gasoline）	16	10,444	−43	38−204
氫氣（Hydrogen）	21	28,667	（註一）	−252
甲烷（Methane）	21	11,945	（註一）	−161
甲醇（Methanol）	16	4,778	11	64
礦物油（Mineral Oil）	4	9,445	193	360
硝化甘油（Nitroglycerine）	40	4,333	−	−
辛烷（Octane）	16	11,389	13	126
戊烷（Pentane）	21	10,778	−40	36
原油（Crude Oil）	16	11,834	−7−32	−
丙烯（Propylene）	21	10,945	（註一）	−47
環氧丙烯（Propylene Oxide）	24	7,333	34	34
甲苯（Toluene）	16	9,667	4	111
氯乙烯（Vinyl Chloride）	21	4,445	（註一）	−14
二甲苯（Xylene）	16	9,778	27	144

註一：常壓下為氣體。

(4)計算特殊程序危害因子：特殊危害因子為毒性、真空低壓、易燃溫度範圍操作、塵爆、操作壓力、易燃及不穩定物質數量、腐蝕及侵蝕情況、連接或包覆洩漏情況、燃爐的應用、熱媒交換系統及轉動機械等操作情況的危害因子的總和。

在本例中，僅只基本因子、毒性（A）、易燃溫度操作（C）、壓力（E）及不穩定物質（G）及轉動機械（L）適用，其總和為4.64。

即，特殊程序危害因子（F_2）為：

$$F_2 = 1.00 + 0.40 + 0.80 + 0.34 + 1.60 + 0.50 = 4.64$$

(5)計算單元危害因子：單元危害因子（F_3）是一般因子（F_1）及特殊因子（F_2）的乘積，其最小值為1，最大值設定為8，任何乘積超過8時，仍以8計算。

（F_3）值為：

$$F_3 = F_1 \times F_2 = 3.90 \times 4.64 = 18.10 > 8.00$$

$$\therefore F_3 = 8.00$$

(6)計算失火及爆炸指數，失火及爆炸指數（F&EI）為物質因子（MF）與單元危害因子的乘積：

即，$F\&EI = MF \times F_3 = 24 \times 8.0 = 192$

指數大於158，屬於最嚴重性的危害。

(7)估計火災及爆炸所接觸的半徑及範圍：接觸半徑的估計視現場設備佈置及防火、防爆設施而異，此處以50公尺為半徑（**表4-4**、**A-2**項）。

(8)估算接觸範圍內的財產價值：半徑50公尺以內，各類生產設備、管線、控制儀表、公共設施及房屋建築的估價，是以範圍內所有設備更新的價值估計，此處以50,000,000元估算，填入（**表4-4**、**A-3**項）內。

(9)估算損失因子：損失因子是估計設備可能遭受損害程度的機率，此處假設為0.88（**表4-4**、**B**項）。

(10)估算最大可能發生的財產損失：最大可能發生的財產損失為接觸範圍內財產值與損失因子的乘積為：

$0.88 \times 50,000,000$元＝$44,000,000$元

⑾估算損失控制因子：損失控制因子包括程序控制（緊急供電、冷卻、防火、防爆、惰性氣體淡化、安全作業步驟、電腦控制），物質隔離（遙控、排放、互鎖系統等降低危害物質含量措施）及消防設施（防漏、鋼結構、水源供應、噴水、水幕、泡沫、滅火器及電纜防護等），如果損失控制設施完備，損失控制因子越低，反之則越高，如毫無任何控制設施，損失控制因子的數值為1.0。

此例中，控制因子分別為0.84，0.91及0.74（**表4-3**）。損失控制因子則為三項的乘積。由於本工廠具備爆炸控制（$C_1 = 0.84$）、液體排放（$C_2 = 0.91$）及噴淋系統（$C_3 = 0.74$），因此：

$C = C_1 \times C_2 \times C_3 = 0.84 \times 0.91 \times 0.74 = 0.56$

⑿估算實際最大可能發生的財產損失：最大可能發生的損失與損失控制因子的乘積為：

$44,000,000$元$\times 0.56 = 24,640,000$元

⒀估算停工日數及停工損失：道失火及爆炸使用準則〔4〕，以過去137個意外的實際經驗值，再加上70％的機率估算停工日數；此處僅假設停工日數為25天：

即，每日平均停工損失＝$400,000$元

停工總損失＝$400,000$元$\times 25 = 10,000,000$元

由於化工廠的製程複雜，無法同時全部進行指數的估算，一般慣例僅著眼於最具危險性的生產單元，一個普通的生產單元僅需一個了解製程的化學工程師或化學師單獨進行即可，平均一星期可完成兩個至三個單元工廠。

4.2.2　蒙得失火、爆炸及毒性指數

　　蒙得指數是由英國的卜內門化學工業公司（Imperial Chemical Industries，簡稱 ICI）屬下蒙得部門專家將道失火及爆炸指數擴充而得的危害排列系統，它除了考慮物質的毒性外，並增加了一些所謂補償歸零（降低危害性）的考量，蒙得指數最適於化學工廠的營建企劃或工程設計時使用，它可以協助工程師在企劃或設計階段找出具危害性的來源，及時提出解決或修改方案，同時增加防護或控制損失的設施（補償歸零的設施），以降低蒙得指數，換句話說，即增加程序的安全性。

　　計算蒙得指數的步驟如下：

(1)將工廠區分為不同的生產程序單元。

(2)辨認及鑑定程序單元輸出/輸入的物質、設備及程序的危害。

(3)估算危害項目的相對危險（即指數的估算）。

(4)檢討危害的嚴重性。

(5)研擬改善設施，以降低危險程度（例如加設消防設施、防火牆、警示及儀控設備、增加設備之間的距離等）。

　　蒙得指數的計算包括兩個主要部分，第一部分為計算工廠的最壞情況下的危害程度（指數），第二部分則計算安全及消防設施所可能降低危害的程度。如果第二部分的計算結果，顯示危害程度仍具嚴重性而無法接受時，必須修正基本設計。

4.3　初步危害分析

　　初步危害分析（Preliminary Hazard Analysis）是在一個工程專案可行性研究或構想設計時，所使用的危害鑑定方法，是美國軍事標準系統的安全需求之一〔3〕。初步危害分析可以協助工程師於設計初期發現基本設計構想中的缺陷及可能產生的危害，確定安全設計準則，及時修正設計中的缺失。使用初步分析可以避免設計完成後，才發現危害項目，而必須修

正基本設計的人力及時間的浪費。

　　初步危害分析是危害分析的前奏，它的主要焦點在於程序中所使用的危害性物質，基本流程及設備功能。通常僅檢討反應失常或失控時危害性物質或能量的處置方式是否安全、妥善。基本上它是一種定性式的表列的原料、產品、反應及處理方式、安全設施等類別危害項目的方法，缺乏數值（危害相對指數，損失）的估算及危害順序的比較。

　　初步危害分析作業可分為下列三個主要的步驟：

　　(1)資料收集。

　　(2)分析。

　　(3)報告撰寫。

　　工作的執行僅需一至二位具工業安全經驗的化學工程師即可，所需時間則視程序的複雜性而異，少至一、兩日，多至一星期，人力及時間需求遠低於危害及操作性分析、安全檢討等方法。

4.3.1　資料收集

　　由於進行初步分析時，僅完成構想或基本流程設計，詳細的管線及設備佈置設計尚未完成，因此資料的收集包括下列項目：

　　(1)原料、中間產物、產品、殘渣及廢棄物的特性、流量。

　　(2)基本化學反應、處理方式。

　　(3)設備規格及功能。

　　(4)公共設施（水、電、蒸氣）。

　　(5)生產目標。

　　(6)環境保護法規及排放標準。

　　(7)工業安全標準。

　　(8)預定建廠地點的一般資訊。

　　過去類似工廠的工程設計資料，也在收集範圍之內，因為過去的經驗可以協助分析者迅速進入狀況。

4.3.2 分析

　　分析者除了鑑定出程序中的危害所可能造成意外的事件，以及導致嚴重災禍的事件外，必須找出可以避免或降低危害性的設計準則。分析時必須考慮的項目如下：

(1)危害性物質：

- 不同物質如原料、中間產物、產品添加物、燃料的特性是否具有危害性質
- 不同物質的相容性及儲存方式
- 物質的輸送、搬運所可能產生的危險
- 降低危害性物質儲存、輸送所須採取的工程設計，操作步驟或行政管制的準則

(2)主要處理方式：

- 正常運轉、起動、停機、及失控狀況考慮是否正確
- 設備的設計是否以最壞可能發生的狀況為基準
- 設備設計規格及材質選擇
- 失控時安全設計

(3)公共及支援設施，單元工廠間相互關係：

- 公共及支援設施（水、電、蒸氣、冷卻水、儀控用空氣、氮氣等），容量是否足以配合生產需求
- 公共及支援設施的設計準則
- 程序單元間的連通管路及控制系統的可靠性
- 某一單元工廠緊急停工時，物料輸送的路徑及處理方式

(4)環境因素：

- 氣候變化的影響
- 天災（地震、颱風、洪水等）的影響
- 靜電、濕度、雷電的影響

(5)預期運轉狀況：

　　·基本或正常運轉方式

　　·起動、停俥、維修、測試、緊急停機狀況

　　·操作及維修時間表

　　·行政管制及人爲的失誤

(6)一般場所設施：

　　·廠內公共設施、生產、維修、廢棄物處理及行政管理部門的佈置

　　·區域照明、通風、通道及警示的設計準則

　　·高危險生產單元工廠及危害性物質儲存的隔離

(7)安全防護設施：

　　·基本消防設施配置準則（消防栓、消防車、消防水管、防火牆、噴淋滅火系統等）；

　　·緊急排放管路及處置系統（燃燒塔、洗滌塔、緊急排放儲槽等）

　　·互鎖控制系統

　　·緊急疏散路徑及應變作業準則

4.3.3　報告撰寫

分析報告至少應包括下列主要成份：

(1)緣起或分析目的。

(2)背景說明。

(3)分析結果（包括可接受的安全計劃部分、設計準則、危害項目、類別、危害說明、建議改善方案等）。

(4)結論。

4.3.4 優缺點

　　初步危害分析通常應用於專案的設計初期，可以協助設計者及早發現基本設計的缺點，促使設計者加強設計準則，增添安全防護設施，可以減少設計完成後修正時所需的人力及時間。由於分析的焦點在於初步或構想設計，工作所需的人力及時間遠較其他分析方法低。

　　主要的缺點為分析的性質為定性式，無法計量化，因此無法區分危害項目的嚴重性及順序。由於分析非系統化，分析結果的品質視分析者的經驗、能力及直覺而異。

4.3.5 範例〔1〕

(1)製程說明：（**圖4-2**）顯示一個以氟酸為催化劑的批式反應器，反應為放熱式，須以循環冷卻水降溫，氟酸的輸送、排放氣體的中和及洗滌，所有的隔離閥都是氣動式，如果空氣供應停止的話，隔離閥則自動關閉。氟酸具強烈腐蝕性及毒性，其排放是否安全是分析重點，其他反應物不具危害性，將不在此討論。

(2)資料收集：本製程尚在研究發展階段，沒有過去同型工廠的設計或運轉經驗，可供參考，分析者僅有基本流程圖與簡單的程序說明，必須尋找其他製程中使用氟酸的設備資料及數據，以作為分析者的參考。

(3)危害分析結果：

　·危害性物質：

　　—氟酸添加處（氟酸桶及輸出管線）無保護或覆蓋裝置，容易受到損害

　　—氟酸輸送管線未具特殊安全裝置（例如套管），如果洩漏或破裂，會放出劇毒氟酸

　　—氟酸以氮氣壓力輸入反應器，若氮氣壓力調閥損壞，高壓（1,380 kpa）氮氣會造成氟酸桶的過壓，將氟酸洩至桶外

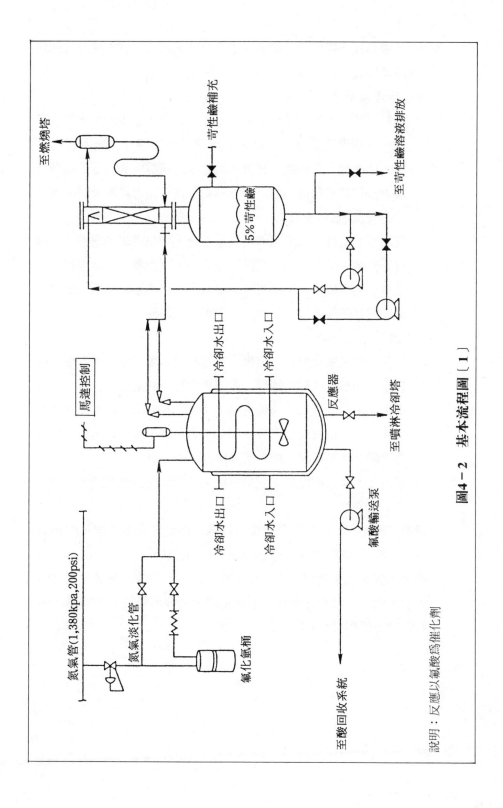

圖4－2　基本流程圖〔1〕

說明：反應以氟酸為催化劑

至燃燒塔

苛性鹼補充

至苛性鹼溶液排放

5%苛性鹼

馬達控制

冷卻水出口

冷卻水入口

反應器

至噴淋冷卻塔

冷卻水出口

冷卻水入口

氟酸輸送泵

氮氣管(1,380kpa,200psi)

氮氣淡化管

氟化氫桶

至酸回收系統

—氟酸具強烈腐蝕性，如果反應物含水量高時，會加速管線的腐蝕及破裂

· 主要處理或反應部門：

—放熱反應所產生的熱量必須以冷卻水去除，如果冷卻水供應不足，反應溫度會繼續升高，反應失控，氣體產生量及壓力上升，造成壓力疏解閥的開啓。因此壓力疏解閥的容量的選擇及壓力設定是非常重要的，如果容量不足，壓力無法及時疏解，會造成反應器的損害

—反應器的攪拌裝置不連備用供電系統，如果電源供應停止，攪拌器停機，反應器內物質混和不均勻，反應無法正常進行

—批式反應完成後，反應器中的氟酸由泵浦排至氟酸回收器中，應選擇具防漏裝置的泵浦，以避免氟酸洩漏

· 公共及支援設施：

—冷卻水循環系統配置三個相同的離心泵，每個泵浦的容量爲總容量的50％。正常運轉時，僅須使用其中的兩個，另外一個爲備用。由於反應器的運轉是否正常與冷卻水的供應有直接關係，爲了避免泵浦損壞時，反應受到影響，備用泵浦應安裝遙控開關及起動系統，俾方便操作員迅速因應

—儀控用空氣系統僅具一個壓縮機；應加裝備用壓縮機，以增加系統可靠性

· 預期運轉方式：爲了避免取樣時接觸腐蝕性氟化氫氣體，取樣裝置的設計及取樣步驟的研擬必須考慮安全措施

· 安全防護設施：氟酸具水溶性，與水混合，會放出熱量，而且會經水流散佈，因此失火時，必須先使用其他消防及滅火器具，最後再考慮使用噴水系統

4.4　假設狀況分析

　　假設狀況分析是一種非結構化的危害分析方法，它不需要進行計量式的計算，也不須特殊的預備工作。它的主要目的為分析程序或系統在反應失控、溫度/壓力的劇烈變化，管線破裂等假設狀況下所產生的危害因素及後果，以作為設計改善的依據。這種分析方法通常於新工廠的設計或運轉有年的工廠更改部分製程、擴廠的工程設計或改變現行操作步驟時使用。

　　分析者通常先回答一連串的假設狀況的問題表，然後再將具危害的狀況及項目列出，由於缺乏危險程度的計算，分析結果無法計量化，也無從比較相互間的危害程度。假設狀況的問題表多由熟悉各生產部門的專家根據以往的經驗研擬，然後交由各部門專業工程師回答及分析。

　　假設狀況分析工作的執行可分為六個主要步驟：

(1)界定分析範圍。

(2)分析人員的選擇。

(3)資料收集。

(4)假設狀況研擬。

(5)分析。

(6)報告整理。

4.4.1　界定分析範圍

　　首先必須界定危害的類別，然後再界定危害源及受影響的物理界限。危害的類別包括火災、爆炸、毒性氣體的排放、毒性液體排放、臭氣散佈等。危害源則為生產、輸送、儲存或廢棄物處理所需的設備，分析的對象可以小至一個反應器或一個蒸餾塔，也可能是一個生產工廠，甚至可大至包括不同生產工廠的綜合性化學工廠。遭受危害影響的範圍則視危害源的性質及大小而定，可能小至生產工廠也可能大至工廠周圍的社區，界定危

害源的範圍時，宜考慮設備間或生產工廠間的相互影響，有些設備失控時，本身並不具嚴重的危害性，但是可能會促使上、下游的設備運轉失常，而造成嚴重的後果。

4.4.2 分析人員選擇

分析小組應由具有不同專長的專業人員組成，應包括資深的操作員或工程師、具工程設計經驗的方法工程師、維修工程師、熟悉安全作業標準及法規的安全工程師等人，小組召集人是分析小組的靈魂人物，往往由安全工程師擔任，他必須界定分析對象、物理界限、選擇分析人員，並選擇或研擬分析時使用的假設狀況問卷表，其他小組成員應具備危害分析、安全稽查等相關訓練及經驗。

4.4.3 資料收集

主要資料如下：
(1)流程圖、管線及儀表圖、流程說明。
(2)質能平衡、操作狀況。
(3)設備規格。
(4)設備及設施佈置圖。
(5)操作及維修資料：

- 操作步驟及職司
- 生產計劃及目標
- 定期維修計劃
- 緊急應變步驟

4.4.4　假設狀況研擬

假設狀況應包括下列狀況：
(1)設備運轉失常或失控。
(2)運轉狀況失常（由於壓力、溫度或原料的變化）。
(3)儀器或控制系統損壞。
(4)公共設施供應停止或不足。
(5)操作人員失誤。
(6)不遵照標準作業步驟。
(7)維修有關的意外。
(8)廠內發生的意外（車禍、升降機失控等）。
(9)外在意外（飛機失事、人為性破壞、暴風、地震等）。
問題的安排宜具系統化，須自原料的儲存、輸送一直至生產部門，逐步安排。

4.4.5　分析

分析人員首先閱讀所收集的資料，熟悉廠區方位、設備、佈置、生產程序、作業步驟、安全規定、安全標準及安全設施，然後逐步回答假設狀況的問題，找出危害項目及可能發生的影響，並研擬解決方案。

4.4.6　報告整理

假設狀況分析的結果通常記錄於標準作業表格中（**表4-6**），表中包括有下列三項：
(1)假設狀況。
(2)危害及影響。
(3)建議改進措施。
報告包括下列成份：

(1)緣起或分析目的。

(2)分析對象及範圍。

(3)標準作業表。

(4)結論。

(5)附錄（包括主要相關資料，圖表）。

4.4.7 優缺點

假設狀況分析的優點為：

(1)適用於工廠的任何階段（設計建廠，或擴廠、修改）。

(2)作業程序簡單。

(3)費用低，僅需參與人員的時間。

(4)表列危害影響及建議改善措施等項目，使之易於了解。

缺點為：

(1)分析作業由一組不同部門的專業人員組成，時間不易配合，分析工作進度難以有效控制。

(2)假設狀況的研擬及分析品質依賴參與人員的經驗、直覺及想像力等。

(3)由於缺乏客觀及系統化步驟，分析結果主觀性強。

(4)分析屬定性式，缺乏計量式的機率及影響數值的計算。

4.4.8 範例

(1)製程說明：（**圖4-3**）〔3〕顯示，磷酸及氨水混合產生無害的磷酸二銨（Diammonium Phosphate），如果磷酸的供應不足，反應不完全；氨水過剩，則會造成氨的排放；氨水供應不足，產品品質不佳，但不致構成危害。

(2)分析範圍：

‧分析對象以操作人員的安全為重點

‧危害源為磷酸二銨生產工廠設備

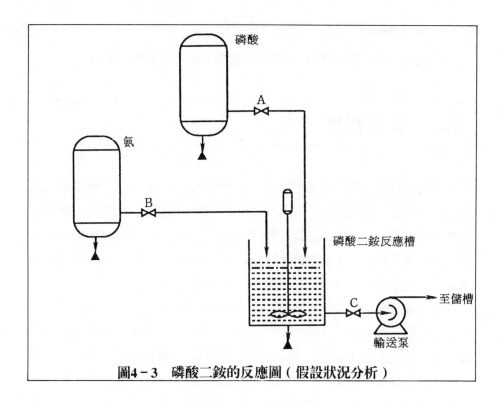

圖4-3 磷酸二銨的反應圖（假設狀況分析）

表4-6 假設狀況分析範例作業表〔3〕

假設狀況	危害/影響	建議改善措施
1.以錯誤的原料輸入反應槽中	發生機率甚低不必考慮	
2.磷酸供應不足或濃度不合規格	氨水未能完全反應，造成氨氣的排放	起動及磷酸進料前測試磷酸儲槽中的磷酸濃度
3.磷酸含有雜質	機率甚低不必考慮	
4.A閥關閉或阻塞	反應槽中的氨未能反應，氨氣外洩	在磷酸輸入管線安裝流量計及低流量警示信號
5.氨供應太多	氨氣外洩	在氨輸入管線安裝流量計及高流量警示信號

資料來源：Guidelines for Hazard Evaluation Procedures, AIChE, p4－30, Fig 4－3, 1992.

·影響範圍局限於工廠物理界限之內

⑶假設狀況、危害/影響及建議改善措施則列於（**表4－6**）中。

4.5　安全複檢

　　安全複檢是最常用的鑑定程序中危害的方法，它並不是一種結構化或系統化的方法，進行複檢的方式及對象則視情況而異。一般生產工廠的定期性檢查或檢視，例如工程設計階段有關安全的複檢，工場試俥前的複檢都可稱爲安全複檢。本節僅討論設計階段時所作的複檢，有關定期性的複檢屬於安全稽查類的行政管制，則不在本節範圍之內。

　　安全複檢是工程設計過程中不可缺少的步驟，設計者必須滿足安全複檢者的問題，有時必須修改設計，以增加安全程度，否則工程專案無法繼續進行。安全複檢通常是由資深而且了解製程的工程師擔任，他（們）除了熟悉安全標準及法規外，尙必須具備設計的能力。複檢的工作主要是找出設計上的缺陷，提出問題或建議改善措施，由於缺乏系統化的步驟，複檢結果的品質因複檢者的經驗而有差異。且近年來逐漸爲危害及操作性分析（HAZOP）所取代，但是生產工廠的局部改善，實驗室或先導型實驗工廠的設計階段則仍使用傳統的安全複檢。

4.6　危害及操作性分析

　　危害及操作性分析是一種簡單而具結構的危害鑑定方法，它不僅可以確認程序中危害的來源，並且還可作爲突破操作運輸上的瓶頸，以達到設計目標的工具。它允許分析者在一個控制的模式或範圍內，利用想像力，去分析各種可能發生意外的狀況。危害及操作性分析是針對未具實際運轉實績及經驗的新技術而發展的，但是後來又發現它亦適用於運轉中的工廠，因此目前已成爲應用最普遍的危害鑑定方法。由於這個方法並未提供

有關危險或影響嚴重性的評估，無法分辨分析結果及建議改善措施的優先順序，如果全部採納分析的建議，等於將設計鍍金，許多發生率極低的危害也設法防範，造成投資的大幅增加。

分析工作的執行步驟為：

(1)分析人員的選擇。

(2)資料收集。

(3)討論及分析。

(4)報告撰寫。

4.6.1 分析人員的選擇

分析人員應由不同專業背景中挑選包括不同生產單元工廠的中大型工廠，通常需要5－7人，小型工廠則僅需2－3人。小組召集人應具備工業安全及實際進行危害及操作性分析經驗的資深工程師擔任，參與分析人員至少應具備下列背景：

(1)方法工程師：熟悉基本設計、程序模擬。

(2)熟悉系統工程師：熟悉管線及儀器圖及基本設備規範。

(3)操作工程師：熟悉標準操作步驟及標準。

(4)儀控工程師：具儀表及控制系統選擇經驗。

(5)安全工程師：了解安全標準、法規、消防設計。

(6)其他專業人員：工業衛生專業人員、毒品專家、電機工程師、維修工程師等。

分析小組成員中，並非每一個人均須全程參與分析工作，部分人員如電機、工業衛生、毒品、維修工程師等為顧問性質，僅需要參與即可。

4.6.2 資料收集

危害及操作性分析工作進行前，必須收集妥下列資料：

(1)流程圖、管線及儀表圖、設計標準。

(2)流程說明、質能平衡、生產計劃、生產目標。

(3)設備規格、設備佈置圖。

(4)公共及支援設施說明。

(5)操作步驟（正常、起動、停俥）及維修計劃。

分析小組於資料收集齊全後，應先檢討，確保資料正確及相互連貫性。

4.6.3 討論及分析

基本上危害及操作性分析的實際作業是依據小組召集人的經驗，依照一些標準的導字（Guide Words）的指引，在一連串的會議中利用腦力激盪方式，針對流程設計進行討論及分析，這種方式可以刺激參與人員的想像力，討論時應避免互相批評，以免部分人員為了避免爭論而降低其參與性。

一些基本的術語及討論分析時使用的標準導字說明如下：

(1)分析結（Study Node）：工程圖上擬進行分析的位置。

(2)意向（Intention）：正常情況程序設計的意圖。

(3)偏差（Deviation）：與設計意向不同的表現。

(4)原因（Cause）：造成偏差的來源或原因。

(5)後果（Consequence）：偏差造成的結果或影響。

(6)導字（Guide Word）：一些用來表達設計意向特性或數量的簡單字詞，例如無（None）、更多（More）等，（**表4−7**）列出導字與操作參數、偏差的關係。

會議開始時，先將製程分成許多分析結（Nodes），然後針對每一個分析結上，利用標準的導字進行討論。（**圖4−4**）顯示討論或分析的流程圖〔3〕。

當危害確定以後，小組召集人應確保小組成員同意及了解。一些簡單而顯而易見的降低危害程度及解決操作問題的方案，可能在危害源及危害特性發現時，即可提出。複雜性、爭議性的問題往往必須等到所有的分析結束後才可綜合解決。

表4-7　危害及操作性分析的導字意義與操作參數、偏差的關係

項次	導字	意義	操作參數	偏差說明
1.	無(No/Not)	與設計意向完全相反	流動	不流動
2.	更多(More)或更少(Less)	數量增加或減少	壓力 反應速率 流動	壓力升高或降低 速率增加或降低 流量增加或減少
3.	如同(As Well As)	除了設計意向外,其他情況同時發生	物質 相態	不同物質存在 雙相態
4.	部分(Part Of)	僅達到設計意向的一部分	物質	物質之間的比例改變
5.	逆(Reverse)	與設計意向相向情況發生	流動 合成反應	流動方向與設計方向相反 分解
6.	其他狀況 (Other Than)	設計意向未達到,但是卻發生其他狀況	正常操作	停機、維修、意外發生

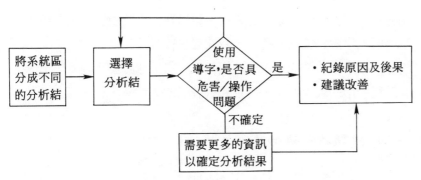

圖4-4　進行危害與操作性分析的流程圖

4.6.4 報告撰寫

報告撰寫也是一個重要的步驟，會議進行時，主要的危害項目及討論結果應該及時紀錄於標準作業表格中（**表4-8**），以免遺忘。會議結束前應檢討會議紀錄。報告的撰寫由小組召集人負責，內容所包括的項目與前述其他的危害分析的報告類似。報告草稿應交由主要小組成員檢討。

4.6.5 優缺點

危害及操作性分析的優點為：

(1)簡單而具結構化的分析方法，分析品質易於控制。

(2)不僅可以鑑定製程中的危害，還可協助發現是否具實用性。

(3)分析以多人集會討論方式進行，可以刺激分析者的想像力，使設計趨於完美。

(4)分析結果紀錄於標準作業表格，易於了解。

主要的缺點為：

(1)分析為定性性質，缺乏計量化，難以區分危害項目的相互順序。

(2)分析以集會討論方式進行，時間需求較長。

(3)分析結果往往造成工程設計複雜化，過份考慮安全因素，不僅造成工程費用的大幅增加，而且降低製程的彈性。

4.6.6 以經驗為基礎的危害及操作性分析

以經驗為基礎的危害及操作性分析是利用過去及以後累積的同型或同類工廠設計/操作的經驗為基礎，而進行的分析方法，傳統分析所使用的導字則被小組召集人的經驗或特殊的問卷所取代。分析的焦點在於比較目前的設計是否合乎以過去經驗為基礎所發展的設計準則及標準。此類分析的長處在於設計品質得以維持一定的標準。缺點則為易於墨守成規，設計往往無法繼續改進。（**附錄八**）中列出一些標準危害及操作性分析所使用

表4-8　乙二醇合成反應的危害及操作性分析標準結果紀錄〔1〕

導字	原因	後果	建議改善措施
1.分析結#1：1號管（環氧乙烯泵輸入管）			
停流	泵浦停機，或輸出閥關閉或儲槽k-1液面降至下限	乙二醇生產停頓	·安裝低流量警訊 ·安裝幫浦馬達低電流警訊
逆流	泵浦停機及PIC（壓力指示及控制閥失常，2號管上的HS閥未關閉，FV閥大開	水進入1號儲槽，環氧乙烯自行分解，造成儲槽破裂	·從新檢討2號管及4號管上的控制閥，同時研礙防範逆流的措施
流量降低	閥部分關閉	生產量降低但不會造成危害	如「停流」欄
2.分析結#2：1號泵浦A/B			
停流	排放閥關閉	泵浦排放阻塞，溫度升高，環氧乙烯自行分解，最後造成泵浦的損壞	·安裝低流量自動停機裝置 ·安裝高溫停機裝置 ·安裝泵浦馬達低電流停機裝置
逆流	泵浦停機，PIC閥失常或者洩漏，2號管上的水閥未關閉	水進入1號儲槽，環氧乙烯自行分解，儲槽破裂	·從新檢討2號管及4號管上的控制閥，研擬防範逆流措施。
溫度升高	外在熱源或日光輻射熱由備用泵浦的管線傳入	環氧乙烯自行分解，造成泵浦損壞	·確定環氧乙烯自行分解溫度，安裝溫度警訊

的問題，以供參考。

4.6.7　範例

(1)製程說明：（圖4-5）顯示一個環氧乙烯（Ethylene Oxide）與水化合而產生乙二醇（Ethylene Glycol）的流程。由於反應為放熱反應，為了避免溫度上升，反應器中必須輸入大量的水。環氧乙烯的儲槽應避免水的存在，少量的水（0.005%容積）即會造成環氧乙烯的自行分解，因此分析的重點在於環氧乙烯儲槽。本例取材自Risk Assessment and Risk Management for the Chemical Process Industry，Van Nostrand and Reinhold，1991，Chapter 8.

(2)分析結果：（表4-8）列出環氧乙烯輸送泵浦的輸入管及泵浦兩個分析結的危害及操作性分析，以供參考。

4-7　失誤模式及影響分析

　　失誤模式及影響分析是評析單元設備的失誤或失常的方式，發生的機率以及所造成的影響的方法，它可協助分析者鑑定造成嚴重意外的單一失誤模式。它可使用工程設計、營建及操作運轉的階段。基本上，其分析結果雖然為定性及演繹性質，但是提供設備失常的發生的機率及危害的嚴重性的比較，可以協助決策者區分危害優先順序，分析的焦點在於單元設備，而且每一項設備的失常考慮為與系統中其他部分無關的獨立事件，因此不適於分析因多元設備失常的組合而造成的意外情況。

　　失誤模式與影響分析工作也如危害及操作性分析類似，由一組專長不同的專業人員組成的小組負責，分析的工作也是以會議討論方式進行。進行的步驟為：

(1)決定分析重點。

(2)設計分析結果報表。

(3)界定問題及物理界限。

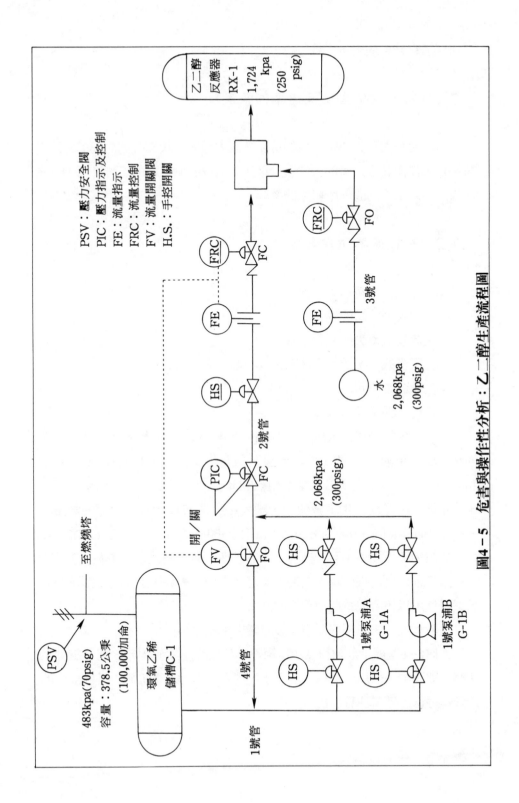

圖4－5 危害與操作性分析：乙二醇生產流程圖

(4)填寫結果報表。

4.7.1 決定分析重點及標準作業表

小組召集人首先決定分析的重點及深入程度。大部分的失誤模式及影響分析工作僅著重設備的失常對於單元工廠或整個工廠的影響，而不考慮設備附件或由不同設備所組成的系統。

4.7.2 設計標準作業表格

標準作業表格包括：
(1)單元設備的功能說明。
(2)失誤模式（失敗原因）說明。
(3)失誤模式對系統（生產工廠或整個工廠）的影響。
(4)失敗發生的頻率。
(5)影響的嚴重性。

失誤發生的頻率是依據過去累積的經驗，最早由核能發電及國防工業整理，然後跨國性化學公司如英國卜內門化學公司（Imperial Chemical Industries），英美化學工程學會相繼加入行列，目前以美國化學工程學會所彙總的數據較為化工廠使用，讀者可參閱該會1989年出版的數據表──Guidelines for Process Equipment Reliability Data, with Data Tables.

失誤頻率可以用 1 至 4 排列，4 為最高，而 1 為最低（**表4-9**）。影響嚴重性則以財產損失及人員傷亡多寡而排列（**表4-9**）。失誤頻率及影響嚴重性可以組合成為危險程度的評價：

危險程度＝失誤頻率順序×影響嚴重性順序

（**圖4-6**）顯示危險程度順序矩陣，當危險程度值大於 6 或嚴重性為 4 時（即圖中深線以上或以左部分），則必須進行改善措施，其餘部分的危險程度低，僅需注意而已。

表4-9 失誤頻率及影響嚴重性的順序

順序	情況	說明
失敗頻率		
4	高	每年發生一次以上（1/年）
3	一般	每年至每百年發生（10^{-2}－1/年）
2	低	每百年至每萬年發生（10^{-4}－10^{-2}/年）
1	極低	每萬年以上才發生（$<10^{-4}$/年）
影響嚴重性		
4	極端嚴重	人員死亡或嚴重的財產損失，整個工廠必須緊急停機
3	嚴重	主要程序失控，造成多人受傷及設備損壞，工場（廠）在控制方式下停機
2	一般	一人或數人輕傷，設備部分損失，但不須停止單元工場的生產
1	輕微	無人受傷或僅皮膚表面紅腫、磨傷，設備或財產損失輕微

影響嚴重性順序值(1-4)

	4	3	2	1
4	16	12	8	4
3	12	9	6	3
2	8	6	4	2
1	4	3	2	1

失敗頻率順序值

圖4-6 危險程度的順序值矩陣

4.7.3 界定問題及物理界限

　　首先決定分析的對象，換句話說，即決定針對那些設備或生產單元進行分析，其次則確定分析對象的物理界限（範圍），並收集相關工程設計圖、程序說明、操作步驟及控制邏輯等資料。

4.7.4 填寫結果報表

　　結果報表的填寫是以會議討論方式進行，小組成員依照流程發展，逐步對每個設備進行研討，發覺失誤或失常的原因，然後依據過去的經驗將失敗頻率，影響嚴重性及危險程度填入分析結果報表中。

4.7.5 優缺點

失誤模式及影響分析的主要優點為：
(1)方法簡單，易於使用。
(2)適用於工程設計，營建或生產工廠的運輸等不同階段。
(3)表列設備失常頻率，影響及危險程度的順序估算，易於區分不同危害項目的相對嚴重性。
主要缺點為：過份著重單元設備而忽略設備之間，或系統性的危害。

4.7.6 範例

　　（**表4-10**）列出一個馬達的失誤模式及影響分析的結果報表，以供參考。

表4－10 馬達的失誤模式及影響分析結果表

元件	失誤模式	原因	可能造成的影響	發生頻率	嚴重性	建議改善措施
殼	·破裂	·製造品質不質 ·使用不合規格的材料 ·運輸時損壞 ·安裝時損壞 ·壓力過高	·馬達損壞	0.0006	極端嚴重	·加強製造品質管制，產品檢測及材料採購及選用標準
推動漿紋	·破裂 ·磨損	·烤乾時張力過高 ·超低溫操作 ·超過使用期限	·壓力過高 ·馬達殼破裂	0.0001	極端嚴重	

資料來源：W. Hammer, Handbook of System and Product Safety, Prentice-Hall, Englewood, N.J., USA, p153, 1972.

4.8 危害鑑定方法的選擇

選擇適當的危害鑑定方法往往不是一件容易的任務，雖然每一種方法都有其特點及其適用範圍，但是有些方法在某些情況下非常類似，而在其他情況下，又完全不同。選擇之前應先考慮下列影響選擇的因素，然後根據實際需求，選擇適用的方法，（**表4－11**）列出各種方法的綜合比較：

(1)程序/工廠發展階段：例如工程設計，運轉階段或擴廠規劃階段。

(2)危害鑑定的目的。

(3)危害的影響程度。

(4)程序或工廠的複雜性。

(5)時間及費用的考慮。

(6)降低危險程度的機會。

4.9 電腦程式

（**表4－12**）列出危害鑑定時所使用的電腦程式，以供參考，這些程式可以協助分析者整理及記錄分析過程及結果。

表4-11　危害鑑定方法的比較

影響選擇的因素	程序/系統校驗表	相對危害順序表	初步危害分析	假設狀況分析	安全複檢	危害及操作性分析	失誤模式及影響分析	失誤譜
適用階段	運轉階段	設計及運轉階段	可行性研究，初步設計階段	設計或運轉階段	設計階段	設計或運轉階段	運轉階段	運轉階段
人員需求	1人	1-2人	1人	2-4人	1-2人	4-7人	4-7人	2-4人
時間/費用比較	低	普通	低	中等	普通	高	高	普通
目的及功能：								
合理運轉步驟偏差的確定	主要目的	主要目的			主要目的			
危害確定	主要目的	主要目的	主要目的	主要目的	主要目的	主要目的	主要目的	（註一）
最壞情況的影響估計		主要目的		主要目的		（註一）	主要目的	
降低危害程度的機會確定		主要目的	次要目的		主要目的	（註一）	（註一）	
意外發生原因的確定				主要目的		主要目的	主要目的	主要目的
意外發生頻率估算						（註一）	主要目的	主要目的
意外影響的估算				主要目的			主要目的	主要目的

註一：僅提供定性而非計量式的說明。

表4-12　危害鑑定使用之電腦程式

程式名稱	適用範圍	發展者
HAZOP timizer	危害及操作性分析（HAZOP） 初步危害分析（PHA） 假設狀況分析（WHAT IF） 校驗表分析（Checklists） 失誤模式及影響分析（FMEA）	Arthur D. Little, Inc. Cambridge, MA, 02140, USA.
HAZOP secretary	危害及操作性分析（HAZOP）	Quest Consultants, Inc., Norman, Oklahoma, 73069, USA.
HAZSEC plus	危害及操作性分析（HAZOP） 假設狀況分析（WHAT IF） 校驗表分析（CHECK LISTS） 失誤模式及影響分析（FMEA）	DNV Technica, Temecula, CA., USA.
LEADER 2.0	危害及操作性分析（HAZOP）	JBF Associates
SAIC-HAZ	危害及操作性分析（HAZOP）	Science Applications International, Houstion, Texas, USA.

參考文獻

1. H.G. Greenberg and J.J. Cramer, Risk Assessment and Risic Management for the Chemical Process Industry, Van Nostrand Reinhold, New York, USA, 1991.

2. H.E. Webb, What to do When Disaster Strikes, Safe and Efficient Plant Operation and Maintenance, ed. Richard Greene, McGraw Hill, New York, USA, 1980.

3. Guidelines for Hazard Evaluation Procedures, AIChE, New York, USA, 1992.

4. Dow's Fire and Explosion Index Hazard Classification Code, 6th ed., AIChE, New York, USA, 1987.

5. D.J. Lewis, The Mond Fire and Explosion Index Applied to Plant Layout and Spacing, 13th Loss Prevention Symposium, 1979.

第5章　風險評估

風險是意外發生的機率與損害的組合，也就是危害對於安全的比例。風險評估則是評估一個系統危險程度的系統化方法，其目的在於事先發現程序中的危害、機率、影響，以及三者組合的危險程度。它的評估結果計量化，可以作為決策的依據，因此普遍應用於核能發電、航空等工業。由於化學工業的意外事件會造成嚴重的財產損失、人員的傷亡、以及附近環境生態的長期性破壞，過去二十年來，風險評估也逐漸應用於化學工業，目前已經成為化學工業安全管理上的最主要的工具之一。

風險評估可分為：危害鑑定、機率分析、影響分析、風險分析等四個主要部分。危害鑑定為發現程序或系統中可能具危害特性或造成危害的來源，機率分析則為計算危害造成意外或意外發生的機率，影響分析為估算意外所造成的財產損失及人員的傷亡，風險分析則為機率與影響的組合。（圖5-1）中列出風險評估的步驟。由於危害鑑定的方法，已於（第四章）中介紹，將不在本章討論。

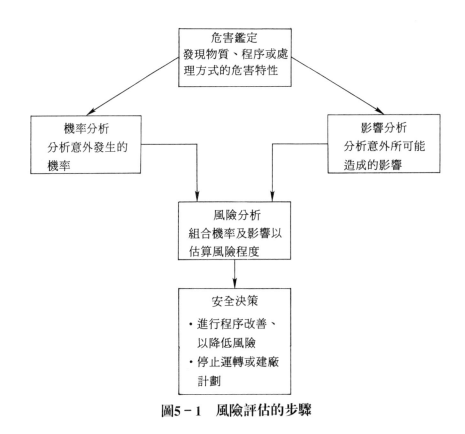

圖5-1　風險評估的步驟

5.1 機率分析

　　機率是事件發生可能性的測量，意外事件發生的機率可以依據過去意外事件的統計數據求得，此種計算較適於天災（颱風、地震）、或交通事故，因為此類意外頻率難以邏輯性方法歸納而求得，由於化工廠是由許多不同的設備組合而成的，意外發生主要是由單元設備的失常或設備間的相互作用而引起，因此從單元設備與意外的關係，以及設備的失敗頻率可以歸納出意外事件的機率。本節首先將介紹設備失敗的機率，然後再討論失誤譜及事件譜等邏輯推演方法。

5.1.1 失誤頻率

　　失誤頻率是單位時間內平均失誤的次數（μ），通常是以次/年或次/10^6時表示，它是依據製造者或使用者累積的經驗數據，經過下列篩選及修正步驟〔1〕所求得的：

　　(1)決定相關事件。

　　(2)檢討意外或失誤源數據：

　　　　・歷史上發生的意外事件

　　　　・意外發生的原因

　　　　・設備接觸的時間

　　(3)核對數據的適用性：

　　　　・核對技術改變，環境及安全步驟修正的影響

　　　　・剔除不適用的數據

　　　　・修正設備接觸時間

　　(4)計算頻率：

　　　　・機率為失誤次數除以接觸時間

・修正因技術改變，環境及安全步驟修正等因素所造成的偏差

(5)確定頻率的準確性：

・與已知的工業界及公司的數據比較

・估算數值的準確性

（**表5－1**）列出長途輸油/氣管線失誤頻率原始數據，第(3)、及第(4)步驟的修正及最終數值。

航空、太空及核能工業最早開始彙總、整理不同單元設備的失誤頻率數據，美國化學工程學會也發表適於化工界使用的數據〔4〕。另外（**表5－2**）及（**圖5－2**）列出一般設備的失誤頻率及其範圍〔5〕以供參考。

表5－2　一般設備的失誤頻率數據〔5〕

設備儀器	失誤頻率 (次數/10^6小時)	設備儀器	失誤頻率 (次數/10^6小時)
馬達	10.0	氣/液相儀	3,493.2
變壓器（<15千伏）	0.6	液面指示器	194.1
（132~400千伏）	7.0	固面指示器	783.1
壓力容器：一般	3.0	氧器分析儀	645.0
高標準	0.3	壓力計	161.0
管線	0.2	溫度計	3.1
管線接頭	0.5	熱偶（溫度測量）	59.4
氣密墊	0.5	防爆盤	22.8
疏解閥：洩漏	2.0	熱交換器	127－1477
阻塞	0.5	蓄電池供電系統	0.125
手動閥	15.0	柴油引擎	12.5
控制閥	30.0	柴油發電系統：無法起動	1,250
球閥	0.5	緊急情況	125
線圈閥	30.0	控制器	33.1
過濾器：阻塞	1.0	流量計：液體	130.1
洩漏	1.0	固體	428.1
鍋爐	1.1		
鍋爐進水泵浦	1,012.5		
起重機	7.8		

表5-1 長途輸油/氣管的失誤頻率 [1]

失誤模式	失誤頻率（每1,000里·年）			
	美國交通部發表的原始數據	修正後數據（剔除不適用的數據）	修正因子（依據判斷）	最終數據（註一）
材質缺陷	0.21	0.07	1.0	0.07
腐蝕	0.32	0.05	1.0	0.05
外在影響	0.50	（註二）0.24	2.0	0.48
自然災害	0.35	0.02	0.5	0.01
其他	0.06	0.05	1.0	0.05
總計	1.44	0.43	—	0.66

註一：最終數據＝修正後數據×修正因子。

註二：適用於8英吋管。

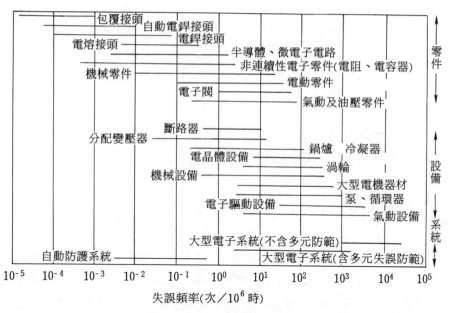

圖5-2 系統、設備及零件的失誤頻率範圍 [5]

5.1.2 可靠度及失誤機率

t 時間內的可靠度〔R（t）〕與失誤頻率（μ）的關係，可以用泊桑（Pisson）函數表示〔2〕：

$$R（t）=e^{-\mu t} \qquad\qquad (5-1)$$

可靠度（R）是時間與失誤頻率的函數，時間（t）愈長或失誤頻率（μ）愈高，可靠度愈低。失誤機率（P）或稱為不可靠度則為：

$$P（t）=1-R（t）=1-e^{-\mu t} \qquad\qquad (5-2)$$

失誤密度函數〔f（t）〕為失誤函數對於時間的微分：

$$f（t）=\frac{dP（t）}{dt}=\mu e^{-\mu t} \qquad\qquad (5-3)$$

平均失誤期間（Mean Time Between Failure，MTBF）為兩次失誤之間的平均期間或失誤間的時間期望值，可以由下列公式求得：

$$E（t）=MTBF=\int_0^\infty tf（t）dt=\frac{1}{\mu} \qquad\qquad (5-4)$$

公式（5-1）至（5-4）僅於失誤頻率為常數時才可使用，如果失誤頻率是時間的函數，必須考慮時間的因素。一般設備的失誤頻率的曲線呈浴缸型態（**圖5-3**），即兩頭（初期及末期）較高，而中間期間幾乎為常數〔3〕。

化工廠的意外通常是由於許多不同設備或設備零件的相互作用而引起的，意外發生的機率可由單元設備或零件的失誤機率加以求得。單元設備的相互作用可分成並聯及串聯兩種方式。並聯方式可以用邏輯符號「且」

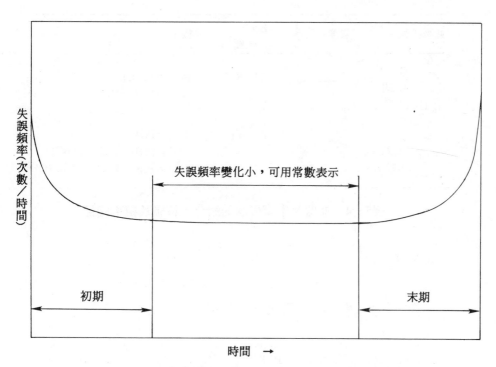

失誤頻率變化小，可用常數表示

初期

末期

時間　→

圖5-3　單元設備的失誤頻率多呈「浴缸」曲線

（AND）表示，它的意義爲有關部分的失誤必須同時發生，才可能造成意外，並聯的失誤機率是所有機率的乘積：

$$P_{AND} = P_1 \cdot P_2 \cdot P_3 \cdots\cdots = \prod_{i=1}^{n} P_i \qquad\qquad (5-5)$$

P_{AND}爲並聯失誤的機率，n爲總設備數，P_i（i＝1……n）爲每一個失誤機率，並聯的可靠度（R）$_{AND}$則爲：

$$R_{AND} = 1 - P_{AND} = 1 - \prod_{i=1}^{n} (1 - R_i) \qquad\qquad (5-6)$$

串聯方式可用「或」（OR）表示，所有的部分必須同時可靠，整個系統才算可靠，因此串聯的可靠度（R_{OR}）爲所有可靠度的乘積：

邏輯符號	可靠度示意圖	Boolean 代數關係	機率
A 且(AND) B C 並聯	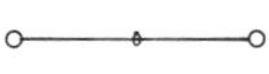	$A=BC$	$P(A)=P(BC)$ $=P(B)P(C)$
A 或(OR) B C 串聯		$A=B+C$	$P(A)=P(B+C)$ $=P(B)+P(C)-P(BC)$ $=P(B)+P(C)-P(B)P(C)$

圖5-4　並聯及串聯失誤的組合、符號及機率關係

$$R_{OR}=\prod_{i=1}^{n}R_i \tag{5-7}$$

串聯的失誤機率（P_{OR}）可用下式表示：

$$P_{OR}=1-R_{OR}=1-\prod_{i=1}^{n}(1-P_i)$$
$$=1-(1-\sum_{i=1}^{n}P_i+\sum_{i<j}P_iP_j-\sum_{i<j<k}P_iP_jP_k\cdots\cdots) \tag{5-8}$$

如果失誤機率（P_i）很小時，公式（5-8）中的二次及二次以上乘積的項目可以刪除，而不影響總機率，因此串聯的失誤機率可簡化為：

$$P_{OR}=\sum_{i=1}^{n}P_i \qquad (P_i<<1) \tag{5-9}$$

（圖5-4）顯示並聯及串聯情況的代表符號與機率關係。

失誤頻率的串聯及並聯的組合關係可由可靠度的組合關係求出。

串聯方式頻率的組合：

$$\mu_{OR}=\frac{L_nR_{OR}}{t}=\frac{Ln\left\{\prod_{i=1}^{n}\left[EXP\left(-\mu_{it}\right)\right]\right\}}{t}$$

$$=\frac{L_n\left[EXP\left(-\Sigma\mu_{it}\right)\right]}{t}=\sum_{i=1}^{n}\mu_i \qquad\qquad (5-10)$$

並聯方式頻率的組合：

$$\mu_{AND}=\frac{L_nR_{AND}}{t}=L_n\left[1-\prod_{i=1}^{n}\left(1-R_i\right)\right]/t \qquad\qquad (5-11)$$

公式（5-11）難以簡化，不如以機率代替，如果其中只有一個單元設備以頻率表示（μ_j），而其餘皆以機率表示，則總頻率（μ_{AND}）為：

$$\mu_{AND}=\mu_j\prod_{\substack{i=1\\i\neq j}}^{n}P_i \qquad\qquad (5-12)$$

由於一般工程師熟悉於失誤機率及失誤頻率，但不習慣於可靠度的應用，本書儘量避免使用可靠度，如遇串聯組合方式時，以頻率表示，如遇並聯方式時，則以機率表示，以簡化計算程序。

5.1.3 失誤譜分析

失誤譜（故障樹）是一種系統化歸納事件來龍去脈的圖形模式，可將引發意外事件的設備、人為的失誤、以及它們的組合找出。這種方法採取「逆向思考」方式以正本清源，分析者由終極事件開始，反向逐步分析可能引起事件的原因，一直到基本事件（原因）找到為止。分析結果是一個完整的失誤譜及足以引發意外（終極）事件的失誤組合清單。如果單元設備或人為失誤機率數據齊全時，亦可將意外發生的機率求出，以作為安全管理的依據。

失誤譜分析是在1961年由美國的貝爾電話實驗室（Bell Telephone Labs.）首先發展的，最初的目的為了控制飛彈發射的可靠性，後來又經波音飛機公司改進。1975年以後成為核能反應爐安全分析中不可缺少的一

環，目前已普遍爲化學工業所使用。基本上，失誤譜分析假設系統中所有的失誤是二元化，換句話說一個設備或操作員的表現只有完全成功或完全失敗兩種型式，而且又假設所有的附屬設備及相關因素表現正常時，系統則可達到設計的目的。此種分析亦不考慮設備或附屬系統的退化。

5.1.3.1 邏輯及事件符號

　　失誤譜是應用特定的邏輯及事件符號表達附屬設備的失誤與意外事件的相互關係圖，在進行失誤譜的合成步驟時，首先必須了解符號的意義。（圖5-5）列出最主要的符號，符號共分爲兩類，第一類爲邏輯符號（且、或、抑止、延遲等）或稱爲「門」，它們是用來表達失誤的相互關係，第二類爲事件符號，是用來區分事件的性質，例如圓形表示基本事件，也就是最原始的因素或原因，長方形爲中間事件，是由其他中間或基本事件互相組合而成的事件。

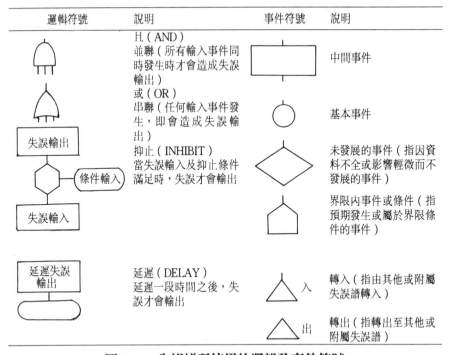

圖5-5　失誤譜所使用的邏輯及事件符號

5.1.3.2 失誤的類別

失誤譜中的設備失誤或失敗可以分為下列三大類：

(1)初級失誤或失敗。

(2)次級失誤或失敗。

(3)一般失誤或失敗。

初級失誤或失敗是指設備或系統在設計狀況下所發生的失常現象而不是由外在因素所造成的，例如一個壓力容器在設計壓力範圍內的破裂。次級失誤或失敗是指設備在非預期狀況下的失誤或失敗，例如一個容器受了外在因素的影響，壓力超過安全設計上限而破裂，設備本身狀況並非失誤失敗的原因。一般失誤或失敗是指設備本身雖然正常，但是由於時、地或其他因素的影響而造成的失誤；溫度警示器因感測器損壞，未能發生高溫警示訊號，即為一般失誤，因為溫度警示器本身未損害，它的失誤是由於感測器的失誤所造成的。

失誤譜分析的目標在於找出造成意外的基本原因，也就是初級失誤或失敗，也就是基本事件，次要及一般失誤或失敗屬於中間原因或中間事件，必須繼續尋找，一直到基本事件（原因）找到為止。

5.1.3.3 失誤譜分析步驟

失誤譜分析可分為：問題界定、失誤譜的合成、失誤譜的題解（決定最小的分割集合）及最小分割集合的順位排列等四個步驟〔7〕。

問題界定

問題的界定包括決定下列幾個主要的條件或範圍：

(1)界定終極事件（Top Event），也就是意欲進行失誤譜分析的意外事件（主題）。

(2)界定分析的邊際條件，例如：

  ・不考慮的事件

  ・存在的事件

  ・系統的物理界限

  ・解析程度

・其他假設或條件

失誤譜的合成

　　失誤譜的合成是由終極事件開始，一層一層地向下進行（即由結果反向進行，找出原因），一直到基本事件爲止。（**圖5-6**）顯示一個簡單的失誤譜，首先找出引起終極事件發生的失誤事件（即1號及2號失誤事件），然後判斷失誤事件的組合方式，決定邏輯符號，如果所有的失誤事件必須同時發生時，則使用「且」門（AND Gate），否則使用「或」門（OR Gate）；然後再繼續由1號及2號失誤事件以同樣方式尋找，一直到所有造成中間事件的基本事件（原因）或初級失誤找到爲止。分析進行工

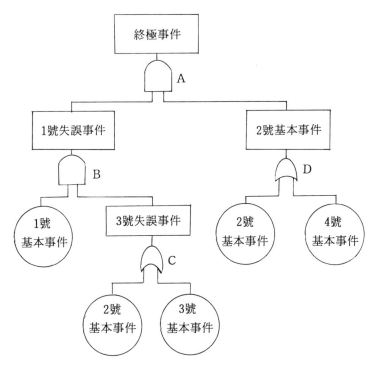

圖5-6　失誤譜説明圖〔7〕

作的主要原則如下：

　　(1)詳細說明事件。

　　(2)區分失誤事件類別（即區分引發設備失誤或系統失誤的事件）。

　　(3)不應存著「僥倖」的心理（如果一個正常運轉的設備引發出一連串的失誤時，則必須深入發現原因，並謀改善，千萬不可存在僥倖心理，以為失常為偶發事件或其他「未知」的外在原因所引起的）。

　　(4)完成所有的邏輯符號的界定及分析。

失誤譜的解析

　　失誤譜雖然提供許多有用的資訊，但是除了簡單的失誤譜之外，很難直接由圖中直接找出導致意外發生的主要失誤，因此必須進行解析，找出直接引起意外發生的分割集合（Minimal Cut Sets）。題解步驟如下：

　　(1)鑑定所有的門及基本事件。

　　(2)將所有的門解析為基本事件的組合。

　　(3)將重複的基本事件剔除。

　　(4)剔除包含其他分割集合的集合。

　　步驟完成後，即可求得最小分割集合。（圖5－6）的解析步驟可以用（圖5－7）來說明：首先將終極事件的門 A，填入（圖5－7(a)）中，然後將 A 以 B 及 D 門取代（圖5－7(b)）；但是由於 A 門為「且」門，而且 B 與 D 平行排列（並聯），因此如果遇「或」門時則垂直排列（串聯）。

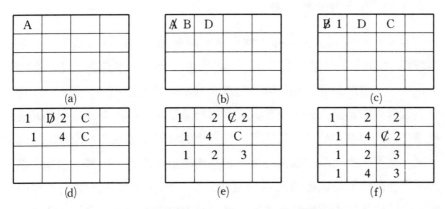

圖5－7　失誤譜解解析步驟（最小分割集合）〔7〕

逐步將門以事件取代，一直到所有的中間事件完全被基本事件取代為止（參閱圖5－7(c)～5－7(f)）。最後得到下列4種分割集合：

(1)集合1：1，2，2。

(2)集合2：1，2，4。

(3)集合3：1，2，3。

(4)集合4：1，3，4。

集合1中的2號基本事件重複，必須剔除，集合1簡化為1、2；集合2及集合3皆包含集合1，也必須剔除，因此最後僅剩下兩個分割集合：

(1)最小分割集合1：1，2。

(2)最小分割集合2：1，3，4。

最小分割集合的順位排列

如果設備或人為的失誤頻率或機率數據齊全時，僅須比較不同集合的機率或頻率，即可決定順位。如果沒有機率或頻率數據，順位排位則依據分析者的經驗而定。通常一個事件的分割集合較二個事件的分割集合發生的機率為高，二個事件組成的分割集合比三個事件的分割集合機率高。如果集合內的事件數相同時，則以下列原則排列順序：

(1)人為失誤。

(2)主動設備失誤（主動設備為運動中的泵浦、壓縮機等）。

(3)被動設備失誤（被動設備為非功能性的設備如儲槽、倉庫等）。

5.1.3.4 失誤譜分析範例

勞萊氏（H. G. Lawley）曾列舉不同應用於化學程序危害分析的失誤譜範例〔6〕，以協助化工界分析者學習及參考，本節則列出一個簡單的例子，以協助讀者熟悉失誤譜合成及機率計算的技巧。（圖5－8）顯示一個設計中的結晶工廠，主要的設備為結晶槽，它的主要功能是將產品由反應完全的溶液中結晶成為固體，結晶後的液漿則由泵浦送至離心分離器分離。為了防止結晶由溶液溢流，結晶槽配置液面指示，警示設施，槽中的揮發性有機蒸氣則經冷凝器冷凝後回流，無法冷凝的氣體則由煙囪排放。由於結晶槽內溶液具危害性，若溢流由煙囪中排出，會造成危害，因此分析主題在於找出可能造成煙囪排放液漿的原因及其頻率。分析步驟如

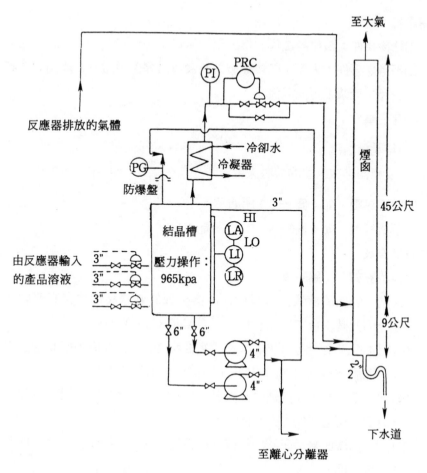

至大氣

反應器排放的氣體

冷卻水
冷凝器

PI PRC

PG
防爆盤

煙囪

45公尺

9公尺

結晶槽

壓力操作：
965kpa

3"

HI
LA LO
LI
LR

由反應器輸入
的產品溶液

3"
3"
3"

6" 6"

4"
4"

2"

下水道

至離心分離器

說明：

HI：高液面指示　LA：液面警示　LI：液面指示　LR：液面紀錄

PG：壓力計　PI：壓力指示計　PRC：壓力紀錄及控制

圖5-8　結晶工廠基本流程圖〔6〕

下：

問題界定

(1)終極事件：液漿經由煙囪排放至大氣之中。

(2)不考慮事件：火災；防爆盤破裂及液漿由煙囪中溢流（煙囪高達45公尺，液漿不可能溢流）。

(3)存在事件：

- ·結晶槽溢流
- ·反應器排放氣體的液體夾帶

(4)物理界限：如（**圖5－8**）所顯示。

(5)解析程度：如（**圖5－8**）中的設備。

失誤譜的合成

合成步驟如下（**圖5－9**）：

(1)A門：煙囪的液漿排放是由反應器排放的氣體夾帶煙囪底部的液漿，因此其組合方式為「且」門（AND Gate）。

(2)B門：溢流至煙囪的液漿進入反應器氣體排放管中係因結晶槽溢流及煙囪底部排放阻塞同時發生所引起的，B門為「且」門。

(3)C門：結晶槽的溢流是由於液面上升及警示訊號失常或操作員忽視同時發生而造成的，C門為「且」門。

(4)D門：由液面警示訊號失常或警示訊號正常，但操作員疏忽，D門為「或」門。

(5)E門：警示訊號正常，但操作員疏忽，E門為「且」門。

(6)F門：液面繼續上升是由於液面上升，同時沒有任何防範措施（液面上升指示失常或操作員疏忽），F門為「且」門。

(7)G門：無防範措施：由於液面指示失常或操作員忽視，為「或」門。

(8)H門：液面指示正常，但操作員疏忽，為「且」門。

失誤譜解析

共有下列4個最小分割集合：

(1)（1，2，3，4，6，7，8）。

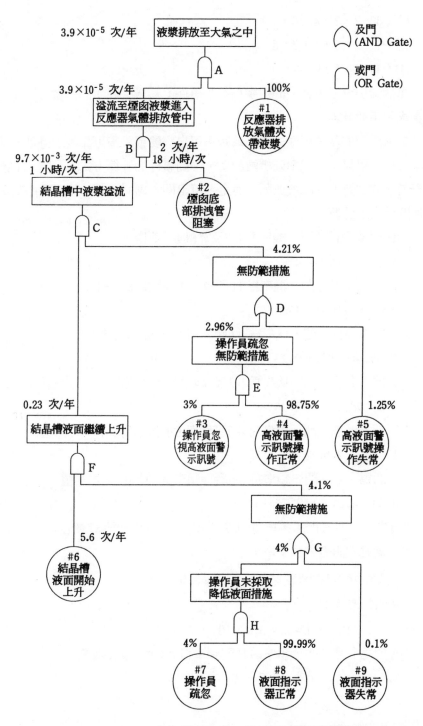

圖5-9　結晶工廠液漿自煙囪頂部排放的失誤譜〔6〕

(2)（1，2，3，4，6，9）。

(3)（1，2，5，6，7，8）。

(4)（1，2，5，6，9）。

每個最小分割集合中的數字為基本事件（初級失誤）的代號。

機率或頻率的計算

失誤譜中的基本事件的機率或頻率可自經驗或設備可靠度求得（參閱頻率分析、可靠度及機率分析兩節），中間事件的計算方式視「門」（邏輯符號）的性質（串聯或並聯）而定，可參閱（**圖5-4**），計算時由基本事件開始向上計算：

(1)H 門為「且」門，機率為 #7 及 #8 機率乘積：

   $4\% \times 99.99\% = 4\%$

(2)G 門為「或」門，機率為 H 門及 #9 事件機率之和：

   $4\% + 0.1\% = 4.1\%$

(3)F 門為「且」門，機率為 #6 頻率與 G 門機率乘積：

   $5.6\% \times 4.1\% = 0.23$ 次/年

(4)E 門為「且」門，機率為 #3 及 #4 事件機率乘積：

   $3\% \times 98.75\% = 2.96\%$

(5)D 門為「或」門，機率為 #5 事件與 E 門機率之和：

   $1.25\% + 2.96\% = 4.21\%$

(6)C 門為「且」門，頻率為 #6 事件頻率與 D 門機率之乘積：

   $0.23 \times 4.21\% = 9.7 \times 10^{-3}$ 次/年

(7)B 門為「且」門，頻率可由 C 門頻率與 #2 事件機率求出：

   煙囱底部阻塞的機率為：

   2 次/年 $\times 18$ 小時/次 $\times \dfrac{年}{8760 小時} = 0.4\%$

   B 門頻率為：

   $9.7 \times 10^{-3} \times 0.4\% = 3.9 \times 10^{-5}$ 次/年

(8)A 門為「且」門，頻率為 B 門頻率與 #1 事件機率乘積：

   $3.9 \times 10^{-5} \times 100\% = 3.9 \times 10^{-5}$ 次/年

最小分割集合的順位排列

最小分割集合的頻率計算如下：

⑴ (1,2,3,4,6,7,8)：

  (4%) × (99.99%) × 5.6次/年 × (3%) × (98.75%) ×
  #7　　　#8　　　　#6　　　#3　　　#4

  (0.4%) × (100%)
  #2　　　#1

  $= 2.65 \times 10^{15}$次/年

⑵ (1,2,3,4,6,9)：

  (0.1%) × (5.6次/年) × (3%) × (98.75%) × (0.4%)
  #9　　　#6　　　　#3　　　#4　　　#2

  × (100%)
  　#1

  $= 0.0664 \times 10^{-5}$次/年

⑶ (1,2,5,6,7,8)：

  (4%) × (99.99%) × (5.6次/年) × (1.25%) × (0.4%)

  × (100%)

  $= 1.12 \times 10^{-5}$次/年

⑷ (1,2,5,6,9)：

  (0.1%) × (5.6次/年) × (1.25%) × (0.4%) × (100%)
  #9　　　#6　　　　#5　　　#2　　　#1

  $= 0.028 \times 10^{-5}$次/年

順位排列為⑴、⑵、⑶、⑷。

5.1.3.5　失誤譜的電腦程序

複雜的失誤譜合成及其計算（機率、或最小分割集合等），必須應用電腦程序，以節省人力、時間，並避免人為的錯誤。早期發展的電腦程式可應用於大型電腦但無法協助使用者畫出失誤譜，美國核子管理委員會出版的《失誤譜手冊》（Fault Tree Handbook）〔8〕曾詳細介紹它們。一些近年來發展的程式可以在個人電腦上使用，而且彈性較大，（**表5-3**）中列出一些常用的程式，以供參考。

表5-3　失誤譜分析的電腦程式〔1〕

功能	程式名稱	發展者
失誤譜合成	Rikke	R. Taylor, Denmark
	CAT	G. Apostolakis
	Fault Propagation	S. Lapp and G. Powers
	IRRAS-PC	EG & G, Idaho
	TREDRA	JBF Associates
	GRAFTER	Westinghouse
定性分析	BRAVO	JBF Associates
	IRRAS-PC	EG & G, Idaho
	CAFTA + PC	Science Applications Int.
	SAICUT	Science Applications Int.
	MOCUS	JBF Associates
	GRAFTER	Westinghouse
計量分析	BRAVO	JBF Associates
	IRRAS-PC	EG & G, Idaho
	CAFTA + PC	Science Applications Int.
	SUPERPOCUS	JBF Associates
	GRAFTER	Westinghouse
	BRAVO	JBF Associates
	RISKMAN	Pickard, Lowe, and Garrick

5.1.3.6　優缺點

失誤譜分析的優點有：

(1)理論已發展完全，步驟系統化，且有許多可靠的電腦程式，可供應用。

(2)分析者可以選擇意欲分析的後果（終極事件），然後逆向歸納造成後果的基本事件（失誤）及其順序（最小分割集合）。

(3)如果機率數據齊全，結果可以計量化。

主要缺點為：

(1)複雜事件的失誤譜往往包括數千個門及中間事件，即使應用電腦，仍然需要許多人力。

(2)分析者限於經驗往往很難考慮所有的因素，不同分析者所得的結果

可能大不相同。

(3)失誤譜假設所有的失誤爲完全失誤，實際上許多設備零件的失誤往往是「局部」性。

5.1.4 事件譜

事件譜（事故樹）是一種鑑定及量化一個創始事件的可能造成的影響之圖形模式，它可提供事件由開始一直發展到結果的程序。事件譜的思考步驟與失誤譜剛好相反，它是一種「前瞻性」及推演式的程序，分析者依據事件（失誤）的可能引發的動作，逐步推演至結果。

事件譜與商業管理使用的決策譜類似，最適於分析可能引發出不同情況的基本（初級）失誤。由於核能及化學工廠必須配置不同層次的安全防範系統，以防制或降低意外的發生，當失誤或意外事件發生時，操作人員及防範設施的因應是否妥當是決定災害大小的主要因素，事前進行事件譜分析可以找出安全系統的缺陷及失誤可能造成的影響，事件譜亦可於意外發生後，作爲鑑定結果時使用，因此事件譜普遍爲核能及化學工業界所使用。

5.1.4.1 事件譜分析步驟

事件譜的分析包括下列四個步驟：

(1)鑑定創始事件。

(2)鑑定抑止或防範創始事件的安全系統（事前預測分析），或引發的事件及影響（事後分析）。

(3)推演事件譜。

(4)描述意外（失誤）事件的引發順序。

如果失誤機率數據齊全時，則可求出不同事件發展順序的機率，可作爲決策上的依據。

5.1.4.2 意外前安全分析

　　意外前安全分析的目的在於鑑定安全防範措施之可靠性，此類分析著重於分析人為或機械化安全設備的反應及其失誤所可能產生的後果。（圖5－10）顯示一個連續攪拌槽式反應器，化學反應為放熱反應，必須使用水冷卻，以防止溫度過高而導致反應失控，冷卻水的流量由溫度控制，當溫度超過正常操作範圍時（$T \geq T_1$），則發出警示訊號，當溫度達到危險溫度（T_2）時，則自動關閉進料閥。

鑑定創始事件

　　創始事件為冷卻水供應中斷(A)，機率為1次/年。

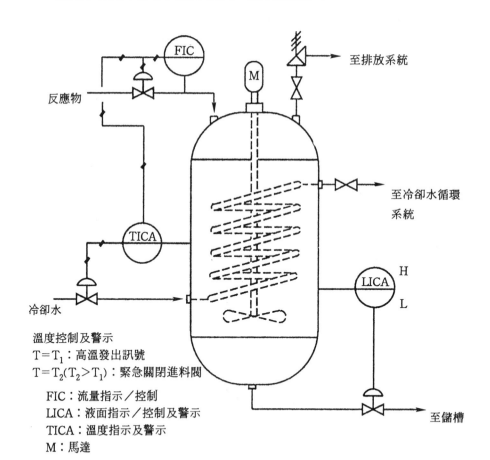

溫度控制及警示
$T = T_1$：高溫發出訊號
$T = T_2 (T_2 > T_1)$：緊急關閉進料閥

　FIC：流量指示／控制
　LICA：液面指示／控制及警示
　TICA：溫度指示及警示
　M：馬達

圖5－10　事件譜範例流程圖：配置高溫控制及警示訊號之反應器

鑑定抑止或防範創始事件的安全系統

安全系統有下列五種：

⑴高溫警示(B)（機率為0.01）。

⑵操作員發覺溫度過高(C)（機率為0.25）。

⑶操作員重新起動冷卻系統，亦或利用其他的冷卻水來源(D)（機率為 0.25）。

⑷高溫自動停機控制（溫度達 T_2 時，關閉反應物進料閥）(E)（機率為0.01）。

⑸操作員停機（關閉反應物進料閥）(F)（機率為0.1）。

推演事件譜

事件譜是失誤或意外發生後隨時間發展的記事圖；事件譜的推演首先由創始事件開始，逐步將相關安全設施或引發的事件依時間先後，由左至右順序填入，然後再逐步分析安全設施是否操作正常，通常將正常情況由向上延伸的途徑表示，失常情況則以向下延伸的路徑表示。每一種情況遇到下一個完全設施時又必須加以分析，如果該安全措施不會引發其他事件發生，可不必考慮，而繼續延伸。例如高溫警示訊號(B)操作正常時（向上延伸部分），C 安全措施（操作員警覺溫度過高）的正常操作不會引發其他事件，則可移至下一個安全設施(D)；如果高溫警示(B)失常，而操作員之是否警覺是決定意外是否發生的關鍵，因此必須考慮是/否（成功或失敗）的情況。

事件譜的推演，是直到所有的安全措施完全被考慮在內為止，推演時可將機率同時計算出來。

描述意外事件的引發程序

最後一個步驟是說明意外事件發生的順序，有些順序代表正常情況的恢復，有些可能是安全停機，或可能會導致最嚴重災害的程序失控。從安全的觀點而論，那些可能會引發災害的程序或反應失控是最重要的，必須設法防範或抑止。（**圖5－11**）中的結果欄列出結果的說明，結果的引發順序則以參與設施的代號表示，例如第一個結果為繼續運轉，其順序代號為 A，表示 A 事件（創始事件）發生後，安全措施操作正常，足以應付危機，並得以繼續運轉；第四個結果為反應失控，順序代號為 ADEF，表

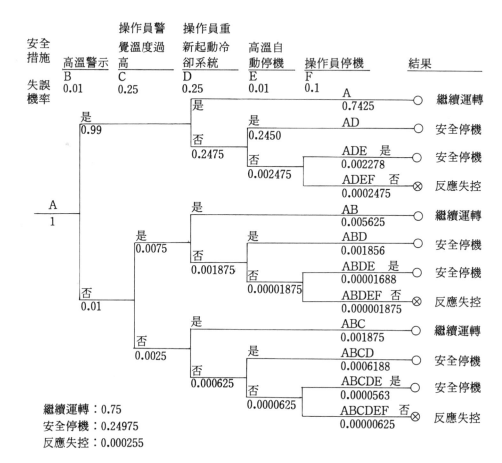

安全
措施

失誤
機率

高溫警示 B 0.01	操作員警 覺溫度過 高 C 0.25	操作員重 新起動冷 卻系統 D 0.25	高溫自 動停機 E 0.01	操作員停機 F 0.1	結果

是
0.99

是

否
0.2475

A
1

是
0.0075

否
0.001875

否
0.01

否
0.0025

否
0.000625

A 0.7425 ○ 繼續運轉

AD 0.2450 ○ 安全停機

是
ADE 0.002278 ○ 安全停機

ADEF 否 0.0002475 ⊗ 反應失控

AB 0.005625 ○ 繼續運轉

ABD 0.001856 ○ 安全停機

ABDE 是 0.00001688 ○ 安全停機

ABDEF 否 0.000001875 ⊗ 反應失控

ABC 0.001875 ○ 繼續運轉

ABCD 0.0006188 ○ 安全停機

ABCDE 是 0.0000563 ○ 安全停機

ABCDEF 否 0.00000625 ⊗ 反應失控

繼續運轉：0.75
安全停機：0.24975
反應失控：0.000255

圖5－11　事件譜範例一：反應器冷却水中斷

表5－4　液化石油氣洩漏後產生的分項事件機率及頻率

事件或狀況	頻率或機率
A.高壓液化石油氣洩漏	1.0×10^{-4}次/年
B.由儲槽洩漏後立即著火	0.1
C.被風吹至人煙稠密地區	0.15
D.在人煙稠密地區著火（延遲著火）	0.9
E.非局限式蒸氣雲爆炸	0.5
F.儲槽附近的噴射火焰	0.2

表5-5　液化石油氣洩漏的後果及頻率

後果	後果順位	頻率（次/年）
液體沸化形成蒸氣雲後爆炸	ABF	2.0×10^{-6}
閃火	$ABC\overline{D}EF + \overline{A}BCDEF$	32.4×10^{-6}
液體沸化形成蒸氣雲爆炸及閃火	$ABCDEF + AB\overline{C}DEF$	8.1×10^{-6}
非局限式蒸氣爆炸	$AB\overline{C}DE + A\overline{B}CDE$	40.5×10^{-6}
地區熱危害	$AB\overline{F}$	8.0×10^{-6}
安全處置	$ABC\overline{D} + \overline{A}BCD$	9.0×10^{-6}
合計		100×10^{-6}

示 A 事件發生後，由於 D、E、F 安全設施失常，溫度無法控制，導致反應失控。

（**圖5-11**）的結果可分為繼續運轉、安全性停機及反應失控等三類，分類的機率為各分項機率之和。

5.1.4.3　意外後果分析

意外後果分析的主要目的在於鑑定意外發生後所可能造成的火災、爆炸等後果，其分析步驟與意外前安全分析相同。以一個液化石油氣儲槽的洩漏為例，洩漏為創始事件(A)，洩漏後可能發生的狀況，依時間發展順序分別為：

(1)立即著火(B)。

(2)未能著火，蒸氣雲被風吹至人煙稠密地區(C)。

(3)延遲著火(D)。

(4)非局限式蒸氣雲的爆炸(E)（有機蒸氣與空氣混合後，形成易燃蒸氣雲，如果著火，火焰速度急速增加，會造成嚴重的爆炸）。

(5)儲槽附近的噴射火焰(F)。

狀況發生的頻率或機率列於（**表5-4**）中，事件譜的結果及結果機率顯示於（**圖5-12**）中，（**表5-5**）則顯示各種後果的頻率。

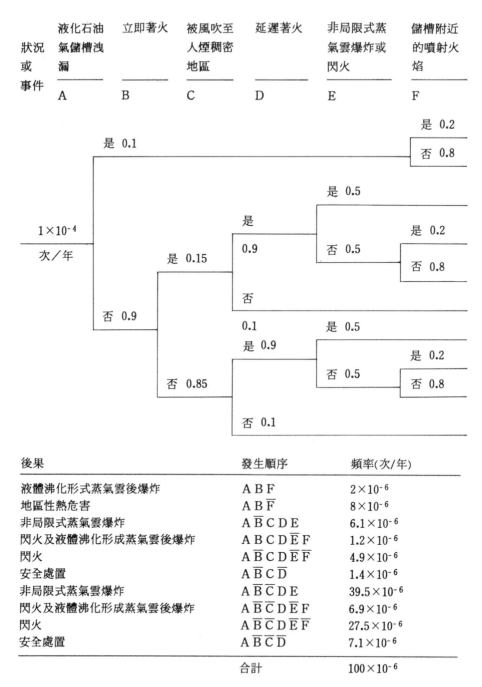

狀況或事件	液化石油氣儲槽洩漏 A	立即著火 B	被風吹至人煙稠密地區 C	延遲著火 D	非局限式蒸氣雲爆炸或閃火 E	儲槽附近的噴射火焰 F

後果	發生順序	頻率(次/年)
液體沸化形式蒸氣雲後爆炸	A B F	2×10^{-6}
地區性熱危害	A B $\overline{F}$	8×10^{-6}
非局限式蒸氣雲爆炸	A $\overline{B}$ C D E	6.1×10^{-6}
閃火及液體沸化形成蒸氣雲後爆炸	A B C D $\overline{E}$ F	1.2×10^{-6}
閃火	A $\overline{B}$ C D $\overline{E}$ $\overline{F}$	4.9×10^{-6}
安全處置	A $\overline{B}$ C $\overline{D}$	1.4×10^{-6}
非局限式蒸氣雲爆炸	A $\overline{B}$ $\overline{C}$ D E	39.5×10^{-6}
閃火及液體沸化形成蒸氣雲後爆炸	A $\overline{B}$ $\overline{C}$ D $\overline{E}$ F	6.9×10^{-6}
閃火	A $\overline{B}$ $\overline{C}$ D $\overline{E}$ $\overline{F}$	27.5×10^{-6}
安全處置	A $\overline{B}$ $\overline{C}$ $\overline{D}$	7.1×10^{-6}
	合計	100×10^{-6}

圖5-12　事件譜範例二：液化石油氣洩漏

5.1.4.5 電腦程式

下列電腦程式可以協助推演事件譜：

(1)ETA Ⅱ：由 Science Applications International Corp.（5150 El Camino Real, Los Altos, CA, 94022, USA）發展。

(2)RISKMAN：由 Pick, Lowe and Gawick 顧問公司（Newpork Beach, CA, USA）。

(3)SUPER：由 Westinghouse Risk Management（P.O. Box 355, Pittsburgh, PA, 15230, USA）發展。

5.1.4.5 優缺點

事件譜的優點為：

(1)可以系統地表達一件意外發生後所引發的後果及其順序，機率數據齊全時，可得出計量化的結果。

(2)可以協助分析者找出安全系統的缺陷。

缺點為：

(1)事件譜假設所有的事件為獨立性事件。

(2)事件譜僅能由原因推演至後果，而無法鑑定造成後果發生的原因。

5.1.5 因果分析

因果分析（Cause-Consequence Analysis）是一種組合事件譜及失誤譜長處的圖形分析方法，它可以協助分析者以「前瞻」與「逆向」兩種方式雙向思考，以找出事件的因果關係，如果數據齊全時，亦可估計每一事件（失誤或後果）發生的頻率。

因果分析是由丹麥原子能委員會的尼爾遜（*D.S. Nielson*）及泰勒（*J.R. Taylor*）兩氏所發展的〔9，10，11〕，他們除了使用「且」及「或」等邏輯符號以表達原因（基本失誤）外，還增加了幾個條件性的「頂點」（Vertex）符號以說明後果的相互關係，因此分析者可以處理不同後果的進行路徑、時間延遲及時間的順序，主要的邏輯及事件符號顯示

於（**圖5－13**）中。

　　因果分析的步驟如下：

⑴選擇意欲分析的創始事件（失誤或意外）。

⑵鑑定影響創始事件所引發的意外的安全系統。

⑶推演創始事件所引發的意外途徑（事件譜分析）。

⑷歸納演繹造成意外（創始）事件的各種原因（基本事件、失誤譜分析）。

⑸決定意外產生的最小分割集合。

⑹排列分析結果的順位。

　　（**圖5－14**(a)、(b)）顯示一個儲槽液面控制及其因果分析圖〔11〕，以供參考。

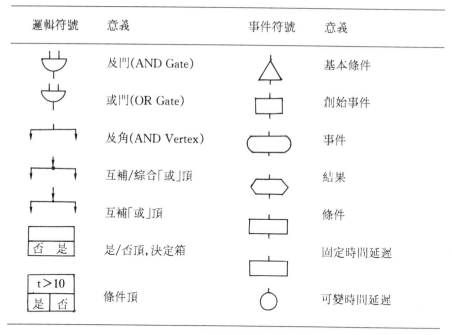

邏輯符號	意義	事件符號	意義
	及門(AND Gate)		基本條件
	或門(OR Gate)		創始事件
	及角(AND Vertex)		事件
	互補/綜合「或」頂		結果
	互補「或」頂		條件
否　是	是/否頂,決定箱		固定時間延遲
t＞10 / 是　否	條件頂		可變時間延遲

圖5－13　因果分析使用的邏輯及事件符號〔9，10〕

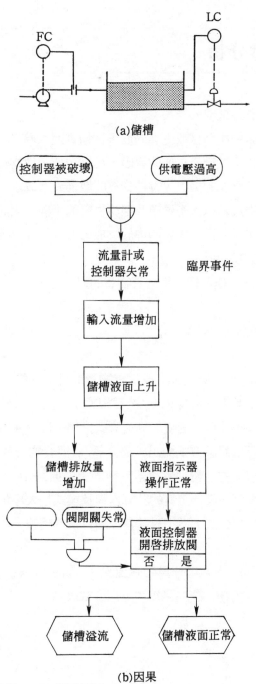

(a)儲槽

控制器被破壞   供電壓過高

流量計或
控制器失常   臨界事件

輸入流量增加

儲槽液面上升

儲槽排放量   液面指示器
增加   操作正常

閥開關失常   液面控制器
                    開啓排放閥
                    否   是

儲槽溢流   儲槽液面正常

(b)因果

說明：**LC**：液面控制　**FC**：流量控制

圖5-14　因果分析範例圖〔11〕

5.2　影響分析

影響是估算意外造成的損失。

由於化學工廠中所儲存或處理的危害性物質因人爲失誤或設備失常而造成的排放，是化學災變最主要的原因，易燃、揮發性物質著火、爆炸會造成劇烈性人命及財產的損失，毒性物質的散佈會造成水、空氣及土壤的污染，長期威脅附近社區人畜健康及環境生態的平衡。因此在估算實際損失之前，必須先了解危害性物質的排放及散佈方式、失火及爆炸過程、以及對於人類與建築物的損害。

（**圖5－15**）顯示模擬揮發性危害物質的過程。

5.2.1　危害源排放模式

閥、管線、桶/槽的破裂會造成危害物質的排放，排放方式及排放後的命運依其相態（氣態、液態或氣/液雙相態）而異，氣態物質會形成氣雲、隨風擴散或經小孔以高速噴射氣流方式排出，部分液體可能會直接揮發成氣體，其餘仍以液態方式流出，部分氣/液混合物排放後，會形成氣體與霧滴，比重較高的液體則會沈落於地面上（**圖5－16、圖5－17**），由於物質的排放，瞬間揮發及蒸發的計算過程及模式是大專化工課程的一部分，本節僅列出主要公式，而不討論其理論背景及起源。

氣體排放

氣體通過孔徑的流動可分爲音速流動（Sonic Flow）及低音速流動（Subsonic Flow）兩種，速率可以用下列公式表示：

$$G_v = C_d \frac{AP}{a_0} \psi \qquad\qquad (5-13)$$

其中，G_v ＝氣體質量流速（kg/s，公斤/秒）

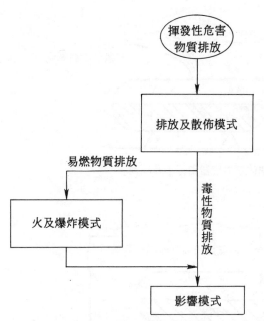

圖5-15　揮發性危害物質排放、散佈、火及爆炸，與影響模式的相互關
　　　　係〔1〕

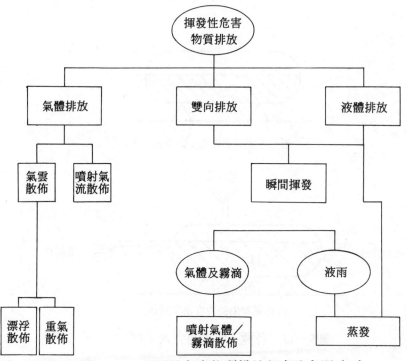

圖5-16　揮發性危害物質排放程序及命運〔1〕

A 風向

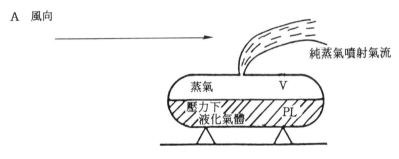

純蒸氣噴射氣流

蒸氣　　　　V

壓力下
液化氣體　　　PL

具蒸氣空間的壓力容器頂部小孔破裂

B

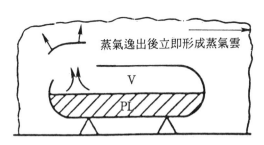

蒸氣逸出後立即形成蒸氣雲

V

PL

壓力容器嚴重破裂

C

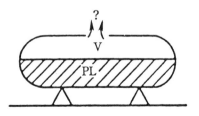

?

V

PL

壓力容器頂部破裂（中型孔徑）

D

噴射流

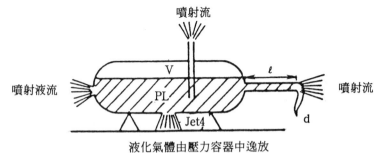

噴射液流

V

PL

噴射流

ℓ

Jet4

d

液化氣體由壓力容器中逸放

圖5-17　各種不同排逸方式〔18〕

E

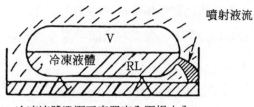

噴射液流

冷凍液體潑灑至容器安全圍堤之內

F

蒸發氣雲

冷凍液體潑灑至水塘、湖泊、河川之中

G

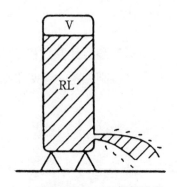

高速噴射液流以碎塊狀逸出

續圖5-17

Cd＝排放係數（≦1.0）

A＝排放孔截面積（m²，平方公尺）

a_0：T_0溫度下，聲音在氣體中傳導的速度（m/sec，公尺/秒）

T_0：$(rRT/M)^{\frac{1}{2}}$

γ：氣體的常壓比熱與常容比熱的比例（C_p/C_v）

R：氣體常數（8,310 J/kg－mol/°k）

T：上游溫度（°k，凱爾文式絕對溫度）

P：上游絕對壓力（N/m²，牛頓/平方公尺或千巴斯噶，kpa）

P_a：下游絕對壓力（N/m²，牛頓/平方公尺）

M：氣體分子量（kg/mole，公斤/摩爾）

ψ：流動係數，其公式如下：

低音速流動：$\psi = \left\{ \dfrac{2\gamma^2}{\gamma-1} \left(\dfrac{P_a}{P}\right)^{\frac{2}{\gamma}} \left[1 - \left(\dfrac{P_a}{P}\right)^{\frac{(\gamma-1)}{\gamma}}\right] \right\}^{\frac{1}{2}}$ （5－14a）

音速流動：$\psi = \gamma \left(\dfrac{2}{\gamma+1}\right)^{\frac{(\gamma+1)}{2(\gamma-1)}}$ （5－14b）

如果上下游壓力比例低於臨界比熱比例（γ臨界）時，則流動方式為低音速流動，壓差低，反之則為高壓差的音速流動：

低音速流動：$\dfrac{P}{P_a} \le \gamma_{臨界} = \left(\dfrac{\gamma+1}{2}\right)^{\frac{\gamma}{(\gamma-1)}}$ （5－15a）

音速流動：$\dfrac{P}{P_a} \ge \gamma_{臨界}$ （5－15b）

液體排放

非揮發性液體自孔徑中排放速率為：

$G_L = G_d A_\rho \left(\dfrac{2(P-Pa)}{\rho} + 2gh\right)^{\frac{1}{2}}$ （5－16）

其中，G_L＝流體質量流速（kg/s，公斤/秒）

C_d = 排放係數（0.6～0.64）

A = 排放孔截面積（m^2，平方公尺）

ρ = 液體密度（kg/m^3，公斤/立方公尺）

P = 液體絕對壓力（N/m^2，牛頓/平方公尺）

P_a = 下流液體絕對壓力（N/m^2）

g = 重力加速度（9.81 m/s^2，9.81公尺/平方秒）

h = 液面超出排放孔的高度（m，公尺）

氣/液雙相排放

當管線破裂時，液體壓力突然變化，溫度超過常壓沸點的高壓液體，會揮發而形成雙相流動，其流速可由公式求出〔13〕：

$$G_{2P} = C_d \left(\frac{G_{Sub}^2 + G_{ERM}^2}{N} \right)^{\frac{1}{2}} \tag{5-17}$$

其中，G_{2P}：單位面積雙相質量流速（$kg/m^2/s$，公斤/平方公尺・秒）

公式（5-17）中，G_{Sub}、G_{ERM}及 N 的計算公式如下：

$$G_{SUB}（過冷液流速） = [2(P - P_v)\rho_L]^{\frac{1}{2}} \tag{5-18}$$

其中，P = 儲槽壓力（N/m^2）

P_v = 儲槽溫度的蒸氣壓（N/m^2）

ρ_L = 液體密度（kg/m^2）

$$G_{ERM}（飽和液流速） = \frac{h_{fg}}{V_{fg}(TC_p)^{\frac{1}{2}}} \tag{5-19}$$

其中，h_{fg} = 蒸發熱（kj/kg）

V_{fg} = 蒸氣比容 - 液體比容（m^3/kg）

T = 儲槽溫度（°K）

C_p = 液體常壓比熱（kj/kg/°K）

公式（5-17）中的 N 是表達排放管的長短所造成的影響的參數：

$$N = \frac{h_{lg}^2}{2 \triangle P C_d^2 V_{lg} T C_p} + \frac{L}{L_0} \qquad (\ 0 \leqq L \leqq L_e\ ) \qquad (\ 5-20\ )$$

公式5-20，中 L 為排放管線至出口的距離，L_e 為0.1公尺。

當 L=0 時，公式（5-17）可簡化為公式（5-16）。儲槽的排放管線破裂時，儲槽中部分高壓液體在管線中揮發，形成雙相流動；如果儲槽本身破裂（L=0），液體由破口排放速率計算，則不須考慮液體的揮發及雙相流動。較嚴謹之雙相速率計算可使用美國化工學會發展的 SAFIRE 電腦程式計算。

簡易排放速率估算圖

（圖5-18）〔12〕顯示一般常見流體在不同壓差下的排放速率，較上述公式易於使用。

5.2.2 瞬間揮發及蒸發模式

過熱的液體自高壓管線或儲槽排放至大氣中時，因壓力突然降低，部分液體會揮發成氣體，同時造成流體溫度的降低，揮發的氣體會夾帶大的液滴，有些液滴以霧的形式懸浮在大氣之中，其他則受重力影響，以下雨的方式，降至地面。溫度低於常溫沸點的液體自管線或儲槽排放後，如果吸收太陽輻射熱或地表面的熱量，也會蒸發成氣體。因此模擬流體的瞬間揮發與蒸發，以及估算揮發或蒸發或蒸發後的氣/液比例，是討論散佈之前必要的工作。

瞬間揮發

純物質的瞬間揮發公式為：

$$F_v = C_p \frac{(\ T - T_b\ )}{h_{lg}} \qquad\qquad (\ 5-21\ )$$

其中，C_p = 流體的平均定壓比熱（j/kg/°K）

T = 液體揮發前的溫度（°K）

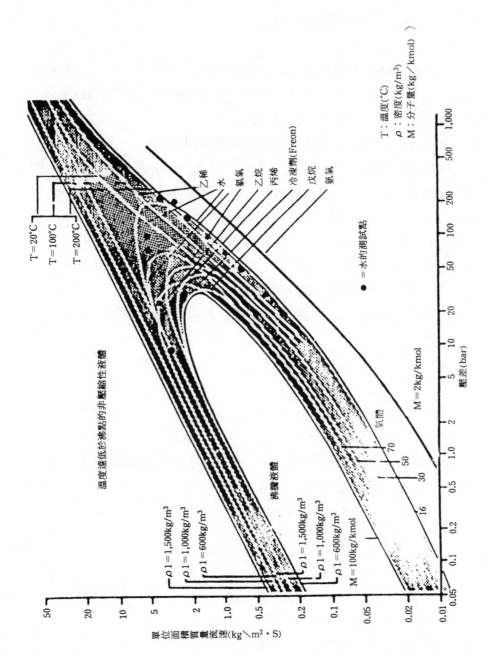

圖5−18 氣體、蒸氣及液體在不同壓差下由小孔逸出的流量圖〔12〕

T_b = 液體在常壓（一大氣壓）下的沸騰溫度（T_b）

h_{lg} = T_b 時液體蒸發熱（kj/kg）

F_v = 揮發分數

　　成份複雜的液體揮發的計算，可以使用物性狀態公式（Equation of State）計算，一般皆使用化學工業常用的系統模擬程式如 PROCESS, DESIGN II, ASPEN PLUS, CHEMCAD 等。

　　揮發分數為理論上在絕熱情況下，液體揮發的比例，並不包括被揮發氣體夾帶的液體霧滴，因此實際上蒸氣雲的質量（包括氣體及霧滴）遠大於揮發氣體的質量。有關霧滴的含量估算請參閱美國化工學會出版的 Guidelines for Use of Vapor Cloud Dispersion Models.（American Institute of Chemical Engineers, New York, ISBN：0-8169-0403-0）。

液體蒸發〔14，15，16，19〕

　　沸點低於大氣溫度的液體會吸收內地表面傳導的熱量，太陽的輻射熱、以及風或空氣流動而造成的強制式對流熱而蒸發，所吸收的熱量可由下列公式表示：

$$q = q_c + q_G + q_R \qquad\qquad (5-22a)$$

$$q_c = 強制式對流熱流 = h_c (T_a - T_b) \qquad\qquad (5-22b)$$

其中，h_c = 熱傳係數（W/m²°K，瓦特/平方公尺、凱氏溫度）

　　　　T_a = 大氣溫度（°K，凱氏溫度）

　　　　T_b = 液體溫度（°K，凱氏溫度）

　　　　q_G 為地表面傳導熱：

$$q_G = \frac{K_s (T_g - T_b)}{(\pi k_s t / \rho_e C_{Pe})^{\frac{1}{2}}} \qquad\qquad (5-22c)$$

其中，K_s = 土壤的導熱係數（W/m°K）≃1.67W/m°K

　　　　T = 液體溫度（°K）

　　　　ρ_e = 土壤密度（kg/m³）≃1,520 kg/m²

t＝潑灑後的時間（s）

C_{Pe}＝土壤比熱（J/kg°K）≃837J/kg°K

q_R為太陽輻射能，可以用1,150 W/m²估算（北緯三十度，六、七月中午的輻射熱），蒸發速率則為總吸收熱流量除以蒸發熱：

$$Q（單位面積單位時間蒸發量）＝\frac{q}{H_v} \qquad （5-23）$$

其中，H_v＝蒸發熱（W/kg）

沸點高於大氣溫度的液體的蒸發，主要是由於風的吹動，其蒸發速率為：

$$Q＝0.037\frac{D}{L}AM\frac{（PS-PA）}{RT_a}R_e^{0.8}S_c^{\frac{1}{3}} \qquad （5-24）$$

其中，Q＝質量蒸發速度（kg/m²s）

D＝擴散係數（m²/s）

L＝特徵長度（m）（約為液塘的直徑）

M＝分子量（g/mole）

PA＝實際蒸氣壓（N/m²）

PS＝飽和蒸氣壓（N/m²）

T_a＝大氣溫度（°K）

R_e＝雷諾數（Reynolds No.）＝$\dfrac{LU\rho_a}{\mu}$

S_c＝史密特數（Schmidt No.）＝$\dfrac{\mu}{D\rho_a}$

μ＝動力粘度（kg/m.s）

U＝平均風速（m/s）

ρ_a＝空氣密度（kg/m³）

如果沒有擴散係數（D）的實驗值時，可以使用2×10^{-3}m²/s，以得到較保守的蒸發數值〔19〕。

5.2.3 氣雲的散佈模式

氣體或蒸氣排放後隨著風的吹動，而散佈於大氣之中，它的散佈範圍及方式受下列幾個因素影響：

(1)風的方向、速度及亂流程度。

(2)大氣的穩定性。

(3)排放源特徵：連續性、瞬間排放、點或面的排放等。

(4)氣體的比重。

(5)排放速度。

(6)周圍地形及建築物。

風是決定散佈方向的主要因素，氣雲形成後的移動方向主要是受風及重力的影響，因風速直接影響散佈的範圍，大氣的穩定性決定氣雲在垂直方向的運動，它主要是受風速及大氣中溫度變化而定，巴斯魁將穩定性分為不穩(A)，中性(D)及穩定(F)等三種主要狀況〔20〕，它們直接影響空氣的亂流程度（**表5－6**）。

排放方式可分為連續性及瞬間排放，連續性排放會形成連續的氣雲隨風漂浮，工業窯爐或鍋爐煙囱的煙氣即是明顯的例子，（**圖5－19**）顯示連續性的煙氣的散佈受氣候變化的影響。瞬間排放的氣體僅形成一團氣雲，而非連續性氣雲，它的散佈隨時間而變，最顯明的例子為以蒸氣驅動的火車，於鳴號後的蒸氣排放，由於排放時間很短，可能1～2秒鐘，因此僅形成一圈蒸氣雲在空中逐漸散佈而消失，原子彈的爆炸也是瞬間排放的例子。

氣體的比重決定氣雲漂浮或下沈，如果比重遠較空氣為輕，氣雲受浮力影響而上升，如果比重與空氣相近，則隨風吹動在空中漂浮，比重遠超過空氣時，氣雲形成後首先會因重力的影響而下沈，其移動方式逐漸受周圍的亂流影響而改變（**圖5－20**）。排放速度則決定垂直方向移動的高度，速度愈高，則氣雲形成的高度也愈高。

地表面的起伏程度決定風所造成的亂流程度，間接影響氣體的散佈；建築物或其他地形上的阻礙則可阻擋氣體的流動，導致氣體流速及壓力的

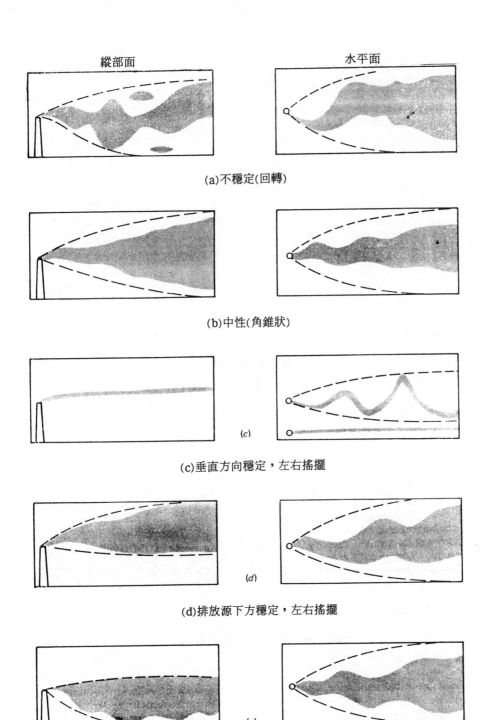

縱部面 水平面

(a)不穩定(回轉)

(b)中性(角錐狀)

(c)

(c)垂直方向穩定，左右搖擺

(d)

(d)排放源下方穩定，左右搖擺

(e)

(e)上方穩定，下方起伏

圖5－19　大氣穩定性對於連續性煙雲散佈的影響

表5-6 巴斯魁氣象穩定狀況〔20〕

10公尺高度	白天日照程度			晚間狀況	
風速	強烈	一般	輕微	雲罩比例超過5/8以上	無雲或雲罩比例低於3/8
<2	A	A–B	B		
2–3	A–B	B	C	E	F
3–4	B	B–C	C	D	E
4–6	C	C–D	D	D	D
>6	C	D	D	D	D

註：A：非常不穩定。　　　C：略不穩定。　　　E：輕微穩定。
　　B：不穩定。　　　　　D：中間。　　　　　F：穩定。

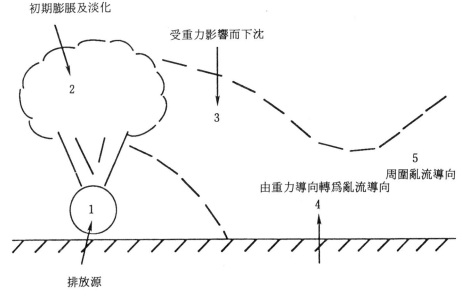

圖5-20 重氣雲的散佈方式

變化。

氣雲散佈方式可以分爲下列三種：

(1)比重與空氣相近氣體的連續性或瞬間排放。

(2)重氣體散佈。

(3)噴射氣流散佈。

第(1)類散佈自1915年起即有人研究，目前已經有許多不同的模式發展出來，使用最多的是巴斯魁——吉佛模式，普遍應用於煙囱排氣的擴散，重氣體散佈及噴射氣流的研究起步較晚，僅有十餘年歷史，本節除了介紹巴斯魁——吉佛模式外，亦將簡單介紹重氣體散佈，有關噴射氣流散佈，則不在此討論，讀者請參閱 *F. Lees* 所著的 " Loss Prevention in the Process Industries. "

5.2.3.1 巴斯魁——吉佛模式

巴斯魁——吉佛模式〔20，21〕是所謂高斯模式的簡化，此模式的主要假設如下：

(1)連續性的排放或排放時間大於煙氣被風吹至該點的時間，因此不必考慮氣體在順風方向的擴散。

(2)排放物質爲穩定性氣體或直徑小於20微米的霧滴，而且會在大氣中懸浮一段時間。

(3)連續性公式（Equation of Continuity）可以通用。

(4)以 x 軸代表平均之順風方向，而且使用平均風速代表擴散層的移動。

(5)氣（煙）雲在垂直方向及截風方向的分配爲常態分配，換句話說其分配函數爲高斯函數表示（**圖5－21**）。

連續性的氣雲散佈公式爲：

$$C (x,y,z) = \frac{Q}{2\pi\sigma_y\sigma_z u} \left[\exp \frac{-Y^2}{2\sigma_y^2} \right] \times$$
$$\left[\exp \frac{-(Z-H)^2}{2\sigma_z^2} + \exp \frac{-(Z+H)^2}{2\sigma_z^2} \right] \quad (5-25)$$

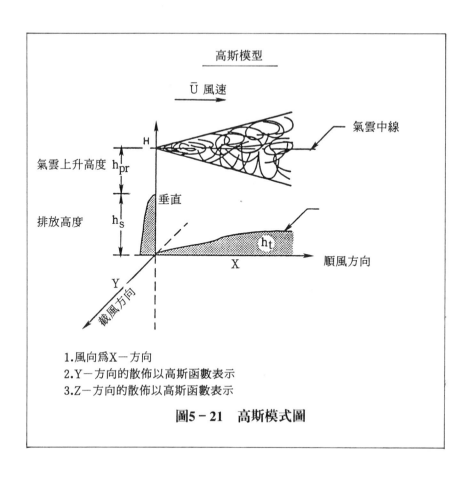

圖5－21　高斯模式圖

其中，C（x,y,z）＝在（x,y,z）坐標的濃度（kg/m³）

Q＝排放流管（kg/s）

H＝排放源的高度與氣雲上升高度之和（m）（有效排放高度）

σ_y, σ_z＝散佈係數（m）

u＝風速（m/s）

y 及 z 方向的散佈係數（σ_y，σ_z）列於（**表5-7**）中，表中大氣的穩定級（A-F）與風速及天候有關，請參閱（**表5-6**）中的分類。散佈係數（σ_y，σ_z）公式是使用10分鐘的實驗數據迴歸而求得的。

地表面中心線的濃度則爲（y＝0，z＝0）：

$$C（Z,0,0,H）＝\frac{Q}{\pi\sigma_y\sigma_z u}\exp\left[-\frac{1}{2}\left(\frac{H}{\sigma_z}\right)^2\right] \qquad（5-26）$$

巴斯魁——吉佛模式的準確性直接與散佈係數（σ_y，σ_z）數值有關。在下列情況下，垂直方向（z-方向）的散佈係數（σ_z）的準確性在200％之內。

⑴距離排放源一、二百公尺：所有的穩定等級。

⑵距離排放源數百公尺至數公里：中性至溫和的不穩定級。

⑶距離排放源一、二百公尺至十公里：不穩定級。

截風方向的散佈係數（σ_z）的誤差較大，上列情況下，σ_z 的誤差約在200％之內，巴斯魁—吉佛模式所預測的地表面中心線濃度誤差約在300％之內。

瞬間排放的單一氣雲的散佈模式爲：

$$C（x,y,z）＝\frac{M}{(2\pi)^{\frac{3}{2}}\sigma_x\sigma_y\sigma_z}\left\{\exp\left[\frac{(x-\mu t)^2}{2\sigma_x^2}-\frac{y^2}{2\sigma_y^2}\right]\right\}\times$$
$$\left\{\exp\frac{-(Z-H)^2}{2\sigma_z^2}+\exp\frac{-(Z+H)^2}{2\sigma_z^2}\right\}$$
$$（5-27）$$

表5-7 巴斯魁——吉佛散佈係數

1. 連續性氣雲 穩定等級

		σ_y (m)
A		$\sigma_y = 0.493x^{0.88}$
B		$\sigma_y = 0.337x^{0.88}$
C		$\sigma_y = 0.195x^{0.90}$
D		$\sigma_y = 0.128x^{0.90}$
E		$\sigma_y = 0.091x^{0.91}$
F		$\sigma_y = 0.067x^{0.90}$

穩定等級	X (m)	σ_z (m)
A	100 – 300	$\sigma_z = 0.087x^{1.10}$
	300 – 3000	$\log_{10}\sigma_z = -1.67 + 0.902\log_{10}x + 0.181(\log_{10}x)^2$
B	100 – 500	$\sigma_z = 0.135x^{0.95}$
	$500 - 2 \times 10^4$	$\log_{10}\sigma_z = -1.25 + 1.09\log_{10}x + 0.0018(\log_{10}x)^2$
C	$100 - 10^5$	$\sigma_z = 0.112x^{0.91}$
D	100 – 500	$\sigma_z = 0.093x^{0.85}$
	$500 - 10^5$	$\log_{10}\sigma_z = -1.22 + 1.08\log_{10}x - 0.061(\log_{10}x)^2$
E	100 – 500	$\sigma_z = 0.082x^{0.82}$
	$500 - 10^5$	$\log_{10}\sigma_z = -1.19 + 1.04\log_{10}x - 0.070(\log_{10}x)^2$
F	100 – 500	$\sigma_z = 0.057x^{0.80}$
	$500 - 10^5$	$\log_{10}\sigma_z = -1.91 + 1.37\log_{10}x - 0.119(\log_{10}x)^2$

2. 瞬間排放氣雲

穩定等級	x = 100m σ_y (m)	σ_z (m)	x = 4000m σ_y (m)	σ_z (m)
不穩定	10	15	300	220
中間情況	4	3.8	120	50
非常穩定	1.3	0.75	35	7

資料來源：P. Lees, Loss Prevention in the Process Industries（London：Butterworths, 1986），p.443.

其中，M＝排放總質量（kg）

t＝排放後的時間（t）

公式（5－27）是一個時間的函數，由於瞬間排放並非連續性，定點的濃度隨時間而改變，必須考慮順風方向（x－方向）氣體的擴散，由於數據缺乏，一般計算皆假設其數值與 y－方向的散佈係數（σ_y）相等。

氣體排放後由於垂直方向的動量關係，首先會向上升，然後受風吹動，方才改變方向，其高度可以由荷蘭氏（*J.Z. Holland*）發展的公式估計：

$$\triangle H = \frac{V_s d}{u}\left(1.5 + 2.68 \times 10^{-3} P \frac{T_s - T_a}{T_s} d\right) \qquad (5-28)$$

其中，$\triangle H$＝氣雲垂直上升高度（m）

V_s＝垂直排放速率（m/s）

d＝煙囪或排放管直徑（m）

u＝風速（m/s）

P＝大氣壓力（千分之一巴）

T_s＝排放源溫度（°K）

T_a＝空氣溫度（°K）

公式（5－28）中，低估在不穩定狀況下，氣雲上升的高度（大約在10％－25％），而高估在穩定狀況下上升的高度（10－20％），使用時可酌加安全因數以校正誤差。

巴斯魁——吉佛模式簡單而易於使用，適於在手算或個人電腦上使用，是目前美國環保署預測氣體污染物散佈最常用的模式，但是僅適用於比重與空氣相近的氣體的擴散，無法正確預測高密度氣體的散佈。適用距離限制於100公尺至10公里之間。由於模式中的主要參數是由10分鐘平均實驗數據所迴歸而求得的，因之此模式無法正確預測排放後短時間內的定點濃度。例如易燃性氣體排放後，最值得注意的是氣體著火下限濃度點距排放源的距離，因為此距離之內氣體如遇火花即會點燃，巴斯魁——吉佛模式則低估此距離，導致著火/爆炸範圍的低估。

5.2.3.2 重氣體之散佈

許多危害性氣體的比重較空氣為重,其散佈方式與空氣或煙囪排氣(比重與空氣相近)完全不同,無法由高斯模式預測。重氣體的散佈自1970年起,即開始受人注意,已進行了許多實驗,目前仍然是一個熱門的專題,許多模式雖然已經發展出來,但是吾人仍未完全了解其過程及散佈方式,早期的工作著重於石油氣及液化天然氣的研究,近年來已擴展至氯氣、氨氣及冷凍劑(Freon 12)。

氣體的比重取決於:

(1)氣體成份及其分子量。

(2)排放溫度。

(3)排放方式。

(4)周圍空氣的溫度及濕度。

劇毒性的氯氣的分子量為71,遠大於空氣,常溫下其比重遠較空氣為重,氨氣的分子量(17)較空氣原子量(29)小,其比重在常溫及沸點(-33℃)狀況皆較空氣低;甲烷的分子量僅為16,在常溫下,比重較輕,然而在沸點下(-162℃)其氣體比重高於空氣,因此液化天然氣儲槽/管線破裂時,所排出的低溫天然氣的比重較空氣高。排放氣體中所夾帶的液體霧滴會吸收氣體的熱量而蒸發,而空氣中水蒸氣遇冷則會冷凝成水霧,同時將熱量傳至氣體,如果排放中夾帶大量霧滴,而空氣中的溫度很低時,即可能形成比重雖較空氣為重的氣雲。氨氣的比重較空氣輕,但從以往意外的經驗得知,氨氣氣雲卻往往形成重氣雲。

由范烏爾登(*Van Ulden*)〔36〕以及哈維(*B. H. Harvey*)兩氏〔37〕的瞬間排放實驗可知,重氣體排放後,形成一個薄餅狀的氣雲下降,此時氣雲的移動主要是由於重力的影響,當氣雲接近地面時,由於氣雲的移動,空氣氣雲邊緣混入,同時由於大氣亂流的影響,空氣由頂部進入,其移動逐漸受空氣的浮力及亂流所影響,重氣體在垂直方向的散佈的高度自然較煙氣或空氣相近的氣體為低。

重氣雲的特性可以用李察遜數(Richardson Number)表示:

$$R_i（李察遜數）=\frac{g\left(\dfrac{dT}{dz}\right)+\Gamma}{T\left(\dfrac{du}{dz}\right)^2} \qquad\qquad （5-29a）$$

其中，g＝重力常數（9.8m/s²）

　　　T＝絕對溫度（°k）

　　　u＝風速（m/s）

　　　z＝垂直方向

　　　Γ＝乾燥及絕熱狀況下溫度消失率（Dry Adiabic Lapse Rate of
　　　　　Temperature）

或：

$$R_{imod}=g\frac{\triangle P}{\rho_a}\times\frac{\ell}{u^2} \qquad\qquad （5-29b）$$

R_{imod} 為校正的李察遜數，$\triangle P$ 為氣體與空氣的密度差，ρ_a 為空氣密度，ℓ 是氣雲的高度（m）。

R_i（李察遜數）小於1時，氣雲的流動方式為亂流，R_i 大於1時，則為層狀流動。

重氣體散佈模式可分為兩個主要類別，一種為數學模式，另一種為物理模式，最普遍的數學模式為匣盒模式（Box Model），此模式不考慮氣雲在不同方向的擴散的差異，而以一定空間的（匣盒）的平均特性代表。范烏爾登氏〔36〕首先假設瞬間排放的氣雲形成圓筒形的匣盒，其體積為 V，半徑為 r，高度為 h，t 時間後，其半徑為：

$$r^2-r_0^2=2c\left[\frac{（\rho_0-\rho）gV_0}{\pi\rho_0}\right]^{\frac{1}{2}} \qquad\qquad （5-30）$$

其中，r＝t 時間後氣雲的半徑（m）

　　　r_0＝排放氣雲半徑（t＝0）（m）

　　　g＝重力常數（＝9.8m/s²）

　　　ρ_0＝排放氣體的密度（kg/m³）

ρ_a＝空氣密度（kg/m³）

C＝下落速度係數（～1）

V_0＝排放氣體體積（t＝0）（m³）

當亂流動能等於位能時，空氣亂流的影響則取代重力的影響，換句話說，也就是當下落速度為空氣摩擦速度的兩倍時，此時氣雲的平均密度與空氣相當，（**圖5－22**）顯示一個重氣體瞬間排放後，其半徑及高度的變化，傳統高斯模式高估氣雲的高度約5倍之多，然而卻低估其半徑約2.5倍，范烏爾登模式僅高估半徑10%。

柯克斯（*R.A. Cox*）與卡本特（*R.J. Carpenter*）兩氏發展出一個連續性排放的重氣體模式，稱為頂帽模式（Top－Hat Model）〔35〕，此模式與范烏爾登模式類似，亦假設氣雲的初期擴散是受重力的影響，但是空氣則由氣雲的頂部混入〔35〕。

物理模式是利用在風洞或水道中模擬的數據放大而得的模式，其用途僅限於所模擬的特殊情況，難以普遍化，因此很少使用於一般風險評估之中。

5.2.3.3　電腦程式

美國化工學會所出版的 Guidelines for Use of Vapor Cloud Dispersion Models 檢討了33個不同的高密度及中密度氣雲散佈電腦程式，是目前最完全的文件。

（**表5－8**）列出幾個常用的程式，以供參考。

讀者可由美國環保署支援的個人電腦佈告欄（Bulletin Board），直接將其發展的程式，經過網路直接輸入自己的電腦中。

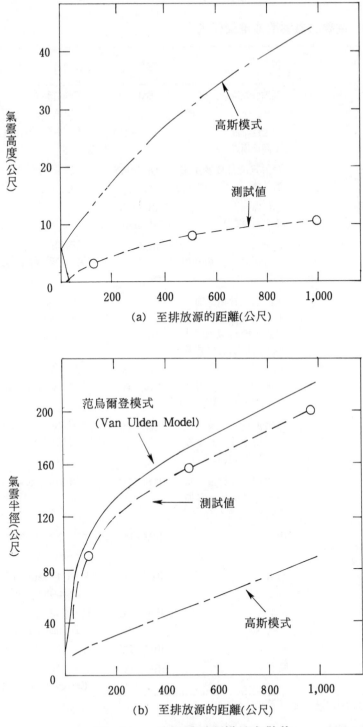

(a) 至排放源的距離(公尺)

(b) 至排放源的距離(公尺)

圖5－22　重氣體瞬間排放之散佈

表5-8　主要的氣雲散佈電腦程式

名稱	說明	電腦	發展者
INPUFF （註一）	連續性及瞬間排放	IBM－PC	美國環保署 （EPA）
TXDA （註一）	連續性排放 （高斯模式）	IBM－PC	美國新澤西州環保署
DEGADIS （註一）	噴射氣流排放及重氣 體散佈	DEC VAX	美國環保署
CAMEO II	連續性排放 （高斯模式）	IBM－PC MacIntosh-PC	
ARCHIE （註一）	同上 （含火球、火焰及爆 炸）	IBM－PC	美國環保署及聯邦 緊急管理署（FMEA）
WHZAN	瞬間以及連續式排放 的高斯模式，重氣體 排放，噴射氣流，火 球，火焰以及爆炸模 式		技術公司 （Technica, Inc.）
SPILLS	液塘蒸發，瞬間以及 連續排放高斯模式	IBM－PC	美國殼牌發展公司
HASTE	危害源模式，瞬間以 及連續排放，高斯模 式，重氣體散佈	IBM－PC	美國環境服務及研究公司 （ENSR, USA）
CHARM	危害源、噴射流、瞬 間，連續排放，高斯 模式，重氣體散佈	IBM－PC	美國 Radian 公司
CARE	同上	IBM－PC	美國環境系統公司 (Environ Systems Corp.)
MIDAS	同上	IBM－PC	美國 Pickard, Lowe & Garrick 顧問公司
PHAST	同上	IBM－PC	技術公司 （Technica, Inc.）
TRACE	同上	IBM－PC	美國 Safer 公司
EAHAP	同上	IBM－PC	美國能量分析公司 (Energy Analysis, Inc.)

註一：免費，可直接向發展者索取。

5.2.4 爆炸及火災模式

爆炸是高壓氣體與周圍環境的高速平衡所產生的結果，高壓氣體所含的能量在極短的時間以內以震波方式散佈而消失，由於發生的環境不同，會產生局部爆炸及非局限或氣雲爆炸。高壓氣體容器由於內部過壓而產生的破裂是局限爆炸，而空中飄浮的易燃性氣雲的著火爆炸則為非局限氣雲爆炸。本節將介紹估算下列五種主要的爆炸或火災方式的影響方法。

(1)非局限性蒸氣雲的爆炸（Unconfined Vapor Cloud Explosion）。

(2)物理爆炸（Physical Explosion）。

(3)沸騰液體膨脹蒸氣爆炸（Boiling Liquid Expansion Vapor Explosion）。

(4)局限性爆炸（Confined Explosion）。

(5)池火及噴射火焰（Pool Fires and Jet Fires）。

（**圖5－23**）顯示爆炸後可能發生的情況。

5.2.4.1 非局限性蒸氣雲爆炸

小量易燃氣體或蒸氣的點燃僅會造成閃火而不太可能產生劇烈性的爆炸，吾人至今仍不了解大型氣雲的燃燒程序，但是從以往意外的經驗及有限的實驗結果可以歸納出下面幾個結論〔23〕：

(1)一些地形上或建築物的圍堵限制或阻礙可能會促使氣雲由閃火轉變成爆炸狀況。

(2)氣雲的大小或質量是決定點燃後果的主要因素，換句話說氣雲的臨界爆炸質量或體積未達到以前，僅會發生閃火現象而不會產生爆炸。臨界爆炸質量則視氣體成份特性而異，吾人至今尚未能完全了解。

(3)基本燃燒速度（Fundamental Burning Velocity）較高的物質易於點燃後爆炸。

(4)氣雲爆炸後所產生的最大過壓約一大氣壓左右，過壓遠低於爆震（Detonation），其震波的速度亦低於音速（爆震的震波速度高於音速），時間大約在0.02秒至0.1秒之間，因此只能算作是突燃（Deflagration）現象，而非爆震。

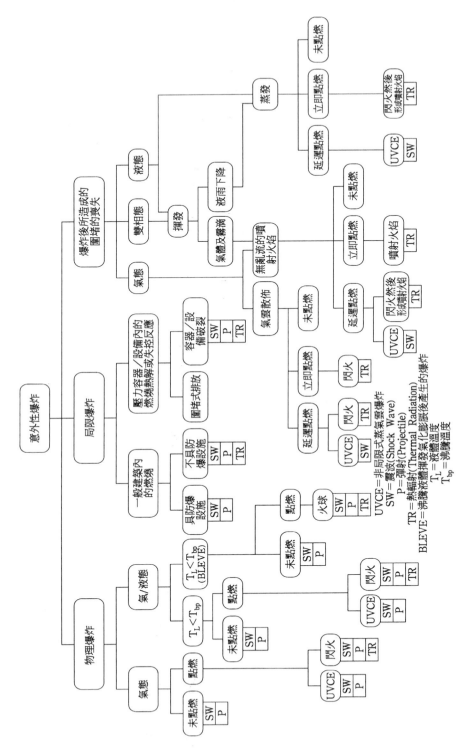

圖5－23　意外性爆炸邏輯關係圖

UVCE＝非局限式蒸氣雲爆炸
SW＝震波(Shock Wave)
P＝彈射(Projectile)
TR＝熱輻射(Thermal Radiation)
BLEVE＝沸騰液體膨脹氣化眼後產生的爆炸
T_L＝液體溫度
T_{bp}＝沸騰溫度

移動中的氣雲的著火是由週邊氣體遇到火花而發生的，因爲氣雲的周圍充滿了空氣，而氣雲的中間空氣稀薄。氣雲點燃後，火勢首先向各方面延伸，然後由於浮力關係，火勢向上蔓延。如果氣體排放的環境空間中火源很多時，氣體很容易著火，大型氣雲較難形成，因此反而不會發生可怕的非局限式氣雲爆炸的情況。另外一個極端的情況爲氣體排放後一直未遇著火源，即使產生大型氣雲，由於未曾點燃，最後隨風吹飄而消失。

氣雲爆炸的模式可分成下列三類：

(1)炸藥當量模式（TNT 模式）。

(2)依據意外後果迴歸的模式（TNO 模式）。

(3)理想氣體動態模式（例如音波模式）。

炸藥當量模式〔23〕是將氣雲的爆炸威力，以產生相同威力的三硝化甲苯（TNT）炸藥質量表示，基本上是一種實驗性的模式，並不具任何理論的基礎：

$$W = \frac{\eta M E_c}{E_{CTNT}} \qquad\qquad (5-31)$$

其中，W＝三硝化甲苯當量（kg）

M＝易燃性物質的排放總量（kg）

η＝爆炸係數（0.01～0.1）

E_c＝物質的低燃燒熱值（kj/kg）

E_{CTNT}＝三硝化甲苯的燃燒熱（4437～4765kj/kg）

對稱氣雲爆炸係數的上限約爲0.2，不規格氣雲的爆炸係數可能高達0.4左右。

爆炸產生的震波過壓（Overpressure）可以由（**圖5-24**）求出，（**圖5-24**）中的橫作標爲比例距離（Z），它是距離震央（爆炸中心）的長度除以三硝化甲苯炸藥當量的1/3次方（$Z = r/w^{\frac{1}{3}}$），比例距離的單位爲公尺（m）。

根據有限的意外及實驗的數據，氣雲爆炸產生的初期震波的曲線與三硝化甲苯（TNT）炸藥有其不同之處，但是在一段距離外則相差不遠（**圖5-25**）。兩者的震波停留時間亦不相同，非局限氣雲爆炸的停留時

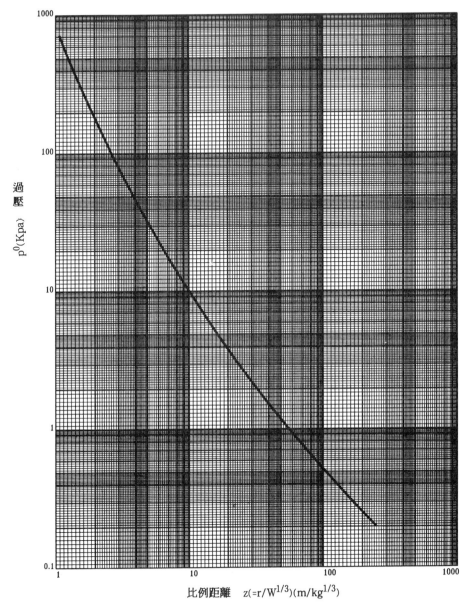

過壓 p^0(Kpa)

比例距離　$z(=r/W^{1/3})(m/kg^{1/3})$

圖5－24　三硝化甲苯（TNT）炸藥爆炸後所產生的過壓曲線

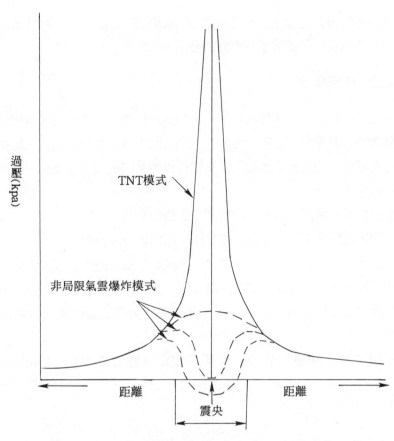

圖5－25　TNT 模式與非局限氣雲爆炸的過壓比較〔34〕

間遠較炸藥長。雖然氣雲爆炸與炸藥爆炸完全不同，炸藥當量模式卻是最普遍使用的模式，使用者必須了解炸藥當量模式高估氣雲籠罩範圍內的威力，但可準確預測距離較遠的地點所受的影響。

　　TNO 的迴歸模式〔24〕，是荷蘭的 TNO 組織的威克瑪氏（ *B. J. Wiekema* ）應用以往氣雲爆炸事件的數據，直接迴歸而得的模式，此模式假設爆炸威力是排放質量的乘方，它可以預算四種過壓——損失程度的距離，理想氣體的動態模式不在此介紹，讀者可參閱參考文獻〔25〕。閃火模式尚未完全建立，艾森相格氏〔26〕曾經討論過一種，以史提芬——布茲曼公式（ Stefan-Boltzman equation ）爲基礎的熱輻射效應模式，此模式

最主要的變數為火焰溫度，但是由於氣雲的火焰變化很大，而且難以預測，因此此模式往往低估了受影響的範圍。

5.2.4.2 物理爆炸

化工廠內最主要的物理爆炸的例子為高壓氣體容器的破裂，容器破裂後，釋放出大量能量，會產生震波，並且可將容器碎片彈射出去，如果容器內含有易燃性物質，排放的氣體點燃後會產生閃火及氣雲爆炸。壓力容器破裂的原因如下：

(1)內部壓力過高，而壓力疏解閥或防爆盤失常。

(2)容器殼壁受腐蝕、侵蝕、或化學作用的影響而薄化。

(3)容器殼壁張力因過熱、材質缺陷、或化學物侵蝕的影響而降低。

氣體儲槽的破裂會產生震波，溫度高於常壓沸點的液體於破裂後，部分液體會立即揮發膨脹，產生震波，溫度低於沸點的液體則流出或被彈出，形成液雨。

假設氣體為理想的氣體，而氣體的膨脹為恆溫膨脹（Isothermal Expansion），則容器的破裂所產生的爆炸威力可以用下列公式表示之〔26〕：

$$W = 17.4 \times 10^{-6} V\,(\,P_1/P_0\,)\,(\,T/T_0\,)\,Ln\,(\,P_1/P_2\,) \qquad (5-32)$$

其中，W ＝與三硝化甲苯（TNT）威力相當的質量

　　　　V ＝壓力氣體的體積（m^3）

　　　　P_1 ＝壓力容器破裂前的絕對壓力（N/m^2）

　　　　P_2 ＝破裂後氣體膨脹的絕對壓力（N/m^2）

　　　　P_0 ＝標準狀況下的壓力＝101.3 N/m^2

　　　　T_1 ＝壓力氣體溫度（°K）

　　　　T_0 ＝標準狀況溫度＝273.16°K

　　　　R ＝氣體常數＝4.622 kj/kg.mole

17.4×10^{-6} ＝轉換係數（假設1公斤 TNT 產生4,652kj 能量）

物理爆炸後產生的震波與 TNT 炸藥所產生的震波亦不相同，因此公

式（5-32）不適用於近距離的預測。

容器外表的壓力〔27〕為：

$$P_b = P_s \{ 1 - [3.5 (\gamma - 1) (P_s - 1)] / \\ [(\gamma T/M) (1 + 5.9 P_s)]^{0.5} \}^{-2\gamma/(\gamma - 1)} \qquad (5-33)$$

其中，P_s = 爆炸時容器表面絕對壓力（N/m^2）

P_b = 爆炸時容器內部絕對壓力（N/m^2）

γ = 定壓比熱與定容比熱比例（C_p/C_v）

T = 氣體絕對溫度（°K）

M = 氣體分子量（g/g-mole）

由於公式（5-33）中，P_b 為已知，而 P_s 未知，因此必須先假設 P_s 值，然後代入公式中，逐次以試驗及錯誤方式求出。

5.2.4.3 沸騰液體膨脹蒸氣爆炸

儲存過熱液體或液化氣體的桶、槽突然破裂，液體迅速氣化、膨脹所產生的爆炸為沸騰液體膨脹蒸氣爆炸（Boiling Liquid Expansion Gas Explosion，簡稱 BLEVE），此類狀況通常發生於火災時，由於火焰噴至容器液面以上的外殼而造成容器材質的脆化及破裂。此類的爆炸與物理爆炸不同，由於容器的壓力並未超過設計的最高操作壓力，因此壓力疏解閥並未開啟，無法釋出安全容器內的能量。一般液化石油氣儲槽的設計壓力為1,725 kpa（N/m^2），儲槽殼壁的安全係數為4左右，內部壓力必須高達6,900 kpa（4×1,725 kpa）時，才會破裂，然而如果儲槽上部蒸氣空間外殼遇火時，溫度在短時間內增至650℃以上，材質在高溫下脆化，僅需2,100～2,800 kpa（300～400 psig）的壓力即會破裂。

容器破裂後過熱的液體會立即氣化，體積膨脹200倍以上，足以產生震波，並可將容器震裂。如果排放易燃性液體時，則會產生大火球。

估算 BLEVE 損失時，首先應決定壓力影響爆炸所產生的碎片，然後決定排放的物質是否易於燃燒，如果釋發大量液體時，則應考慮火球的形

成及火球造成的熱輻射影響，爆炸壓力及威力的估算與物理爆炸相同，可以使用公式（5－32）及（5－33）。

荷頓及瑞夫二氏分析液化石油氣（LPG）儲槽爆炸數據時，發現約有80％以上的碎片分佈在300公尺半徑之內，碎片數目與儲槽（容器）體積成正比〔28〕：

$$碎片數 = -3.77 + 0.0096V \qquad\qquad (5-34)$$

公式（5－34）中，V＝儲槽體積（m^3），至於其適用範圍則為300～2,500m^3。

有關火球的估算如下：

$$D_{max} = 火球最大直徑（m）= 6.48M^{0.325} \qquad (5-35)$$
$$t_{BLEVE} = 火球燃燒時間（s）= 0.825M^{0.26} \qquad (5-36)$$
$$H_{BLEVE} = 火球中間高度 = 0.75D_{max} \qquad (5-37)$$
$$D_{initial} = 初期地面上半球直徑（m）= 1.3D_{max} \qquad (5-38)$$

上列公式中的 M 為易燃性液體的質量（kg）。

一個物體所接受的熱輻射量（假設此物體為全黑物體）則為：

$$Q_R = \tau E F_{21} \qquad\qquad (5-39)$$

其中，Q_R ＝熱輻射量（kw/m^2）

$\qquad \tau$ ＝傳遞係數 ＝ $2.02（P_w X）^{-0.09}$ $\qquad$ （5－40）

$\qquad P_w$ ＝空氣中水的分壓（N/m^2 或 P_a）

$\qquad X$ ＝火球表面至物體的距離（M）

$\qquad E$ ＝表面輻射量（kw/m^2）＝ $\dfrac{F_{rad}MH_c}{\pi（D_{max}^2）t_{BLEVE}}$ $\quad$（5－41）

$\qquad H_c$ ＝燃燒熱（kj/kg）

$\qquad F_{rad}$ ＝輻射分數（0.24～0.4〔29〕）

$$F_{21} = 相對表面視角因數 = \frac{D^2}{4r^2} \qquad (5-42)$$

液化石油氣爆炸所可能造成的死亡半徑可由下列公式〔30〕估算出：

$$r_{50} = 38.9M^{0.432} \qquad (5-43)$$

其中，r_{50}＝50％死亡率的危害半徑（m）

M＝液化石油氣質量（公噸）

5.2.4.4 局限爆炸

局限爆炸是指桶、槽反應器、蒸餾塔等容器及房屋、廠房等建築物內由於反應失控、燃燒、熱分解等原因所產生的爆炸。爆炸的方法為突燃（Deflagration）、爆震（Detonation）及塵爆。

突燃

易燃性氣體迅速著火燃燒，會產生突燃現象，突燃後，其壓力的上升可由下列公式〔31〕求出：

$$E = \frac{P_{2(max)}}{P_1} = \frac{N_2 T_2}{N_1 T_1} = \frac{M_1 T_2}{M_2 T_1} \qquad (5-44)$$

其中，E＝最高壓力上升比

M＝氣體分子量（kg/k－mole）

N＝氣態中分子數

T＝氣體的絕對溫度（°K）

P＝氣體的絕對壓力（kpa 或 Nm²）

max＝最大值

1＝開始狀態

2＝最終狀態

一般碳氫化合物與空氣的混合物突燃後，壓力會增加至8倍左右，與純氧氣的混合物，則可能高達16倍。

$$P_2 = KP_1 \frac{S_u^3 t^3}{V} + P_1 \qquad\qquad (5-45)$$

其中，S_u＝基本燃燒速率

K＝係數＝$\frac{3}{4}\pi E^2 (E-1) \gamma_u$

γ_u＝未燃燒氣體的定壓比熱與定容比熱的比例

V＝容器體積（m^3）

爆震

　　氫氣、乙炔、乙烯、丙酮、甲烷、甲醇、苯、環己烷等化合物與空氣混合後，燃燒可能會造成爆震現象，火焰蔓延速度超過音速，產生音爆，壓力可能增至20倍以上。

塵爆

　　塵爆壓力可使用美國國家消防協會（NAFA）所建議的史威福特及依卜斯坦公式（Swift & Epstein Equation）估算，請參閱《化工製程安全設計》（第二章）公式（2-26）。

5.2.4.5　池火及噴射火焰

　　易燃性液體潑灑後形成的小池塘，如果著火，會形成一團亂流火焰，而壓力容器排放的氣/液體著火，則會形成噴射火焰，它們的影響為局部性，僅限於失火周圍的空間。為了避免火勢的蔓延及熱輻射的影響，安全距離及空間的估算是設計安全設施最主要的工作。

池火模式

　　池火模式已經相當成熟，它包括下列項目的計算：

(1)燃燒速率。

(2)液池大小。

(3)火焰高度。

(4)火焰表面輻射熱。

(5)幾何視角因數。

(6)大氣傳遞係數。

(7)所接受的熱流量。

為了簡化計算步驟，必須先作下列的假設：

(1)液池為圓形。

(2)僅考慮地面上的影響。

(3)周圍溫度為20℃。

(4)不考慮大氣所吸收的熱輻射。

(5)不考慮風對於火焰的影響。

以下就上述各項項目的計算逐一說明如下：

(1)燃燒速度

燃燒速率與燃料（液體）的特性如燃燒熱、蒸發熱、蒸氣壓有關，由於正常沸點（Normal Boiling Point）是迴歸上列熱值的單一特性，因此可以使用正常沸點迴歸物質的燃燒速率〔32〕。燃燒速度通常以單位時間內液面降低的長度（m/s）表示：

$$Y = \frac{92.6\exp\left[-(0.0049T_B)\right]M_w}{\rho} \times \frac{10^{-7}}{6} \qquad (5-46)$$

其中，Y＝燃燒速率（m/s）

M$_w$＝分子量（kg/kmole）

ρ＝液體比重

T$_B$＝液體的正常沸點（華氏度數，℉）

(2)液池半徑

液池的大小視潑灑方式（連續性、瞬間或定時性）而異，以連續性的潑灑而論，由於液體會不停的流動，液池體積一直增加，一直到燃燒速率（單位時間的液體燃燒）等於液體潑灑速率為止，此時的平衡直徑為：

$$D_{eq} = 2\sqrt{\frac{V}{\pi y}} \qquad (5-47)$$

其中，D$_{eq}$＝平衡時液池的直徑（m）

V＝液體體積潑灑速率（m³/s）

y＝液體燃燒速率（m/s）

假設液池流動的阻力為零時，液池到達平衡的時間（t_{eq}）則為：

$$t_{eq} = 0.949 \times \frac{D_{eq}}{(gyD_{eq})^{\frac{1}{3}}} \qquad (5-48)$$

公式（5－48）中，g 為有效重力係數，如果液體直接潑灑至地面上，則 g 為重力常數（＝$9.81m/s^2$）。

平衡直徑並不等於最大直徑，因為潑灑的液體仍會不停的流動，向外擴張，最大直徑是平衡直徑的 T_2倍。

如果在 t_{eq}到達之前，潑灑即停止時，最大直徑為：

$$D_{max} = \left[\frac{4}{3} + \left(\frac{D_s}{D_{ch}}\right)^4\right]^{\frac{1}{4}} D_{ch} \qquad (5-49)$$

其中，D_s＝潑灑停止時的液池的直徑（m）

$\qquad V_s$＝潑灑停止時的液池體積（m^3）

$$D_{ch} = 1.65 \left(\frac{V_s^3 g}{y^2}\right)^{\frac{1}{8}} \qquad (5-49a)$$

到達最大直徑的時間（t_{max}）則為：

$$t_{max} = 0.6966 \left(\frac{V_s}{gy^2}\right)^{\frac{1}{4}} \left[1 + \frac{3}{4}\left(\frac{D_s}{D_{ch}}\right)^4\right]^{\frac{1}{6}} + t_s \qquad (5-50)$$

其中，t_s＝潑灑時間（s）

一般工廠中，碳氫化合物液體潑灑至地面後，其散佈速度一定會受地面的阻力影響，如果考慮阻力影響，則最大直徑（D_{max}）僅為平衡直徑（D_{eq}）的1.254倍，而到達最大直徑的時間（t_{max}）為：

$$t_{max} = 0.897 \left(\frac{D_{eq}^3 C_d}{y^2 g}\right)^{\frac{1}{4}} \qquad (5-51)$$

公式（5－51）中，C_d 為地面摩擦阻力；至於時間或定時性潑灑的液池半徑計算請參閱參考文獻〔32〕。

(3)火焰高度

火焰高度與火池直徑可由下列公式〔32〕求得：

$$\frac{H}{D} = 42 \left(\frac{M_b}{\rho_a \sqrt{gD}} \right)^{0.61}$$
(5－52)

其中，H＝火焰高度（m）

　　　D＝火池半徑（m）

　　　M_b＝質量燃燒速率＝$\rho_L Y$（kg/m^2·s）　　　（5－52a）

　　　ρ_a＝周圍環境的空氣密度（常溫下為1.2kg/m^3）

　　　ρ_L＝液體密度（kg/m^3）

　　　H/D＝比例大約在2至3之間

(4)表面輻射熱流

表面輻射熱能〔32〕可由下列公式求得：

$$E_p = 0.563T + 107$$
(5－53)

其中，E_p＝表面輻射熱流（kw/m^2）

　　　T_B＝正常沸點（℃）

液化石油氣及液化天然氣火池所放出的熱流可高達250kw/m^2，一般碳氫化合物的輻射熱流為110～170kw/m^2。正常沸點超過攝氏零度以上的物質燃燒時，因產生黑煙而阻擋熱流的輻射，其熱流僅僅20～60kw/m^2。

(5)表面幾何視角因數

假設火池火焰形成一個垂直的火筒，接受輻射熱的物體的表面視角因數為：

$$F = 1.143 \left(\frac{R_p}{X} \right)^{1.757}$$
(5－54)

其中，F＝視角因數

　　　R_p＝火池半徑（m）

X＝火焰中心至接受物的距離（m）

(6)所接受的熱流量

火池周圍物體所接受的熱流量為：

$$Q_x = \tau E_p F \qquad (5-55)$$

其中，Q_x＝距離火焰中心×物體所接受的熱流量（kw/m^2）

τ＝大氣傳遞係數〔公式（5-39a）〕

F＝視角因數

人體所接受的輻射熱流超過$5kw/m^2$時，會被灼傷，超過$10kw/m^2$時，即可能造成死亡，火池的灼傷及致命距離分別為：

$$X_{05}（灼傷距離）= 0.3\frac{R_p}{0.3048}E_p^{0.57} \qquad (5-56)$$

$$X_{10}（致命距離）= 0.43\frac{R_p}{0.3048}E_p^{0.57} \qquad (5-57)$$

噴射火焰模式

噴射火焰的長度為：

$$L_j = D_j\left(\frac{1050}{C_{ce}}\right) \wedge \overline{\frac{M_a}{M_f}} \qquad (5-58)$$

其中，L_j＝噴射火焰長度（m）

D_j＝火焰直徑（m）

C_{cl}＝燃料著火下限濃度（體積百分比）

M_a＝空氣分子量

M_f＝燃料分子量

上列模式假設噴射火焰的長度與燃料流量無關，亦未考慮風及噴火的方向（重點，平面或斜向）影響。

液化石油氣的噴射火焰可由下列模式表示：

$$L_j = 9.1m^{0.5} \qquad\qquad (5-59)$$

$$W_j = 0.25L \qquad\qquad (5-60)$$

$$r_{f,5\%} = 1.9t^{0.4}m^{0.47} \qquad\qquad (5-61)$$

其中，L_j ＝火焰長度（m）

　　　W_j ＝噴射火焰尖端角錐部分的半徑（m）

　　　m ＝液化石油氣流量（kg/s）（1＜m＜3,000 kg/s）

　　　$r_{f,50\%}$ ＝50％致命距離（m）

　　　t ＝接觸時間（s，10＜t＜300s）

5.2.5　影響模式

　　影響模式是估算意外事件發生後，所引發的爆炸、火災、危害物質散佈等狀況，對周圍環境內的人員及財產所造成的影響，最普遍估算影響的方法爲使用影響模式，影響模式是依據過去經驗或實驗數據，以預測人員傷亡或財產損失的模式。

　　化學災變所造成的影響不外是下列三類：

　　⑴熱輻射（火災）。

　　⑵爆炸。

　　⑶毒性物質排放。

　　因此，此處僅介紹估算此三類影響模式及方法。

5.2.5.1　熱輻射影響模式

　　熱輻射影響模式普遍應用於化學工廠的設計與計量風險評估，其目的爲估算化工程序或災變發生時所放出的輻射熱對於附近人員及物體可能造成的傷亡及損害。由於熱輻射的實驗數據衆多，影響評估的正確度較高。進行影響分析時可使用下列兩種方式之一種：

　　⑴依據皮膚燒傷的生理反應所導出的模式。

　　⑵依據實驗數據所導出的簡單圖表。

　　美國石油協會出版的APIRP521〔38〕中，簡單討論熱輻射對於人

表5－9　曝照後皮膚感受痛楚的反應時間〔38〕

輻射強度		時間
（kw/m²）	（BTU/h·ft²）	（秒）
1.74	500	60
2.33	740	40
2.90	920	30
4.73	1,500	16
6.94	2,200	9
9.46	3,000	6
11.67	3,700	4
19.87	6,300	2

註：夏天日光輻射強度約1kw/m²（320 BTU/h·ft²）。

表5－10　美國石油研究院建議的火炬輻射熱程度設計標準〔38〕

許可設計強度		條件
kw/m²	BTU/h·ft²	
15.77	5,000	在無人工作的建築物或設備所接受的強度下，工作人員必須躲入遮體之後
9.46	3,000	人員曝照時間僅限數秒鐘，必須具備疏散途徑
6.31	2,000	人員曝照時間可達1分鐘
4.73	1,500	人員曝照時間達數分鐘
1.58	500	不具任何危險

表5－11　熱輻射影響〔39〕

輻射強度		影響
kw/m²	BTU/h·ft²	
37.5	11,886	足以造成製程設備的損壞
25	7,924	足以造成木材著火
12.5	3,962	造成導燃木材著火及塑膠管熔化的下限
9.5	3,011	8秒後，皮膚感受痛楚，20秒後產生次級灼傷
4	1,268	20秒後，會感受疼痛
1.6	507	長期曝照，不致造成不舒服現象

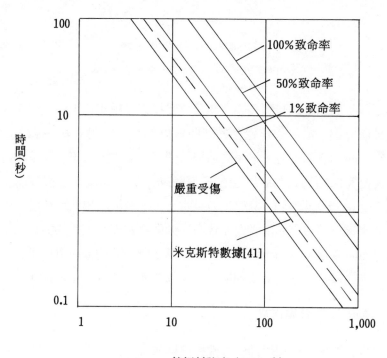

圖5－26　熱輻射強度所造成的傷亡〔40〕

類的影響，皮膚感受痛楚的時間與輻射熱的強度成反比（**表5－9**）。依據
（**表5－9**）所列的數據，美國石油協會建議熱輻射設計標準，以提供設計
火炬（俗稱燃燒塔）的高度以及安全距離的參考（**表5－10**），另外世界
銀行〔39〕亦公佈不同程度下熱輻射的影響，作為一般設計參考（**表
5－11**）。摩丹氏（*K.S. Mudan*）綜合死亡、初級及次級燒傷的數據而繪
成的圖表（**圖5－26**），亦可作為設計的依據。機率單位函數亦可應用於
閃火、火池及熱輻射的傷亡評估，見（第二章）及其（**表2－3**）。

5.2.5.2　爆炸影響模式

爆炸影響模式可以預測爆炸所產生的過壓及拋射物對於爆炸現場附近
人員及物體所造成的衝擊及影響，（**表5－12**）列出不同強度的爆炸過壓
所產生的後果。對於一般住宅區內的房屋，過壓超過2.1千巴斯噶（0.3磅
/平方英吋）時，約10%的玻璃窗即會破裂，壓力愈高，損失愈大：

　　　　　0.49kpa（0.7psig）　　　玻璃窗破碎

10.5kpa（1.5psig）　　　房屋受損

35kpa（5psig）　　　　房屋嚴重破壞

　　爆炸所產生的過壓的時間長短與建築物受損程度成正比，時間愈短，所遭受的破壞愈小，由於爆炸過壓的時間難以估計，使用（**表5－12**）所列的損失後果時，必須小心，以免高估損失情況。爆炸附近不在建築物之內，或不受掩體保護的人員會因過壓、彈射或受到爆炸拋射物撞擊而受傷，過壓超過105千巴斯噶（15磅/平方英吋），人會因肺出血而死亡，人體受爆炸彈出後，往往因頭部受傷而致命，拋射物體撞擊人體的能量超過100焦耳（Joules）以上，即會致命。（第二章）所介紹的機率單位函數可用來估算爆炸、撞擊過壓所造成的損失、受傷或死亡機率（見**表2－3**）。

5.2.5.3　毒性物質影響模式

　　毒性物質影響模式是用以評估毒性物質排放後，對於人類健康所產生的影響，首先必須預測或計算曝露範圍內，毒性物質的濃度及範圍內人體曝露的時間，然後依據物質的毒性及濃度，判斷其對於健康的影響，毒性氣體的濃度可以應用氣雲擴散模式估算，（第二章）中所介紹的不同組織公布的毒性物質恕限值，許可限值，立即危險限值以及緊急應變計劃準則（ERPG－1，ERPG－2與ERPG－3）可以作為初步評估的參考，使用時，必須請教專家以免誤用。機率單位函數（第二章）可以用以估算致命百分比，也可使用美國新澤西州環保局發表的 TXDX 方法〔43〕及劇烈毒性濃度值估算。

5.2.6　套裝電腦程式

　　多種包括散佈模式及影響分析模式的套裝電腦程式已經發展出來，可供分析者使用，有些程式甚至提供失誤頻率及機率的數據，並且可以進行風險分析，有些程式則僅含影響分析的模式而無法進行風險分析，（**表5－13**）列出常用的套裝程式，以供參考。

表5-12　爆炸過壓所造成的影響〔41〕

過壓（kpa）	損害
0.14	擾人噪音
0.21	震破少數脆弱的大玻璃窗
0.28	音爆造成部分玻璃破碎
0.7	震破脆弱的小玻璃窗
1.05	可能震破普通玻璃窗的壓力
2.1	10％玻璃窗破碎，天花板部分受損
2.8	建築物結構輕微受損
3.5～7	大小玻璃窗破裂，窗框偶而受損
4.9	建築物結構受損
7	房屋部分倒塌，無法居住
7.0～14	牆壁倒塌，鋁及鋼板傾斜
9.1	鋼架略為傾斜
14	部分牆壁及屋頂倒塌
14～21	水泥地/牆破裂
16.1	建築物嚴重損害的低限
17.5	磚房的50％損壞
21	廠房內重設備（1.5公噸）輕微受損，鋼結構傾斜
21～28	無樑架式鋼板建築物倒塌，油槽破裂
35	木製電桿折斷
35～49	整個房屋毀壞
49	滿載火車貨廂翻倒
49～64	20公分～30公分厚的磚牆傾倒
63	滿載火車貨廂完全毀壞
70	建築物完全摧毀，3.5公噸機械設備被移動，嚴重受損
2,100	產生彈坑

表5-13　常用的影響分析的套裝電腦程式

名稱	用途及內容	電腦	發展者
Vulnerability Model	化學物及液化氣體的運輸影響分析，包含排放、散佈、失火及爆炸模式	大型電腦主機	N.A. Eisenberg 美國海岸防衛隊
TNO 黃鳥模式	包含各種不同影響分析模式	無	荷蘭 TNO 組織
WHAZAN	包含各種不同影響分析模式	IBM-PC	技術公司（Technica Inc.）
SAFTI	綜合性風險分析，包含各種影響分析程式	大型電腦主機	同上
CHEMS-PLUS	簡易散佈，火災及爆炸影響的估算	IBM-PC	A.D.Little 顧問公司
EAHAP	包含多種影響分析模式，為綜合性程式	IBM-PC	能量分析公司 (Energy Analyst, Inc.)
HASTE	毒性物質排放及散佈影響分析	IBM-PC	環境服務及研究公司（ENSR）
ARCHIE	綜合性風險評估套裝程式，含有失火、爆炸、危害源排放，散佈等模式	IBM-PC	美國緊急管理局（FMEA, USA）

5.3 風險分析

風險分析是組合意外發生的機率及其可能造成的影響，分析的過程可能必須整理及計算大量的數據及資訊，但是分析的結果往往僅是一個簡單的風險指數值，或是一個標示不同風險程度的地形圖，其目的在於提供一個明確的風險程度的指標，以作為決策的依據。由於每個意外所造成的財產損失與周圍設備的價值、新舊及種類有關，無法以標準的指數或指標表示，因此本節僅討論致命風險而不討論經濟損失的風險。

5.3.1 個人風險

個人的風險程度是指一個人在危害或可能發生意外的附近所接受的危險，包括人體的傷亡程度，受傷的頻率以及可能導致傷亡的接觸時間，個人風險的主要測量方法有下列幾種：

(1)個人風險等值線（Individual Risk Contour）：在地圖上標明的個人風險程度的分配的曲線，（**圖5－27**）顯示一個個人風險等值線圖，圖中三個同心的曲線分別代表10^{-6}次/年，10^{-7}次/年及10^{-8}次/年等三種個人死亡的頻率，凡在同一曲線上的頻率皆相等。

(2)最大個人風險：指個人所可能接觸或曝露的最大風險程度值，是指工廠中的工作人員而論。

(3)平均個人風險（接觸或曝露於風險的人）：為工廠中接觸或曝露於風險中的人的平均風險程度。

(4)平均個人風險（總人口）：指定範圍內，所有人的平均風險值。

(5)平均個人風險（接觸時間或工作時間）：平均個人風險的計算可以用風險接觸時間為基準或以總工作時間為基準計算。

計算一個定點的個人風險時，通常將每一種可能發生的影響都考慮在內，因此個人風險為該定點所有個別風險的總和〔33〕：

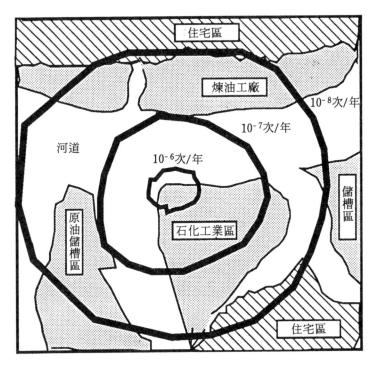

圖5－27　個人風險等值線圖

$$IR(x,y) = \sum_{i=1}^{n} IR_i(x,y) \qquad (5-62)$$

其中，IR（x,y）＝在 x，y 定點坐標上致命風險的總和（次/年）

　　　　IRi（x,y）＝x，y 坐標上，第 i 種意外後果狀況的致命風險
　　　　　　　　　（次/年）

　　　　n＝所考慮的意外後果狀況數目

每種意外後果狀況發生的頻率〔IR_i（x,y）〕則為：

$$IR_i(x,y) = f_i \times P_{f,i} \qquad (5-63)$$

其中，f_i＝第 i 項意外後果狀況發生的頻率

　　　　$P_{f,i}$＝i 項意外後果狀況可能致命的機率

意外結果發生的頻率（f_i）為：

$$f_i = \sum_{I=1}^{N} F_I \sum_{J=1}^{M} P_J P_{J,i} \qquad\qquad (5-64)$$

其中，F_I＝造成 i 項意外結果狀況的 I 項意外的頻率（次/年）

　　　　N＝意外事件數目

　　　　P_J＝I 項事件發生後，發生 J 項意外後果的機率

　　　　$P_{J,i}$＝J 項意外後果發生後產生 i 項狀況的機率

　　　　M＝意外後果次數

公式（5-62）、（5-63）及（5-64）往往難以理解，因此以一個易燃物質儲槽的洩漏的例子來說明。可能造成易燃物質洩漏的意外事件為儲槽本身及輸入或輸出管線的破裂，這些意外事件發生的機率為 F_I，意外事件數目為 N。易燃物質洩漏後會產生沸騰液體膨脹蒸氣爆炸、閃火、非局限氣雲的爆炸、安全散失等幾種意外後果，其發生的機率為 P_J，每種意外後果發生後由於風速、風向、地形的限制，會產生不同的散佈狀況，J 項意外後果發生後再形成此類意外後果狀況的機率為 $P_{J,i}$；每種意外後果狀況發生的總頻率則為 f_i（ ＝$\Sigma F_I \Sigma P_J P_{J,i}$），其致命的機率為 $P_{f,i}$。不同地點的個人風險求出後即可畫出等值線圖，由於計算程序複雜，最好使用電腦。（**圖5-28**）列出等值線計算步驟。

接觸範圍內的平均個人風險（IR_{AVG}）為：

$$IR_{AVG} = \Sigma IR\,(x,y)\,P_{x,y} / \underset{x,y}{\Sigma} P_{x,y} \qquad\qquad (5-65)$$

其中，IR（x,y）＝x,y 定點坐標的個人風險值

　　　　P x,y＝x,y 定點坐標上的人數

總人口的平均個人風險則為接觸範圍內的個人風險總和除以指定範圍（含接觸範圍內外地區）內的總人數。

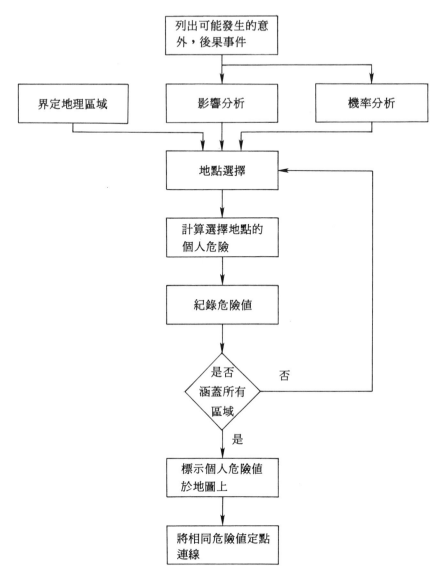

圖5－28 個人風險等值線計算步驟

5.3.2 社會風險

社會風險是指社會大眾所承受的風險程度，其觀念及表達方式是由核能工業首先發展出來的，最普遍使用的表達社會風險程度的圖表為頻率——死亡人數圖，它是意外累積值對意外影響（致命人數）的曲線，此曲線通常是繪在對數——對數圖（LOG－LOG）。（**圖5－29**）顯示一個液化石油氣工廠的頻率——死亡人數圖。

社會風險在計算前必須界定考慮的範圍及不同時間內人口分佈的狀況，（**圖5－30**）列出計算社會風險的主要步驟，基本上與個人風險的計算相同，首先計算意外後果影響致命的機率（$P_{f,i}$），然後計算死亡人數：

$$N_i = \sum_{x,y} P_{x,y} P_{f,i} \qquad\qquad （5-66）$$

其中，$N_i = i$ 項意外後果狀況所造成的死亡人數

$\qquad$ $P_{x,y} = x, y$ 在定點坐標上的人數

$\qquad$ $P_{f,i} =$ 意外後果狀況的致命機率

致命的累積頻率為所有意外後果狀況頻率的總和：

$$F_N = \sum_{i=1}^{N} F_i \qquad\qquad （5-67）$$

其中，$F_N =$ 累積頻率

$\qquad$ $F_i = i$ 項意外後果狀況頻率

頻率——死亡人數圖即為 F_N 對 N_i 的曲線。

社會風險的計算非常費時，因為必須考慮每一種可能發生的意外及其後果所造成的影響，為了降低計算的複雜性及時間。通常依據經驗將廠區分成不同風險區，然後假設區內各點的風險程度相同，並且限制所需考慮的氣候、風向情況等。

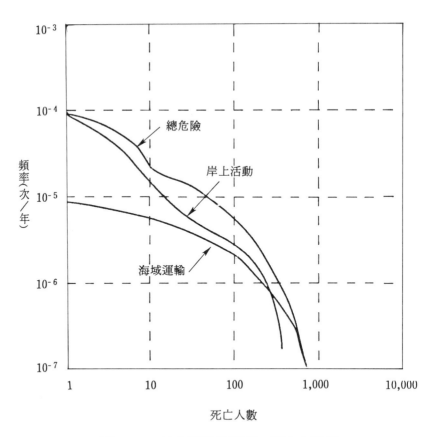

圖5－29　社會風險的頻率—死亡人數圖

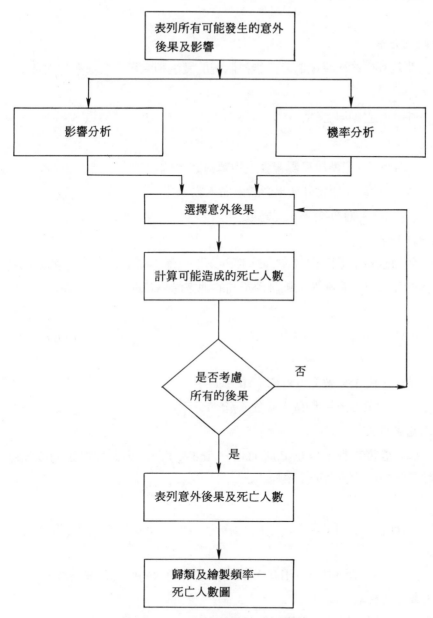

圖5-30　社會風險的計算步驟

5.3.3 風險指數

平均死亡率

平均死亡率,為所有意外後果狀況的發生頻率與致命機率的乘積:

$$平均死亡率 = \sum_{i=1}^{n} f_i N_i \qquad (5-68)$$

其中,f_i = 意外後果影響發生的頻率(次/年)

N_i = i 項意外後果影響致命人數

n = 意外後果狀況總數

致命意外率

致命意外率(Fatal Accident Rate)是一億小時(10^8小時)的接觸時間內的死亡率,它與個人風險值不同的地方僅為基準時間不同而已。

$$FAR = IR_{AVG} \left(1.14 \times 10^4 \right) \qquad (5-69)$$

其中,FAR = 致命意外率(10^8小時)

IR_{AVG} = 平均個人風險(/年)

個人危害指數

個人危害指數(Individual Hazard Index)為針對某種特定的危害源在接觸時間內的致命死亡率。

$$\left(IHI_i \right)_t = \left(FAR_i \right)_t \qquad (5-70)$$

公式(5-70)中,$\left(IHI_i \right)_t$ 為 t 接觸時間內的個人危害指數。

經濟或損失指數

經濟或損失指數亦可使用於個人或社會風險的計算方法中,只不過將致命機率換成造成一定價值的損失的機率而已。有關此類的計算請參考馬偈爾氏(*V. C. Marshall*)的著作:"Major Chemical Hazards"(Halsted

Press, New York, USA, 1987）〔34〕。

5.3.4 不準確度及敏感度

不準確度是估算風險評估結果中具代表性的平均數值的可信度，而敏感度則為風險評估所使用的參數數值或假設發生變化時，對分析結果所產生的影響。

造成不準確性的來源有三種〔44〕：

(1)模式：模式的適用性及適用範圍。

(2)數據及參數：數據的準確性及參數的涵蓋性。

(3)分析品質：分析的深度及完整性。

不準確度分析步驟如下〔44〕：

(1)評析數據的準確性及代表性。

(2)將數據的不準確度（誤差）代入分析過程中。

(3)將不準確度所造成的誤差加入分析結果之中。

(4)顯示及詮釋最終風險分析中的不準確度。

(5)決策中不準確度的處理。

決策時，宜採取保守的態度，也就是將風險分析中的誤差（不準確度）考慮為附加的風險。

5.3.5 電腦程式

主要的電腦程式為：

(1)SAFTI：由技術公司（Technica, Inc.）發展。

(2)EAPRA：由能源分析者公司（Energy Analyst, Inc.）所發展。

5.4 範例：己烷及庚烷蒸餾分離的風險評估

　　為協助讀者了解風險評估的實際作業，本節提供一個簡單的範例，本例取材自美國化工學會出版的" Guideline for Chemical Process Quantitative Risk Analysis "，由於己烷及庚烷為易燃性物質，洩漏後會產生火災及爆炸等後果。

5.4.1 製程說明

　　含58%（重量%）己烷及42%（重量%）庚烷的混合液體，由己烷蒸餾塔中間進入，含90%的己烷及10%庚烷的蒸氣由塔頂逸出，經冷凝器冷凝後由1號泵輸出，含90%庚烷，10%己烷液體則由塔底經2號泵浦輸出。蒸餾塔所需的熱能由180℃、810 kpa（g）高壓蒸汽提供，（**圖5－31**）顯示其流程圖。

　　進料流量、蒸餾塔及附屬設備操作條件如下：
　　(1)進料流量：16.7 kg/s（ ＝60,120 kg/h ）。
　　(2)90%己烷產品流量：10.0 kg/s（ 36,000 kg/h ）。
　　(3)90%庚烷產品流量：6.7 kg/s（ 24,120 kg/h ）。
　　(4)蒸餾塔操作壓力：810 kpa（g）（儀表壓力）。
　　(5)蒸餾塔操作溫度：塔頂130℃，塔底160℃。

　　己烷及庚烷的物理特性列於（**表5－14**）中，（**圖5－32(a)**）顯示蒸餾塔附近環境圖，塔外80公尺有一住宅區，居民約200人，住宅區約100公尺寬，200公尺長。（**圖5－32(b)**）為風向分佈圖，為了簡化計算起見，此處僅考慮最壞可能的情況，即每秒1.5公尺風速，穩定度為F。

　　風險分析的主要目的為估計住宅區內的風險程度，而不考慮廠內工作人員的風險。

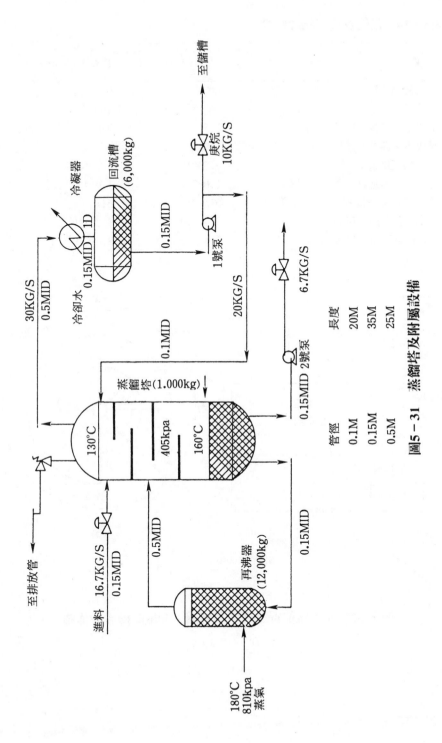

圖5-31　蒸餾塔及附屬設備

管徑	長度
0.1M	20M
0.15M	35M
0.5M	25M

表5-14 己烷及庚烷物理特性

特性	己烷（Hexane）	庚烷（Heptane）
正常沸點（℃）	69	99
分子量	86	100
著火上限濃度（體積%）	7.5	7.0
著火下限濃度（體積%）	1.2	1.0
燃燒熱（J/kg）	4.5×10^7	4.5×10^7
定壓比熱對定容比熱的比例（C_p/C_v）	1.063	1.054
正常沸點時液體密度（kg/m³）	615	614
沸點的蒸發熱（J/kg）	3.4×10^5	3.2×10^5
液體的熱容量（J/kg·°K）	2.4×10^3	2.8×10^3

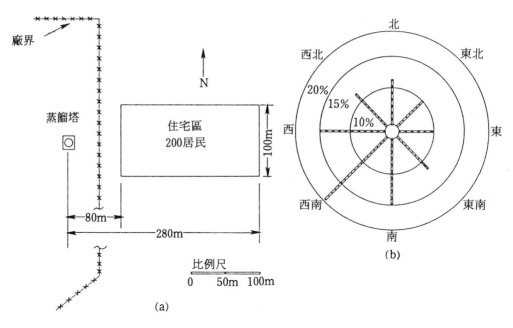

圖5-32 (a)工廠佈置及周圍環境圖；(b)風向機率分佈圖

5.4.2 意外事件的鑑定及選擇

為了簡化計算過程，此處僅考慮下列三種意外事件：

(1)蒸餾塔、再沸器、冷凝器、回流槽或主要管線的破裂。

(2)液體管線的破裂：液體排洩量等於一個0.15公尺（6英吋）管徑流量的20%。

(3)蒸氣管線的破裂：其排放量等於一個0.5公尺（20英吋）管徑流量的20%。

5.4.3 意外後果估算

5.4.3.1 危害源排放及散佈計算

意外事件一：主要設備破裂

說明如下：

(1)危害源排放

蒸餾塔、再沸器、冷凝器、回流槽等主要設備或主要管線破裂時，假設所有的物質會立即散失，由於壓力驟然喪失，部分液體會氣化。可使用公式（5-20）計算己烷及庚烷的瞬間揮發量約為0.43及0.51：

$$F_v = C_p \left(\frac{T - T_b}{H_{lg}} \right) \qquad (5-20)$$

F_v = 揮發分率

其中，C_p = 平均液體的熱容量（己烷2,400J/kg°K，庚烷2,800J/kg°K）

$\quad$ T = 操作溫度（塔頂己烷 T = 130℃，塔底庚烷160℃）

$\quad$ T_b = 常壓下沸點（己烷69℃；庚烷99℃）

$\quad$ H_{lg} = 沸點的蒸發熱（己烷3.4×10^5 J/kg，庚烷3.2×10^5 J/kg）

假設所有的物質皆會散失，則其總散失量為28,000kg，揮發分率為0.477：

蒸餾塔容量：10,000 kg（58%己烷，42%庚烷）
再沸器容量：6,000 kg（10%己烷，90%庚烷）
回流槽容量：12,000 kg（90%己烷，10%庚烷）
總量：28,000 kg（61.4%己烷，38.6%庚烷）
揮發分率：$0.614 \times 0.43 + 0.386 \times 0.51 = 0.46$

以上的計算假設所有己烷在130℃時揮發，而庚烷在160℃時揮發，實際上蒸餾塔內的溫度及濃度隨位置及高度而變化，此處計算為大略估計而已。

(2)散佈計算

揮發分率雖然僅為0.46，然而依據以往的研究結果，容器破裂後，壓力突然降低，容器內過熱液體會立即揮發，體積突然膨脹數十倍，可將所有未揮發的液體帶入空中，形成蒸氣與霧滴混合的氣雲。排放的己烷及庚烷蒸氣比重分別為空氣的2倍及2.3倍，霧滴的比重更高，其散佈宜使用重氣體散佈模式。散佈模式的輸入數據如後，為簡化計算，假設所有物質皆為己烷。

模式：頂帽式重氣體模式（Top Hat Model）〔35〕

電腦程式：WHAZAN

風向分配：見（**圖5－32(b)**）

風速：1.5 m/s（公尺/秒）

排放方式：瞬間排放

排放溫度：69℃（己烷的沸點）

排放物質：己烷

淡化比例：10

氣雲半徑：與氣雲高度相當

大氣穩定級：F

地表面粗糙參數：0.1m（公尺）

大氣溫度：20℃

表5－15　意外事件一：己烷瞬間排放產生的氣雲散佈

時間 （秒）	順風距離 （公尺）	蒸氣雲直徑 （公尺）	蒸氣雲高度 （公尺）	中心線濃度 （體積％）	蒸氣雲溫度 （凱氏溫度，°K）
0	0	32	32	7.8(註)	309
20	30	91	14	2.2	297
40	60	125	11	1.5	296
57	85	148	9.5	1.2	295

註：空氣淡化比例為10。

大氣濕度：80％

　　淡化比例為空氣與排放蒸氣及霧滴的體積比，氣雲形成時淡化比例約為10％左右，由於己烷與空氣混和後，溫度降低，而空氣溫度升高，因此混合後己烷的體積％僅為7.8％。

　　（表5－15）列出重氣體模式的計算結果，己烷的著火濃度下限為1.2％，因此蒸氣雲中己烷的濃度超過1.2％時，仍具著火的危險性，換句話說，排放57秒後，順風方向距離蒸餾塔85公尺處仍具嚴重的危險，由（圖5－32(a)）可知，位於塔東的住宅區距離蒸餾塔僅80公尺，如果西風吹起時，住宅區內的居民即會遭受火災的威脅。

意外事件二及三：管線穿孔而造成的蒸氣或液體的洩漏。

　　說明如下：

　　⑴危害源排放

　　部分高壓液體由小孔洩漏後，會立即揮發（與意外事件一相同），其餘液體會形成霧滴，而懸浮於空中。液體排放率可由公式（5－16）求出，假設洩漏孔徑為30公厘（30mm），則排放率約為9.6kg/s（公斤/秒）。意外事件三為蒸氣管線洩漏，假設洩漏小孔直徑為100公厘，則排放率為12.6kg/s（由公式（5－13）求出），由於兩種意外事件的洩漏都造成蒸氣雲，為了簡化計算，假設兩者排放率皆為其平均值（11kg/s），則其排放方式為連續式。

　　⑵散佈模式

　　與意外事件一相同，可使用重氣體散佈模式計算氣雲的散佈，（表5－16）顯示排放散佈結果，順風方向距蒸餾塔106公尺處以內地區的己烷

表5-16　意外事件二及三：己烷連續排放產生的氣雲散佈

時間 （秒）	順風距離 （公尺）	蒸氣雲直徑 （公尺）	蒸氣雲高度 （公尺）	中心線濃度 （體積％）	蒸氣雲溫度 （凱氏溫度，°K）
0	0	3.7	3.7	7.8(註)	309
20	30	24	1.8	2.4	297
40	60	38	1.6	1.7	296
60	90	50	1.5	1.4	295
71	106	56	1.5	1.2	294

註：假設空氣淡化比例為10。

濃度皆超過其著火下限（1.2體積％），如果西風吹起，住宅區的西部居民皆會受到火災或氣雲爆炸的威脅。

5.4.3.2　意外事件譜

　　三種意外事件發生後，會因為著火時間不同而產生不同的後果，可以使用事件譜來推演不同狀況，並計算其機率。以意外事件一為例，大量（28,000公斤）氣/液體瞬間排放，如果排放後立即著火，則會發生沸騰液體膨脹蒸氣爆炸狀況，如果等待一段時間後著火（延遲著火），則可能產生非局限氣雲爆炸或閃火，如果一直未遇火源，則逐漸為風吹散，散佈於大氣之中，而不會產生任何危害；意外事件二及三的排放為連續性排放，如立即著火，會形成噴射火焰，如延遲著火則會產生閃火現象，由於連續排放率僅11Kg/s，在排放71秒之後（**表5-16**），己烷濃度降至著火濃度下限（1.2％）時，所有的排放量僅781公斤，低於己烷或庚烷產生非局限氣雲爆炸的質量下限（約1公噸左右），因此毋須考慮非局限氣雲爆炸的發生。（**圖5-33**）及（**圖5-34**）分別列出意外事件在兩組不同風向下的事件譜。

　　其意外後果共有下列五項：

(1)後果一：沸騰液體膨脹蒸氣爆炸（BLEVE）。

(2)後果二：非局限性氣雲爆炸（UVCE）。

(3)後果三：閃火（瞬間）。

(4)後果四：噴射火焰。

(5)後果五：連續性閃火。

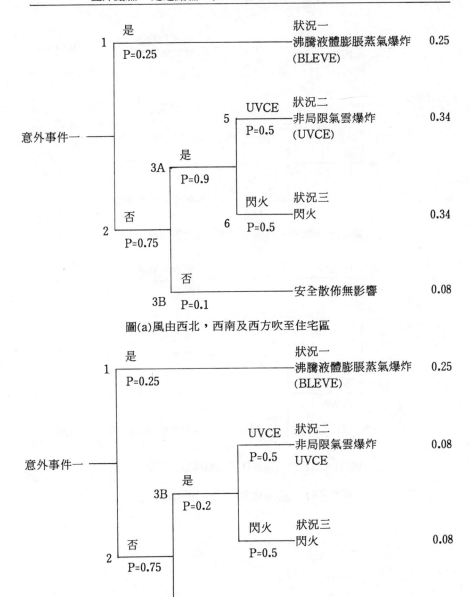

圖(a)風由西北，西南及西方吹至住宅區

圖(b)風由其他方向往住宅區相反方向吹出

圖5-33 意外事件一的事件譜

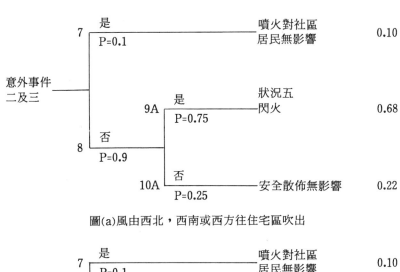

圖(a)風由西北，西南或西方往住宅區吹出

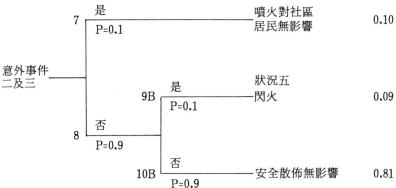

圖(b)風由其他方向往住宅區相反方向吹出

圖5-34　意外事件二及三的事件譜

5.4.3.3　後果的影響

後果一：沸騰液體膨脹蒸氣爆炸（BLEVE）

28,000公斤己烷排放後著火，液體迅速氣化膨脹爆炸，其影響可使用公式，（5–35）至（5–40）來加以計算：

(1)最大 BLEVE 直徑：$D_{max} = 6.48 \times M^{0.325} = 181$ m（公尺）

(2)BLEVE 時間：$t_{BLEVE} = 0.825 \times M^{0.26} = 12$ s（秒）

(3)BLEVE 中間高度：$H_{BLEVE} = 0.75 \times D_{max} = 136$ m（公尺）

在12秒接觸時間內，百分之五十致命的熱輻射能約75 kw/m²，下一步則為計算75 kw/m²的範圍。由公式（5–39）可知：

$$Q_R（熱輻射量）= \tau E F_{21} \qquad\qquad (5-39)$$

(1)τ 為傳進係數可由公式（5–40）求出：

$$\tau = 2.02\,(P_w X)^{-0.09}$$

(2)X 為火焰表面至熱輻射接受者之間的距離：

$$X（接觸半徑）=（H_{BLEVE}^2 + r^2）^{\frac{1}{2}} - 0.5D_{max} =（1.36^2 + r^2）^{\frac{1}{2}} - 90.5$$

X（接觸半徑）可簡化為：

$$X = 0.99\left[（1.36^2 + r^2）^{\frac{1}{2}} - 90.5\right]^{-0.09}$$

(3)r 為危害源（蒸餾塔）至受害者（輻射接觸者）之間的距離。

(4)P_w 為周圍空氣的水蒸氣壓，約為2,820 N/m²（2.82 kpa）。

(5)F_{21}（表面視角因數）由公式（5–41）求出（假設 $D = D_{max}$）：

$$F_{21} = \frac{D_2}{4r^2} = \frac{8190}{r^2}$$

因之，表面放出的輻射熱流（E）為：

$$\therefore E \frac{F_{rad} . MH_c}{\pi（D_{max}^2）\,t_{BLEVE}} \qquad\qquad (5-41)$$

假設，F_{rad}（輻射分數）$= 0.25$

H_c（燃燒熱）$= 4.5 \times 10^7 J/kg$

則，$E = \dfrac{0.25 \times 28,000 \times 4.5 \times 10^7}{\pi (181)^2 \times 12} = 225$ kw/m

另外，熱輻射量（Q_R）可成為：

$Q_R = 0.99 \left[(1.36^2 + r^2)^{0.5} - 90.5 \right]^{0.09} \times \dfrac{8,190}{r^2} \times 225$

若將50％致命熱輻射量（$75 kw/m^2$）代入 Q_R 中，則可求出50％致命距離（r）：

$r_{50\%} = 135 m$

使用公式（5-43）亦可求出此項結果，下列（$r_{50\%}$）較之以上方法求出的數值多出29公尺：

$r_{50\%} = 38.9 M^{0.432} = 38.9 (28)^{0.432} = 164$ m

上式中 M 的單位為公噸。

由於住宅區西邊距離蒸餾塔僅80公尺，部分居民會有死亡的危險。

後果二：大量易燃己/庚烷瞬間排放，形成氣雲後著火（延遲著火）造成非局限氣雲爆炸

非局限性氣雲爆炸（UVCE）的威力可使用 TNT 模式公式〔（5-31）〕計算：

$$W = \eta M \dfrac{E_v}{E_{CTNT}} \tag{5-31}$$

其中，W＝三硝化甲苯（TNT）炸藥當量

M＝排放量＝28,000 kg

η＝爆炸係數＝0.1

E_c＝已燃燃燒熱＝4.6×10^6 J/kg

E_{CTNT}＝TNT 燃燒熱＝4.6×10^6 J/kg

$W = (0.1)(28,000) \dfrac{4.6 \times 10^7}{4.6 \times 10^6}$

$= 27,400$ kg

爆炸產生的過壓超過21kpa（3psi）以上，即可導致人死亡。

27,400公斤的 TNT 產生的過壓為21kpa（3psi）的半徑約239公尺，由（**表5-15**）可知，瞬間排放57秒後形成的氣雲，中心為順風方向距蒸餾塔85公尺處，其致命危害半徑可將整個住宅區包括在內。

後果三：瞬間排放後延遲著火，形成閃火

閃火形成後，範圍之內的居民會有致命危險，由（**表5-15**）可知，瞬間排放57秒後形成的氣雲，中心在順風方向距蒸餾塔85公尺處，氣雲半徑為148公尺，在此氣雲範圍之內居民即有生命危險。

後果四：連續性排放，立即著火，形成噴射火焰

使用公式（5-61），即液化石油氣噴火模式，可得50％致命半徑為37公尺。

$$r_{f.50\%} = 1.9t^{0.4}m^{0.47} \hspace{3cm} （5-61）$$

其中，$r_{f.50\%}$＝50％致命半徑（m）

t＝噴火時間（s）＝100s（假設值）

m＝排放流量（kg/s）＝11kg/s

因之，$r_{f.50\%} = 1.9（100）^{0.4}（11）^{0.47} = 37m$

住宅區距離蒸餾塔80公尺，因此居民並不受影響，此種情況不必考慮在內。

後果五：連續性排放，延遲著火，形成閃火

由（**表5-16**）可得知氣雲中心在蒸餾塔順風方向106公尺處時，其氣雲半徑為56公尺，噴火會形成一扇形，其長度為162公尺（106＋56），扇角為38℃（$\tan\frac{\theta}{2} = 56/162$），住宅區若在噴火範圍之內，則必須考慮此一情況。

表5-17 管線及蒸餾塔失敗頻率（註）

項目	失敗情況	失敗頻率
1.管線		
直徑小於50公厘者	完全破裂	8.8×10^{-7}(次/公尺、年)
	裂隙孔徑約管徑之20%	8.8×10^{-6}(次/公尺、年)
直徑在50至150公厘之間者	完全破裂	2.6×10^{-7}(次/公尺、年)
	裂隙約管徑之20%	5.3×10^{-6}(次/公尺、年)
直徑大於150公厘者	完全破裂	8.8×10^{-8}(次/公尺、年)
	裂隙約管徑之20%	2.6×10^{-6}(次/公尺、年)
2.蒸餾塔	嚴重洩漏	1×10^{-5}（次/年）
	殼壁破裂	6.5×10^{-6}（次/年）

註：本表所列數據為假設值，並非實際經驗值。

5.4.3.4 意外事件頻率計算

（表5-17）列出設備及管線失誤或失敗的頻率數據，這些數據皆為假設數據，並不具任何意義。

意外事件一

(1)主要設備（蒸餾塔或附屬設備）破裂頻率＝6.5×10^{-6}次/年。

(2)55公尺長，100公厘及150公厘管線破裂頻率＝長度×小管線破裂頻率＝$55\times2.6\times10^{-7}=1.4\times10^{-5}$次/年

(3)25公尺，500公厘管線破裂頻率＝$25\times2.2\times10^{-6}$次/年＝2.2×10^{-6}次/年

綜合上述各項，得其小計＝$6.5\times10^{-6}+7.4\times10^{-5}+2.2\times10^{-6}=2.3\times10^{-5}$次/年。

意外事件二及三

(1)55公尺長，100及150公厘直徑管線洩漏頻率＝$55\times5.3\times10^{-6}=2.9\times10^{-4}$次/年。

(2)25公尺長，500公厘直徑管線洩漏頻率＝$25\times2.6\times10^{-6}=6.5\times10^{-5}$次/年。

(3)蒸餾塔洩漏頻率＝1.0×10^{-5}次/年。

綜合上述各項，得其小計 $= 2.9 \times 10^{-4} + 6.5 \times 10^{-5} + 1.0 \times 10^{-5} = 3.7 \times 10^{-4}$ 次/年。

5.4.3.5　意外後果機率計算

意外後果在不同風向的機率，可由事件譜中求出，（**圖5-33**）及（**圖5-34**）顯示事件譜及機率。

5.4.3.6　不同風向產生的意外後果狀況頻率計算

由（**圖5-33**）及（**圖5-34**）可以看出風向不同時，其機率亦不同，因此不同風向產生的後果狀況的頻率亦不相同。（**表5-18**）列出不同後果狀況的頻率，其計算方式為：

意外後果發生的頻率＝意外事件發生的頻率×後果發生的機率

意外效果狀況發生的頻率＝意外後果發生的頻率×風向分配率

5.4.4　風險分析

5.4.4.1　個人風險

意外後果的影響範圍已在（5.4.3.3節）後果影響中討論，其結果如下：

⑴意外後果1（BLEVE）：以蒸餾塔為中心的圓，半徑為135公尺。

⑵意外後果2（UVCE）：以距離蒸餾塔85公尺為中心，半徑為239公尺的圓，中心位置視風向而定。

⑶意外後果3（瞬間閃火）：以距離蒸餾塔85公尺處為中心，半徑為148公尺的圓，中心位置隨風向而變。

⑷意外後果4（連續性噴火）：對住宅區無影響。

⑸意外後果5（連續性閃火）：162公尺長度的扇形，扇形半徑為56公尺，中心距蒸餾塔106公尺，中心位置隨風向而變。

（**圖5-35**）顯示西風吹起時不同後果的影響範圍，（**圖5-36**）則顯示各種不同風向下影響範圍的變化。（**表5-19**）列出蒸餾塔東方0-63公

尺之間在不同風向下的個人風險（致命頻率），（表5-20）僅列出0至324公尺之間的總個人風險值。（圖5-37）則顯示蒸餾塔東方的個人風險與距離的關係。

5.4.4.2 社會風險

首先考慮意外發生後所造成的死亡人數，爲了簡化計算，假設住宅區內的人口分佈平均，而且凡有影響範圍之內的人皆有致命的危險。

（表5-21）列出不同後果狀況下的致命人數；（表5-22）則以死亡人數多寡來排列，並列出累積頻率，分佈圖則顯示於（圖5-38）中。

5.4.5 結論

本範例目的僅爲顯示風險分析估算的過程，其中有下列幾個主要的缺點：

(1)低估蒸餾塔附近的危險：未考慮噴射火焰（影響半徑39公尺）的影響，而且忽視意外發生後，所造成鄰近設備或管線的洩漏或失火的影響。

(2)僅考慮兩種著火時間（立即著火及延遲著火）。

(3)僅考慮一種風速及穩定級。

(4)可能高估非局限性氣雲爆炸（UVCE）的影響，因爲此分析中使用TNT模式，而一般氣雲爆炸爲突燃，而非TNT式的爆震，而且影響範圍爲最大可能範圍（著火下限濃度）。

(5)爲求簡化計算步驟，而作了一些未必完全合理的假設。

表5-18　不同意外後果狀況的頻率（次/年）

意外事件	後果	意外事件發生的頻率(次/年)	後果發生的機率(註一)	後果發生的頻率(次/年)	風向 出	風向 至	風向分配率(註二)	後果發生後不同狀況的頻率(次/年)
一	1-BLEVE	2.3×10^{-5}	0.25	5.7×10^{-6}	–	–	–	5.7×10^{-6}
	2-UVCE	2.3×10^{-5}	0.34	7.8×10^{-6}	西南	東北	0.20	1.6×10^{-6}
			0.34	7.8×10^{-6}	西	東	0.15	1.2×10^{-6}
			0.34	7.8×10^{-6}	西北	東南	0.10	7.8×10^{-7}
			0.08	1.8×10^{-6}	北	南	0.10	1.8×10^{-7}
			0.08	1.8×10^{-6}	東北	西南	0.10	1.8×10^{-7}
			0.08	1.8×10^{-6}	東	西	0.10	1.8×10^{-7}
			0.08	1.8×10^{-6}	東南	西北	0.10	1.8×10^{-7}
			0.08	1.8×10^{-6}	南	北	0.15	2.8×10^{-7}
二	3-閃火	2.3×10^{-5}	0.34	7.8×10^{-6}	西南	東北	0.20	1.6×10^{-6}
			0.34	7.8×10^{-6}	西	東	0.15	1.2×10^{-6}
			0.34	7.8×10^{-6}	西北	東南	0.10	7.8×10^{-6}
			0.08	1.8×10^{-6}	北	南	0.10	1.8×10^{-7}
			0.08	1.8×10^{-6}	東北	西南	0.10	1.8×10^{-7}
			0.08	1.8×10^{-6}	東	西	0.10	1.8×10^{-7}
			0.08	1.8×10^{-6}	東南	西北	0.10	1.8×10^{-7}
			0.08	1.8×10^{-6}	南	北	0.15	2.8×10^{-7}
三	5-連續性閃火	3.7×10^{-4}/yr	0.68	2.5×10^{-4}	西南	東北	0.20	5.0×10^{-5}
			0.68	2.5×10^{-4}	西	東	0.15	3.8×10^{-5}
			0.68	2.5×10^{-4}	西北	東南	0.10	2.5×10^{-5}
			0.09	3.3×10^{-5}	北	南	0.10	3.3×10^{-6}
			0.09	3.3×10^{-5}	東北	西南	0.10	3.3×10^{-6}
			0.09	3.3×10^{-5}	東	西	0.10	3.3×10^{-6}
			0.09	3.3×10^{-5}	東南	西北	0.10	3.3×10^{-6}
			0.09	3.3×10^{-5}	南	北	0.15	5.0×10^{-6}

註一：圖5-29及5-30。

註二：圖5-28（b）。

表5-19　個人風險程度估計（蒸餾塔東方0-63公尺之間）

至蒸餾塔之間的距離(公尺)	意外後果	後果狀況	頻率(次/年)	頻率(次/年)小計
0-63	1	與風向無關	5.7×10^{-6}	5.7×10^{-6}
	2	西南至東北	1.6×10^{-6}	
		西至東	1.2×10^{-6}	
		西北至東南	7.8×10^{-7}	
		北至南	1.8×10^{-7}	
		東北至西南	1.8×10^{-7}	
		東至西	1.8×10^{-7}	
		東南至西北	1.8×10^{-7}	
		南至北	2.8×10^{-7}	4.6×10^{-6}
	3	與第二項相同		
	5	西南至東北	5.0×10^{-5}	
		西至東	3.8×10^{-5}	
		西北至東南	2.5×10^{-5}	1.1×10^{-4}

總頻率 $= 1.3 \times 10^{-4} yr^{-1}$

表5－20　蒸餾塔東方的個人風險估計

至蒸餾塔的距離 （公尺）	與東方的個人風險無關的狀況 （註）	頻率小計 （次/年）
0－63	閃火（連續性） 北至南 東北至西南 東至西 東南至西北 南至北	1.3×10^{-4}
63－70	閃火（瞬間） 東至西	1.3×10^{-4}
70－120	閃火（瞬間） 東南至西北 西北至東南	1.3×10^{-4}
120－127	閃火（瞬間） 南至北 北至南	1.3×10^{-4}
127－135	閃火（連續性） 西南至東北 西至東 西北至東南	1.4×10^{-5}
135－154	BLEVE	3.6×10^{-6}
154－170	UVCE 東至西	8.4×10^{-6}
170－190	UVCE 東北至西南 東南至西北	8.0×10^{-6}
190－233	閃火（瞬間） 西南至東北 西北至東南	5.6×10^{-6}
233－305	閃火（瞬間） 西至東 UVCE 南至北 北至南	4.0×10^{-6}
305－324	UVCE 西南至東北 西北至東南	1.2×10^{-6}
＞324	UVCE 西至東	0

註：BLEVE：沸騰液體膨脹蒸氣爆炸。
　　UVCE：非局限性氣雲爆炸。

表5－21　意外後果狀況致命估計〔1〕

意外後果狀況（註）	頻率（次/年）	死亡人數
1－BLEVE	5.7×10^{-6}	50
2－UVCE		
西南至東北	1.6×10^{-6}	200
西至東	1.2×10^{-6}	200
西北至東南	7.8×10^{-7}	200
北至南	1.8×10^{-7}	130
東北至西南	1.8×10^{-7}	90
東至西	1.8×10^{-7}	70
東南至西北	1.8×10^{-7}	90
南至北	2.8×10^{-7}	130
3－閃火（瞬間）		
西南至東風	1.6×10^{-6}	100
西至東	1.2×10^{-6}	150
東北至西南	7.8×10^{-7}	100
北至南	1.8×10^{-7}	40
東北至西南	1.8×10^{-7}	0
東至西	1.8×10^{-7}	0
東南至西北	1.8×10^{-7}	0
南至北	2.8×10^{-7}	40
5－閃火（連續性）		
西南至東北	5.0×10^{-5}	5
西至東	8.8×10^{-5}	40
西北至東南	2.5×10^{-5}	5

註：BLEVE：沸騰液體膨脹蒸氣爆炸。
　　UVCE：非局限氣雲爆炸。

表5-22 社會風險的估計〔1〕

死亡人數	意外後果狀況（註）	意外後果狀況發生頻率（次/年）	累積頻率（次/年）
200	2-UVCE 西南至東北	1.6×10^{-6}	
200	2-UVCE 西至東	1.2×10^{-6}	
200	2-UVCE 東北至西南	7.8×10^{-7}	3.6×10^{-6}
150	3-閃火（瞬間）西至東	1.2×10^{-6}	4.8×10^{-6}
130	2-UVCE 南至北	2.8×10^{-7}	
130	2-UVCE 北至南	1.8×10^{-7}	5.2×10^{-6}
100	3-閃火（瞬間）西南至東北	1.6×10^{-6}	
100	3-閃火（瞬間）西北至東南	7.8×10^{-6}	7.8×10^{-6}
90	2-UVCE 東北至西南	1.8×10^{-7}	
90	2-UVCE 東南至西北	1.8×10^{-7}	8.0×10^{-6}
70	2-UVCE 東至西	1.8×10^{-7}	8.2×10^{-6}
50	1-BLEVE	5.7×10^{-6}	1.4×10^{-5}
40	5-閃火（連續）西至東	3.8×10^{-5}	
40	3-閃火（瞬間）南至北	2.3×10^{-7}	
40	3-閃火（瞬間）北至南	1.8×10^{-7}	5.2×10^{-5}
5	5-閃火（連續）西南至東北	5.0×10^{-5}	
5	5-閃火（連續）西北至東南	2.5×10^{-5}	1.3×10^{-4}

註：BLEVE：沸騰液體膨脹蒸氣爆炸。
　　UVCE：非局限性氣雲爆炸。

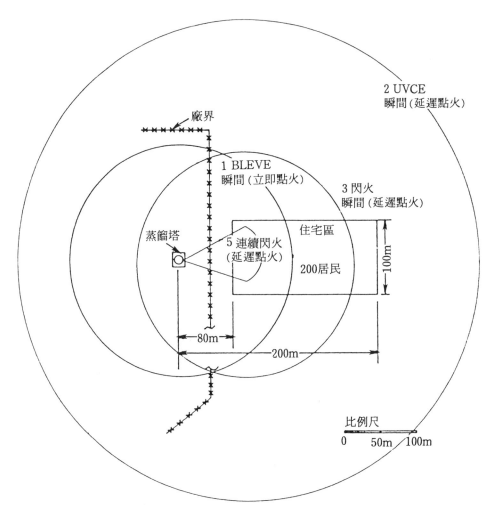

圖5-35　＃1，＃2，＃3及＃5後果影響圖

(a)#1：BLEVE

平面圖　　　　　　　　　　　　縱面圖

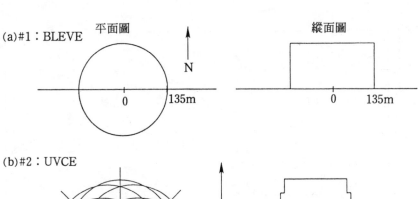

(b)#2：UVCE

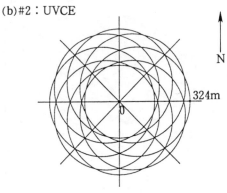

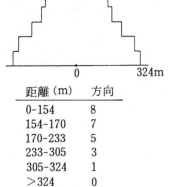

距離（m）	方向
0-154	8
154-170	7
170-233	5
233-305	3
305-324	1
＞324	0

(c)#3：瞬間閃火

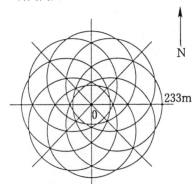

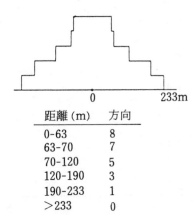

距離（m）	方向
0-63	8
63-70	7
70-120	5
120-190	3
190-233	1
＞233	0

(d)#5：連續性閃火

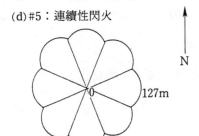

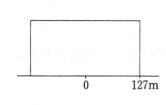

圖5-36　危險剖面圖

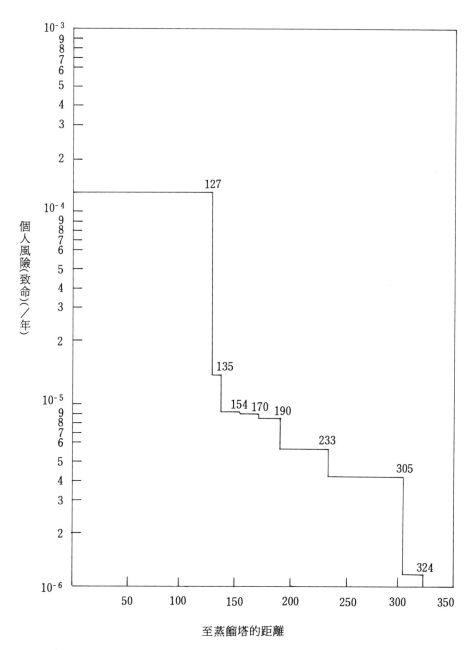

圖5－37　蒸餾塔東方（住宅區方向）的個人風險值

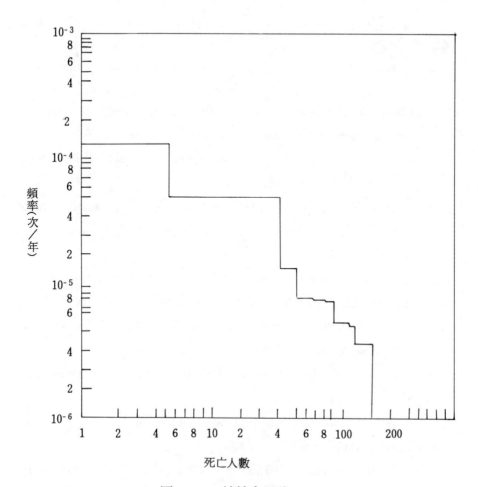

圖5－38　總社會風險

參考文獻

1. Guidelines for Chemical Process Quantitative Risk Analysis, American Institute of Chemical Engineers, New York, Chapter 3, 1989.

2. B. Roffel and J. E. Rijnsdorp, Process Dynamics, Control and Protection, p381, Ann Arbor Science, 1982.

3. D.A. Crowl and J.F. Louvar, Chemical Process Safety – Fundamentals with Applications, Prentice – Hall, Englewood, Cliffs, New Jersey, USA, p 339, 1992.

4. Guidelines for Process Equipment Reliability Data With Data Tables, American Intitute of Chemical Engineers, New York, N.Y., USA, 1989.

5. A.E. Green and J.R. Bourne, Reliability Technology, John Wiley & Sons, New York, N.Y., USA, 1972.

6. H.G. Lawley, Operability Studies and Hazard Analysis, Loss Prerention, Vol.8, p 105, 1974.

7. Guidelines for Hazard Evaluction Procedures, American, Institute of Chemical Engineers, New York, N.Y., USA, 1992.

8. Fault Tree Handbook, NUREG – 0 4 9 2, US Nuclear Regulatory Commission, Washington, D.C., USA, January, 1981.

9. D.S. Nielson, Use of Cause – Consequence Charts in Practical System Analysis, Atomic Energy Comm., Res. Est., Riso, Denmark, Rep. Riso – M – 1743, 1974.

10. J.R, Taylor, Sequential Effects in Failure Mode Analysis, Atomic Energy Comm. Res. Est., Riso, Denmark Rep. Riso – M – 1740, 1974.

11. J.R. Taylor, Cause – Consequence Diagrams., NATO Advanced Study Institute on Synthesis and Analysis Methods for Safety and Reliability Studies, Urbino, Italy, 1978.

12. V. Pilz and W. Herck, Chemical Engineering Investigations with Res-

pert to the Safety of Large Chemical Plants, Third Symposium on Large Chmeical Plants, European Federation of Chemical Engineering, Antwerp, Belgium, 1976.

13. H.K. Fauske, Flashing Flow or Some Practical Guidelines on Emergency Release, Plant/Operation Progress, Vol.4, 132 – 134, 1985.

14. TNO, Methods for the Calculation of the Physical Effects of the Escape of Dangerous Materials : Liquids and Gases, Apeldoorn, the Netherlands, 1979.

15. D.W. Studer, B.A. Cooper and L.C. Doelp, Vaporization and Dispersion Modeling of Contained Refrigerated Liquid Spills, AIChE Loss Prevention Symposium, Paper 52nd, AIChE Summer Meeting, Minneapolis, August 16 – 19, 1987.

16. J.M. Wu and J.M. Schroy, Emissions From Spills, Air Pollution Control Association and WPCF Joint Conference on Control of Specific (Toxic) Pollutants. Air Pollution Control Association, Florida Section, Gainesville, FL, USA, p 337, 1979.

17. H.J. Clewell, A Simple Method for Estimating the Source Strengths of Spills of Toxic Liquids, ESL – TR – 83 – 03, 1983.

18. L.S. Fryer and G.D. Kaiser, DENZ – A Computer Program for the Calculation of Dispersion of Dense Toxic or Explosive Gases in the Atmosphere, UKAEA Safety and Reliability Directorate, Report SRD R152, Culcheth, UK, 1979.

19. J. Wing, Toxic Vapor Concentrations in the Control Room Following a Postulated Accident Release, Nuclear Regulatory Commission NUREG – 0570, Washington, D.C., USA, 1979.

20. S.R. Hanna, S.A. Briggs and R.P. Hosker Jr, Handbook on Atmospheric Diffusion, Technical Information Center, Oak Ridge, TN, U.S. Department of Energy, 1982.

21. F. Pasquill and F.B. Smith, Atmospheric Diffusion, 3rd edition, Halstead Press, New York, N.Y., USA, 1983.

22. O.G. Sutton, Micrometerology, McGraw – Hill, New York, N.Y., USA, p 286, 1953.

23. C.M. Pieterson and S.C. Huaerta, Analysis of the LPG Incident in San Juan Ixhuatepec, Mexico City, Nov. 19, 1984, TNO Reprot B4 – 0222, Apeldoorn, Netherlands.

24. B.J. Wiekema, Vapor Cloud Explosions, Chapter 8 in Methods for the Calcucation of the Physical Effects of the Escape of Dangerous Materials : Liquids and Gases, TNO, Apeldoorn, The Netherlands, 19 79.

25. R.A Strehlow, Blast Wave From Deflagration Explosion – An Acoustic Approach, Loss Prevention, Vol. 14, Chem. Eng. Tech. Manual, AIChE, New York, N.Y., USA, p 145 – 153, 1980.

26. S.J. Bkown, Energy Release Protection for Pressurized System, Part I, Applied Mechanics Reviews, Vol 38, p. 1625 – 1651, 1985.

27. R.W. Prugh Quantitative Evaluation of BLEVE Hazards, AIChE Loss Prevention Symposium Paper No. 74e, AIChE Spring National Meeting, New Oleans, LA, USA, March 6 – 10, 1988.

28. P.L. Holden and A.B. Reeves, Fragments Hazards From Failure of Pressurized Liquafied Gas Vessels, Assessment and Control of Major Hazards. IChemE Symposium Series No. 93, I. chem. E., Rugby, UK, p205 – 220, 1985.

29. I. Hymes, The Physiological and Pathological Effects of Thermal Radiation, UKAEA Safety and Reliability Directorate, Report SRD R275, Culcheth, UK, 1983.

30. M. Considine and G.C. Grant, Rapid Assessment of the Consequences of LPG Release, Proceedings of the Gastech 84 LNG/LPG Conference, Nov 6 – 9, Published by Gastech Ltd, Rickmansworth, UK, P 187 – 200, 1984.

31. M.G. Zabetakis, Flammability Characteristics of Combustible Gases and Vapors, Bulletin 627, U.S. Burean of Mines, Washington, D.C.

1965.

32. Handbook of Chemical Hazard Analysis Procedures, Federal Emergency Management Agency, Washington, D.C., USA, Appendix 13 – 25, 1 989.

33. Risk Analysis in the Process Industries, The Institute of Chemical Engineers, Rugby, England, UK, 1985.

34. V.C. Marshall, Major Chemical Hazards, Halsted Press, New York, N.Y., USA, 1987.

35. R.A. Cox and R.J. Carpenter, Future Development of a Dense Vapor Cloud Dispersion for Hazard Analysis, Heavy Gas and Risk Assessment (S. Hartwig Ed.) Proceedings of a Symposium on Heavy Gas, Frankfurt Germany, Sep 3 – 4 , 1979 , D. Reidel, Dordrecht, the Netherlard and Boston, USA, p55 – 87, 1980.

36. A.P. Van Ulden, On the Spreading of a Heavy Gas Released Near Ground, in Loss Prevention and Safety Promotion, Vol. 1 , Elevier Pub. Co., 1974.

37. B.H. Harvey, 2rd Report of the Advisory Committee on Major Hazards, London, HM Stationary Office, 1979.

38. American Petroleum Institute, Guide for Pressure – Relieving and Depressaring Systems, API Recommended Practice 521, 2rd Edition, Washington, D. C., USA, 1982.

39. World Bank, Manual of Industrial Hazard Assessment Techniques, Office of Environmental and Scientific Affairs, World Bank, Washington, D.C., USA, 1985.

40. K.S. Mudan, Thermal Radiation Hazards from Hydrocarbon Pool Fires, Proc. Energy Combust. Sci., 10 (1) , 59 – 80 (ISBN – 0360 – 1285) , 1984.

41. G. Mixter, The Empirical Relation Between Time and Intensity of Applied Thermal Energy in Production of 2 + Burns in Pigs, Univ of Rochester, Report No. UR – 316 , Contract W – 7401 – eng – 49 ,

1954.

42.V.J. Clancey, Diagnostic Features of Explosion Damages, 6th International Meeting or Forensic Sciences, Edinburgh, Scotland, UK, 1972.

43.R. Baybutt, Uncentainty in Risk Analysis, Conference on Mathematics in Major Accident Risk Assessment, University of Oxford, UK, 1986.

44.R . Baldini and P . Komosinsky , Consequence Analysis of Toxic substance Clouds, J. Loss Prev. Proc. Ind., 1 (July3) , P 147 − 155, 1988.

第6章 安全管理

提供合理的安全設計及硬體設施，以達安全生產的要求是化學工程師的主要的責任，吾人應該努力改善生產設備及製程，盡可能去除或降低意外發生的機會，並加強安全防護設施以減少人員的傷亡、財產的損失及環境的破壞；然而徒有良好的硬體設施而無合理的安全管理及操作運轉，意外及災變仍然會不斷地發生。依據過去的統計資料，僅有一半的意外事件是由於硬體設備不足或設計不週全而引起的，因此即使應用了最先進及最安全的設計及設備，仍無法防止其餘一半意外的發生。如欲達到安全生產、零意外的最終目標，必須加強安全管理，例如合理作業程序/方法、訓練、安全意識、行政控制等軟體設施。

　　安全管理系統包括下列幾個基本項目：

(1)安全意識。

(2)安全政策及責任。

(3)安全管理組織。

(4)危害通識。

(5)行政控制。

(6)緊急應變計劃。

(7)危險管理。

(8)意外調查。

(9)訓練。

6.1　安全意識

　　安全意識的建立是執行安全管理的第一步，現代化化學工廠多已完全自動化，操作人員的主要工作在於監視主要操作參數的變化，及因應特殊情況的發生。由於大多數操作人員並未經歷過可怕的災變，難以自然而然地建立危機意識，因此除了經由不斷的訓練及加強外，必須將安全作業程序及步驟融會於一般操作步驟之中，以建立合理安全意識。合理的安全意識應被視為員工的基本倫理，管理階層的態度是安全管理工作成敗最主要的關鍵。安全及損失防範應列為組織的營業目標，各部門每年應訂定具體

而可量測的目標，執行成果則列為升遷、考核的參考，否則難以貫徹。尤其在九十年代全球市場競爭下，許多經理人員為求達到營業目標，往往忽視安全設施的投資及安全意識的加強，不知不覺之間埋下日後意外發生的種子。

6.2 安全政策及責任

化學工業生產的基本哲學為：「在不危害人類安全及環境生態條件下，生產顧客所需的化學品，並謀取合理利潤。」近年來，由於化學災變的發生，危害物質的洩漏及危害性廢棄物的不合理處置，造成人員傷亡，環境的破壞，致使社會大眾普遍對化學工業產生反感。目前化學工業已將工業安全列入工作重點，許多公司研擬安全作業準則以反映其政策，這些基本準則為：

(1)必須確保生產過程安全，並且可以安全處理使用及處置。

(2)必須降低產品生產儲存、經銷、使用及處置過程的危險性。

(3)必須主動進行環境保護工作，並且將「環保」視為工業的社會責任之一。

(4)主動與社會大眾溝通，並與專家及相關管制機構合作，以降低社會危險。

公司對於員工的責任為：

(1)提供安全的工作環境。

(2)執行合理的安全管理。

(3)提供醫護及急救服務。

(4)定期舉行安全訓練。

(5)提供執行安全管理及加強安全設施所需經費。

(6)遵循政府管制機構要求或法規中的規定。

6.3　安全管理組織

　　合理的安全管理必須依賴健全的組織系統及專業人員才可發揮，否則會流於形式化。十餘年以前，安全管理工作尚在起步階段，安全工程師及主管多為兼任或由非專業人員擔任，效果難以發揮。近年來，已有顯著地改善。主要的跨國化學公司的安全管理工作是由一位總公司的副總經理負責，綜合工業安全、衛生及環境保護等相關業務，下設專職工業安全處，實際執行業務，並訂定目標。工程及技術部門亦設有安全工程技術組，研擬安全技術標準並提供技術（風險評估、安全設計、防火/防爆設施設計等）支援。各類工廠中則設安全管理委員會，主任委員由廠長擔任，委員由廠中一級主管或副主管擔任，委員會的功能為協調安全目標的執行及檢討工作成效，經常性業務則由工業安全課課長擔任的執行秘書負責。工業安全課成員則負責定期性查核、訓練、安全防護系統維護、意外申報等工作，安全工程師並參與試俥、停機、起動、工程計劃等安全檢討工作，以加強安全品質，（**表6-1**）列出工業安全課的職責。

表6-1　化工廠工業安全課的職責

1. 申報收集、彙總有關受傷意外（失火、爆炸、危害物質洩漏）統計資訊、發生原因，並提出改善建議及目標。
2. 負責安全訓練、安全意識的建立及加強工作。
3. 提供廠長有關工業安全管理工作執行狀況及改善。
4. 協助各部門主管準備有關安全管理資料，俾便於員工在安全會議中討論。
5. 參與研擬高危險性作業程序及步驟，並協助廠長核發作業許可。
6. 收集並研習有關工業安全宣導資料（如錄影帶、書籍、說明手冊），並協助員工研習。
7. 協助並協調緊急救護課程。
8. 協助設計及生產工程師進行設備更新及局部改善工程中的安全檢討工作。
9. 執行定期性安全查核。
10. 協助研擬緊急應變計劃及緊急疏散作業。
11. 負責法律有關職業安全及健康中規定事項。
12. 負責假想意外事件因應之演習。
13. 協調地方政府、警察局及緊急應變指揮中心。

6.4 危害通識

危害通識（Hazard Communication）之目的在於介紹產品的危害特性，及其正確處理、防範方法，以及意外發生後的因應及處置手段，其對象為：

(1)員工。

(2)顧客及使用者。

為了避免廠內工作人員因疏忽或無知，而發生意外，造成受傷、火災或爆炸的事件，化工廠應進行：廠區規劃分區、張貼標示、物質安全資料表辨認及使用、制定員工安全守則等工作。

6.4.1 廠區規劃分區

依危險程度，將主要生產及儲運地區分類，並標示其相對危險程度，並於告示欄中說明主要危害物質特性、個人防護設備需求及緊急事件發生時，疏散路徑及因應措施。

6.4.2 張貼標示

在儲槽、生產設備、桶、容器及貨櫃拖車上張貼顯明的危害特性（毒性、腐蝕性、氧化性、易燃性、放射性、壓縮氣體等）標示，提示並警告工作人員，其簡單圖解標示如（**圖6-1**）所顯示。美國全國防火學會發展的綜合危害標示，普遍為化學工業使用，此系統將4種主要危害特性及其相對危害程度以不同顏色列出，一目了然。（**圖6-2**）顯示一標準的危害標示，所有的資訊包含在一個旋轉45度的正方形之內，危害特性及相對程度之說明如後。

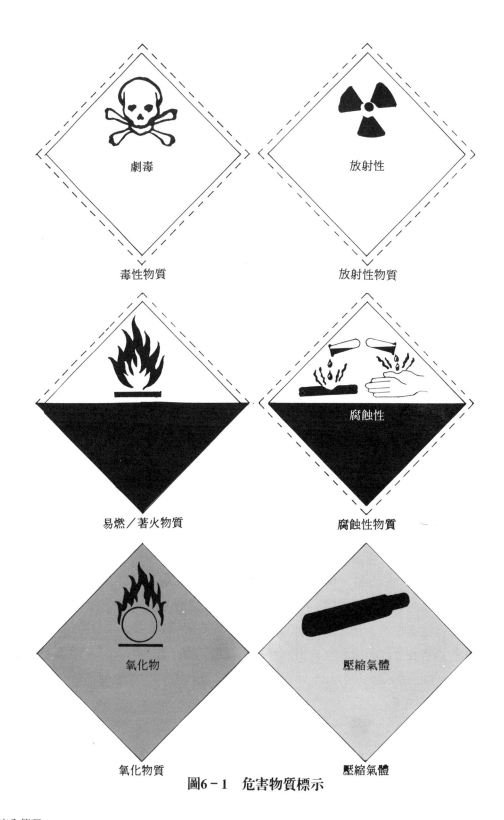

毒性物質　　　　　　　　　　　放射性物質

易燃／著火物質　　　　　　　　腐蝕性物質

氧化物質　　　　　　　　　　　壓縮氣體

圖6-1　危害物質標示

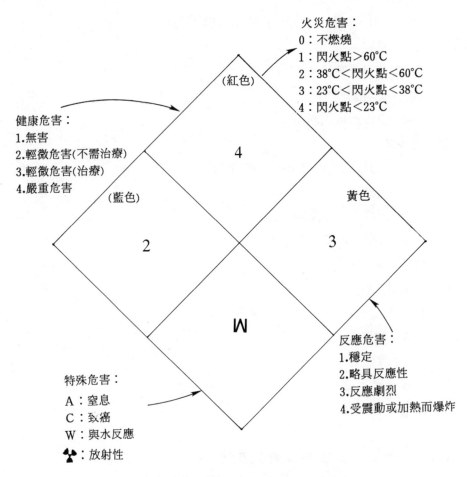

火災危害：
0：不燃燒
1：閃火點＞60℃
2：38℃＜閃火點＜60℃
3：23℃＜閃火點＜38℃
4：閃火點＜23℃

健康危害：
1.無害
2.輕微危害(不需治療)
3.輕微危害(治療)
4.嚴重危害

反應危害：
1.穩定
2.略具反應性
3.反應劇烈
4.受震動或加熱而爆炸

特殊危害：
A：窒息
C：致癌
W：與水反應
☢：放射性

圖6－2　標準危害物質標示記號

火災危害度

位於最上方，以紅色表示，危險程度依其閃火點分為下列4級：

(1)0：不會燃燒。

(2)1：閃火點＞60℃。

(3)2：38℃＜閃火點＜60℃。

(4)3：23℃＜閃火點＜38℃。

(5)4：23℃＜閃火點。

級數愈高，愈容易著火。

反應危害度

位於右方，以黃色表示，反應指數為：

(1)1：穩定。

(2)2：略具反應性。

(3)3：反應劇烈。

(4)4：受震動或加熱而爆炸。

健康危害度

位於左方，以藍色表示，危害指數為：

(1)1：無害。

(2)2：輕微（不需醫療）。

(3)3：輕微（需要醫療）。

(4)4：嚴重危害。

特殊危害性

位於下方，以白色表示，危害性為：

(1)A：窒息。

(2)C：致癌。

(3)W：水反應性。

(4)☢：放射性。

6.4.3 物質安全資料表辨認及使用

所有使用的化學品皆需具備物質安全資料表（Material Safety Data Sheet，簡稱 MSDS），以供操作者或使用者參閱。物質安全資料表由生產廠家提供，它包括下列八種有關名稱、特性、及處理時注意之事項等資訊：

(1)製造商及供應商資料：包括產品商用名稱、代號、出產廠家名稱、地址、緊急連絡電話及數據表填報日期。

(2)辨識資訊：化合物名稱、主要成份及俗稱、接觸（曝露）濃度上限，如美國職業安全健康署公布的可允許的曝露上限（Permissible Exposure Limit, PEL）或美國政府工業衛生學會公布的曝露濃度

上限值（Threshold Limit Value，TLV）等，如果涉及機密，生產廠家可不必提供實際成份，但必須提供有關人體接觸或曝露限制資訊。

(3)物理及化學特性：包括有下列常溫、常壓下的特性，如：

・沸點（氣液體）

・蒸氣壓（液體）

・熔點（固、液體）

・蒸發速率

・水溶解度

・形狀、相態、顏色等

・氣味

(4)物理危害特性：如失火、爆炸等，以及如何因應及防範之道，例如適當的滅火器類別。

(5)反應特性：物質的穩定性，及必須避免接觸的物質與條件。

(6)健康危害及急救措施：包括有人體直接接觸（吸入、皮膚接觸、吞食等）的反應及可能造成的健康危害，如：

・眼睛疼痛、刺激

・頭昏及頭痛

・皮膚紅腫、癢痛等

・呼吸器官阻塞、窒息等

・其他生理症狀

(7)曝露及預防描施：包括個人防護設備、通風需求及設備、安全操作及儲存時注意事項及個人衛生等。

(8)洩漏及廢棄物處理：物質洩漏後之緊急應變措施，以及廢棄物的安全處理及處置方法。

(9)運送資料：危害性分類，標準編號，所需危險的圖示及安全運送方法。

(10)製表者資料：製表人姓名、職稱、單位、製表時間、連絡電話、住址等。

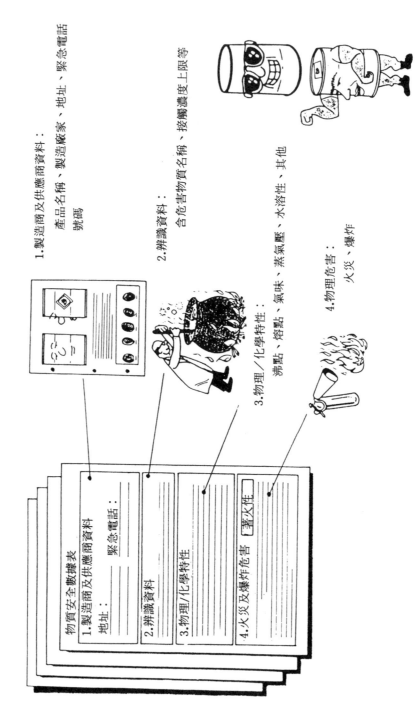

1.製造商及供應商資料：
產品名稱、製造廠家、地址、緊急電話號碼

2.辨識資料：
含危害物質名稱、接觸濃度上限等

3.物理／化學特性：
沸點、熔點、氣味、蒸氣壓、水溶性、其他

4.物理危害：
火災、爆炸

圖6－3　物質安全資料表

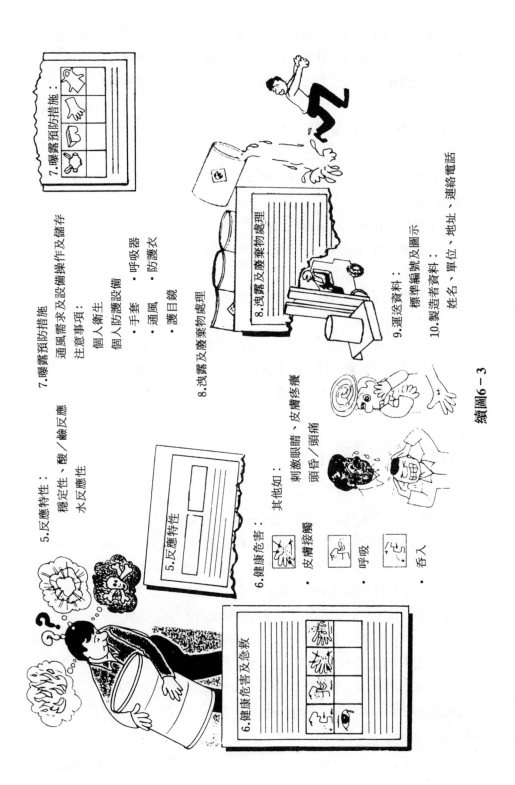

7. 曝露預防措施：

7. 曝露預防措施
　通風需求及設備操作及儲存
　注意事項：
　　個人衛生
　　個人防護設備
　　　・手套　　・呼吸器
　　　・通風　　・防護衣
　　　・護目鏡

8. 洩露及廢棄物處理

8. 洩露及廢棄物處理

9. 運送資料：
　　標準編號及圖示

10. 製造者資料：
　　姓名、單位、地址、連絡電話

5. 反應特性：
　　穩定性、酸／鹼反應
　　水反應性

5. 反應特性：

6. 健康危害：
　　其他如：
　　刺激眼睛、皮膚疼癢
　　頭昏／頭痛
　・皮膚接觸
　・呼吸
　・吞入

6. 健康危害及急救

續圖6-3

操作人員應確實了解所經手的及接觸物質的安全數據、正確處理方法與防護設施，以降低意外發生的機會，（圖6-3）以圖解方式說明各項內容，（**附錄九**）列出苯（C_6H_6）的物質安全資料表，以供參考。

6.4.4 員工安全守則

化學工業從業人員工作時，應具備下列基本態度，以免工作時受傷或發生意外：

(1)開始工作前，辨認可能潛在的危害。

(2)尊重並履行所有安全防護要求及準備，千萬不可冒險。

(3)事前了解可能發生意外的狀況及因應措施。

(4)知曉求援及求救單位的所在及方法。

(5)學習急救方法。

(6)使用正確的防護器具，如防護衣、護目鏡、手套等。

(7)學習並了解意外發生時，應採取的緊急因應步驟。

(8)養成良好的安全工作習慣。

6.5 行政控制

行政控制（Adminstrative Controls）亦或是管理控制（Management Controls）是管理階層利用職權要求員工遵循行政命令、指令、作業標準、步驟、或理念以達到安全生產的目的。行政控制是加強或補充工程控制（即設備及程序控制）的不足，而非取代合理的工程控制。由於行政控制必須仰賴員工的認知及合作，因此所有使用的作業標準、步驟、準則、指令、命令等必須以文字明示，敍述說明及存檔，並提供員工使用。

最主要的安全作業標準是所謂操作安全標準（Operational Safety Standards）與維修安全標準（Maintenance Safety Standards）操作或設備改善安全標準，所有操作運轉及維修工作皆必須符合安全標準所規定的準則。

6.5.1 操作安全標準之建立

操作安全標準詳細規範了最主要的控制條件，例如：

(1)臨界操作參數的限制。

(2)特殊步驟。

(3)操作運轉限制。

(4)特殊測試及檢視需求。

操作安全標準的建立及實施，可以確保操作人員將程序控制於安全條件之下，而不致於造成意外的發生。

安全操作步驟應以文字明白說明之，並提供員工使用，其主要的步驟包括：

(1)標準操作步驟：基本操作步驟及作業規定。

(2)臨界操作步驟：有關臨界操作參數限制及控制步驟、方式及規定。

(3)緊急步驟：敘述緊急情況發生時，應採取的因應措施。

(4)試俥起動前安全檢討步驟：試俥前的預備工作，注意事項之檢討。

(5)校驗表：明列操作前檢視、控制及預備事項及需求；

(6)特殊步驟：如起動前以惰性氣體流貫設備，停俥時監視參數及條件，洩漏測試步驟，設備清洗及防止雜質污染措施，原料、材料品質的確定等。

測試及檢視的目的為，確定系統合乎設計標準及操作需求，以避免設備嚴重破裂，主要測試及檢視項目如後：

(1)水靜壓測試：確定設備的張度。

(2)厚度測試：金屬的厚度及損失的測試。

(3)音波分析：裂縫測試。

(4)主要儀器測試：主要監控儀器、連鎖停俥系統的校正及功能測試。

(5)安全疏解閥及系統檢視及測試。

安全防護設施，如緊急排放系統，處理設備，如焚化爐、火炬、洗滌塔、消防設備等亦應隨時保持正常操作狀況，以備不時之需，它們的臨界操作參數限制及控制、測試及檢視步驟也應列入安全操作標準之內。

6.5.2 維修安全標準之建立

　　維修安全標準詳述設備及系統的定期維護零件保養、更換及損壞時修護工作的步驟及安全準則，其中最主要的安全步驟為維修作業許可制度及損壞設備上鎖及標示。任何維修工作開始之前，應必須得到維修部門、生產部門及工業安全部門主管的許可，並與操作人員充分合作，並調整生產程序或方針，以使維修工作的進行順利。維修作業許可制度應確實執行，以免操作者及維護者之間缺乏溝通，各盡所能，而造成意外事件的發生。

　　損壞設備上鎖及標示（Lockout and Tagout）是協助現場工作人員了解維修或損壞中設備狀況，並防止閒人任意調整維修中的設備，而造成意外的發生。（圖6-4）顯示幾種不同上鎖及標示圖例，以供參考，美國職業安全及健康署已將上鎖及標示措施列入安全法規之中。

7.5.3 操作方法或設備改善安全標準之建立

　　所有工廠設施的修改及改善工程在設計階段皆需經過安全及健康的檢討，以確保工程安全性及不會造成員工或廠外社區人員的建康危害及改善安全標準界定並詳列下列有關安全及健康的檢討：

(1)程序、操作步驟或操作參數（溫度、壓力、濃度、腐蝕、化學反應、臨界儀器控制、緊急停俥等）的改變。

(2)有關個人安全考慮，如個人安全防護器具的使用、設備的佈置、維修等。

(3)健康考慮（含化學品、噪音、高/低溫及放射性元素對人體曝露影響，生理反應及壓力，人因工學考慮，通風及避雷等）。

(4)對現有消防及緊急防護系統的影響。

安全標準亦包括改善措施的進行步驟的說明：

(1)申報/細述改善內容、範圍效益及影響。

(2)決定執行方法。

(3)設計。

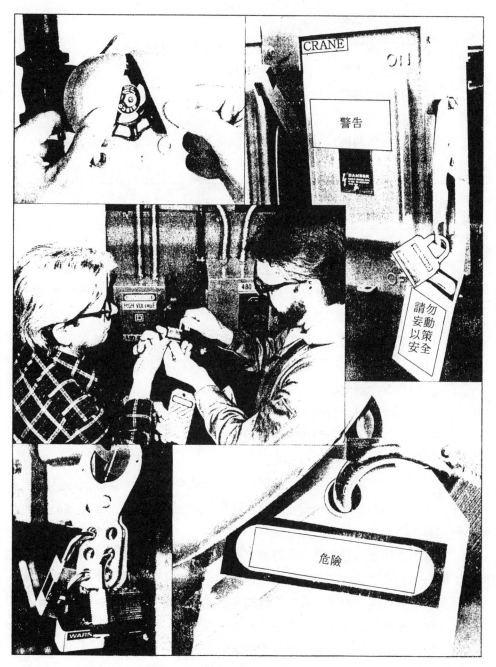

圖6－4　維修設備上鎖及標示圖

(4)進行設計後安全檢討。

(5)取得所需設計許可及批准（含公司及管制機構）。

(6)執行改善工作。

(7)進行試俥前的操作安全檢討。

(8)取得試俥許可。

(9)收集改善設計、試俥、紀錄、圖樣及文件，並建立檔案保存。

6.6 緊急應變計劃

生產場所的緊急應變計劃（Emergency Response Planning）工作，首先應著重於分析，企劃小組成員分析及評估生產過程及儲存地區的危害因素、風險程度、控制方法及疏散路徑，例如：

(1)以危害鑑定方法（第四章），分析製程或場所內的危害。

(2)評估現有可供控制或抑止意外發生的資源及防護設施。

(3)研擬緊急應變組織功能及成員。

(4)分析所有應變計劃並評估其可行性。

(5)決定外界（其他鄰近工廠、機關、社區等）可提供的支援項目及範圍。

分析工作完成後，企劃小組即依據分析結果，研擬可行的緊急應變計劃，內容包括緊急應變組織、功能、應變行動訓練、演習等，（**表6-2**）列出計劃的基本項目。

緊急應變組織是意外發生時實際執行因應工作的單位，其組織體系如（**圖6-5**）所顯示，它的負責人是由廠長或副廠長擔任，他的主要責任包括所有災害救災、消防、疏散、控制等措施的監督及指揮。緊急應變中心則由緊急應變行動協調主管負責，其任務為：

(1)協助緊急應變負責人組織及指揮緊急行動。

(2)研擬策略，以降低意外發生所造成的災害。

(3)與意外現場救災人員保持連絡。

(4)協調執行現場救災、醫療、人員疏散行動所需之人員及資源的調

表6-2　緊急應變計劃內容〔2〕

1. 緊急應變組織
   - 負責人員、單位名稱、及指揮系統
   - 負責人員、單位的功能
   - 負責人員緊急連絡電話
2. 場所風險評估
   - 危害物質存量及位置
   - 危害物質特性資訊如物質安全數據表
   - 設備或系統的隔離閥位置
   - 消防、減火步驟
   - 特殊處理及經手需求
3. 地區風險評估
   - 附近工廠危害物質存量及特性
   - 附近社區、商業區的人口分佈
   - 附近工廠、機關、警察局、消防單位、新聞單位連絡人及電話
   - 通報附近工廠、社區有關意外發生或危害物質排放消息的方式及步驟
4. 通報及傳播系統
   - 警報系統
   - 傳播工具及設備（無線電話、緊急用專用電話線等）
   - 通報對象
   - 與新聞界連絡的人員姓名電話
   - 通知失事或受傷員工家屬的步驟
   - 資訊彙總及發佈中心
5. 緊急設備及設施
   - 救火設備
   - 醫療急救供應
   - 毒性物質偵測器
   - 風速/風向偵測器
   - 呼吸器
   - 防護衣
   - 圍堵設施
   - 人員疏散及逃避路徑及運轉工具
6. 恢復正常操作狀況的步驟
7. 訓練及演習
   - 意外或緊急狀況發生通報步驟

續表6－2

　　　·警報系統意義及因應

　　　·防火器材、設施位置、使用方法

　　　·防護器具（防護衣、護目鏡、頭盔等）的位置及使用方法

　　　·人員疏散步驟路徑

　　　·定期演習

　8.緊急應變組織及計劃的測驗

　　　·定期舉行假想式演習

　　　·定期檢視及測試消防設施

　　　·疏散演習

　9.計劃改善及修正

　　　·至少每年應檢討計劃

　　　·依據演習及測驗結果，修正計劃內容

　10.緊急應變步驟及措施

　　　·連絡及傳播步驟

　　　·颱風、地震、火災等天災來臨時的應變步驟

　　　·公共設施（水電、天然氣等）供應失常之應變步驟

　　　·炸彈或恐怖份子威脅時之應變步驟

　11.緊急操作手冊

　　　每一個單元工廠及公共設施單位皆應具備緊急操作手冊，詳示：

　　　·緊急起動/停俥步驟

　　　·可能發生的意外分析

　　　·意外發生後採取的應變措施

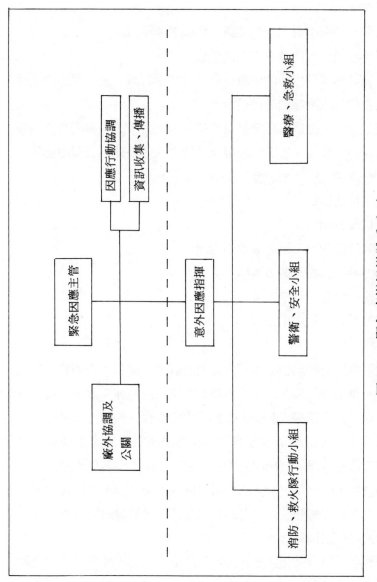

圖6－5　緊急應變組織體系〔3〕

配、支援。

現場救護及意外控制行動則由意外應變指揮負責，他的任務為：

(1)指揮及協調所有現場的行動及人員。

(2)評估意外。

(3)提供有關保護廠中員工安全建議，例如緊急疏散。

(4)執行現場救災、消防及災害控制任務。

負責人必須非常了解場所的佈置，並且具技術背景，通常是由救火隊長，工業安全主管或生產部門經理擔任。

緊急應變組織的功能為資訊傳播及連絡、救火及救護、潑灑及洩漏控制、製程緊急停俥、醫療、安全、環境及災情評估、公關、資源調配等。

緊急應變計劃中包括下列應變行動執行步驟及順序：

(1)意外發生後的警示。

(2)意外評估及分類。

(3)宣告進入緊急狀況，緊急應變小組開始作業。

(4)通報地方警政當局及傳播機構。

(5)執行應變行動及防護措施。

(6)協調廠外救護、救火單位。

(7)進行善後工作。

任何一個緊急應變計劃皆必須配合足夠的訓練及演習，否則無法有效發揮作用，所有員工應熟悉基本警示訊號及主要疏散路徑；直接參與緊急應變行動的人員必須定期接受訓練，以熟悉應變步驟。演習方法可分為沙盤推演、局部功能性演習及全面性演習。沙盤推演僅限於桌上或紙上談兵，參與者依據假想狀況，提出因應方案；局部功能性演習僅限於部分地區及單項特殊意外，如火災，參與演習者可依據假想狀況，進行疏散、救護、救火行動；全面性假想意外演習的目的在於測試應變組織的機動性及應變能力，因此必須定期舉行。

廠區內的緊急應變行動應與廠外社區緊急應變中心、警察局、消防隊及其他工廠甚或各機構密切配合，並主動將正確的資訊傳播至各新聞傳播機關。

6.7 風險管理

　　風險管理（Risk Management）是降低生產程序及操作的危險程度的管理工具，生產機構宜訂定短、中、長期管理目標，逐年降低程序及操作的危害。

　　風險管理計劃包括：

(1)定期性安全查核。

(2)新廠或製程改善設計時的危害鑑定。

(3)局部性風險評估等。

　　定期性的安全查核對象為運轉中的生產場所，主要工作在於檢視操作條件及操作步驟是否合乎安全規定、操作及維修紀錄是否齊全。簡化的查核工作有如經常性的體檢，所需時間僅為幾十分鐘，查核人員則由安全工程師、經理及職工代表組成。危害鑑定方法已在（第四章）中詳細討論，主要目的在於設計階段中發現危害因素，由於生產場所不同規模的改善不斷地進行，為了避免疏忽，危害鑑定的工作必須視為必備的工作，任何專案，未經危害鑑定或設計，或未依照危害鑑定的改善建議執行時，即不應批准實施。

　　由於化工廠不斷地演進，許多生產單元工廠已具相當歷史，彼時設計標準及安全考慮可能已不符目前要求，最理想的方法是全面進行風險評估，一次修正所有危險性較大的程序。然而全面性的評估及改善工作，不僅耗時而且費用很大，也難以一時全部執行，因此可行的方式為訂定中、長期目標，逐年評估，並即時進行改善。

6.8 意外調查及申報

　　意外調查是收集、彙總有關意外發生的資訊，判斷意外發生的原因，並提出改善建議的工作，其結果可以提供經營及安全管理者參考，以避免日後重蹈覆轍，目前化工廠意外調查的結果，如原因、建議、災情報告皆已公開，工業安全專家普遍認為過去數十年以來，化學工業安全紀錄的穩定改善與調查結果的公開有著很大的關係，吾人可以不斷地自失敗中吸取教訓，以降低意外的發生，近年來意外調查的技術不斷的演進，調查作業已系統化、專業化。

　　調查工作是為了發現事實，而非找出錯誤或是找出指責的對象，在調查作業未完成之前不宜判斷是非，否則事實真相難以發掘。作業程序，可分為下列六個基本步驟：

　　(1)詳細描述意外發生的過程。

　　(2)彙總收集相關事實。

　　(3)分析事實及詳列可能造成意外發生的原因。

　　(4)研習與意外原因相關的系統製程及操作方法。

　　(5)演繹最可能造成意外的原因。

　　(6)研擬改善建議以避免重蹈覆轍。

　　良好的意外調查可以找出可能造成意外發生的原因，協助生產機構發現程序或操作上的弱點，生產機構宜以意外的發生為教訓，不斷改善，以達到安全生產的最終目的。

　　傳統的調查方法僅為發現造成意外的原因以及提出改善建議，其目的往往僅是為了應付社會、政府或管理階層的壓力，作業過程流於形式化，使得改善建議便往往不著邊際，而難以付諸實現。近年來層次性的調查方法（Layered Investigations）逐漸為調查者使用，此種新式調查方法的分析較為深入，並要求不同層次的改善建議。由於意外發生後所能收集及發掘的過程事實或相關事件有限，大規模的調查也難以收集更多的資訊，但是事實分析的深入程度卻可能導引出新的結論或改善建議，分析事實時，

參與者宜避免存有成見，客觀地分析與意外發生有關的事實，其間的過程有如腦力激盪（Brain Storming）。英國化學工業安全專家克萊茲氏（*Kletz*）強調改善建議至少宜分為下列三個層次，以防止並降低意外發生的可能性〔4〕：

(1)第一層次：立即付諸實施的技術上的改善建議。

(2)第二層次：避免危害的建議。

(3)第三層次：改善安全管理系統的建議。

（**表6-3**）列出一些進行層次性調查工作時所應提出的問題，這些問題可以協助調查者發掘防止意外發生的方法：

調查作業過程包括下列八個不同的任務：

(1)調查小組成立。

(2)初步調查。

(3)設定目標並分配工作。

(4)收集意外發生前客觀情況資訊。

(5)收集及組合意外相關資訊。

(6)研習並分析收集資訊。

(7)討論及結論。

(8)撰寫調查報告。

（**表6-4**）列出上列八個任務的說明。

調查報告是調查作業的主要成果，其形成宜力求彈性，內容明白清析，結論中應避免模棱兩可，語焉不詳的字句，以免混淆視聽。報告應包含下列項目：

(1)緒論。

(2)意外發生場所或單元工廠描述。

(3)意外簡報。

(4)調查結果。

(5)討論事項。

(6)結論。

(7)層次性改善建議。

克萊茲氏建議一種將意外發生的原因及改善建議並列的摘要表

表6-3 層次性調查工作所使用的示範問題〔4.5〕

1. 那些設備失常或失誤？
   - 如何防止失常或失誤發生
   - 如何降低失常或失誤發生的機率
   - 如何偵測失常或失誤發生
   - 設備功能
   - 替代設備類別
   - 是否可使用安全性較高的設備替代
2. 洩漏、失火、爆炸、裂解的物質？
   - 如何防止洩漏（或失火、爆炸、裂解等）
   - 如何偵測物質的洩漏（或失火、爆炸、裂解等）
   - 物質用途及功能
   - 是否可以降低存量或以其他安全性較高的物質取代
3. 如何改善操作人員的表現？
   - 可以改善的項目
   - 管理者如何協助操作人員改善
4. 與意外相關的作業項目之目的？
   - 為何進行此類作業
   - 如何取代
   - 是否可請其他單位協助或簽包至其他單位代工
   - 何時可以交由其他單位代工

表6-4　調查工作任務說明〔5〕

任務	說明
1.調查小組	小組應於意外發生後一、兩日內成立，小組成員包括與意外地點或單位工廠相關的技術、生產、研發、工安及環保單位代表
2.初步調查	由資深工業安全師擔任聽取意外簡報，初步了解狀況
3.設定目標，分配工作	決定調查目標，責成小組成員負責，並訂定工作時間表，限期完成
4.收集意外發生前的客觀狀況	收集流程圖、作業手冊、圖片、操作數據及條件
5.收集及組合與意外相關的資訊	檢視意外發生時及發生後現場所拍攝的照片，與現場目擊者面談，以了解意外發生過程及演變，收集損失資訊，工作時，力求客觀，儘量避免主觀的判斷
6.研習與分析收集的資訊	分析意外發生原因、發生過程，並進行現場樣品測試及模擬實驗工作
7.討論及結論	討論調查結果，提出調查結論，提出層次性建議
8.撰寫調查報告	報告內容力求明白清楚

表6-5　意外調查結果摘要表〔6〕

1.意外名稱：

2.主要損失：

3.日期：

4.地點：

5.事件原因及改善建議：

事件原因	改善建議
造成意外的原因或事件	防止連鎖事件發生的改善建議
意外發生前的條件、狀況	・第一層次
導致意外發生的步驟或事件發生順序	・第二層次
	・第三層次
管理決策及作業影響	加強訓練、講習、查核的改善建議
・	・
・	・
・	・
・	・
造成意外發生前條件或狀況的事件	改善基本設計方法或作業程序的建議
・	・
・	・
・	・
・	・

〔6〕，此類摘要表不含發生過程的細節，適於高層管理者作爲改善工作的依據，（表6－5）列出克氏推荐的，摘要列出意外的調查結果，以供參考。

意外調查小組所需的基本工具爲：

(1)錄音機、錄影機及照相機。

(2)筆、紙、筆記本、繪圖工具、手提式電腦。

(3)軟尺、皮尺、繩索。

(4)不同大小的紙袋、公文封，及塑膠袋用以收集現場樣品及證物。

(5)個人防護設備，如頭盔、護目鏡、耳塞、安全鞋、及防護衣等。

6.9 安全訓練

職工安全訓練是確保員工熟悉安全法規、準則、合理的操作步驟、及適當的緊急應變措施的必須的工作，訓練計劃應具系統性及層次性，所欲達成的目標必須明白地界定，否則極易流於形式化、表面化，徒然浪費人力、物力罷了，訓練方式可分爲：

(1)課堂講習。

(2)現場實習，例如消防、緊急應變措施、疏散等。

(3)閱讀資料。

(4)定期性安全檢討會議。

(5)使用多媒體視聽教材如錄影機、錄音機。

(6)電腦模擬。

訓練手冊宜妥善準備，並定期修訂，主要訓練計劃可分爲下列三類：

(1)新進員工訓練。

(2)定期性員工訓練。

(3)管理階層訓練。

新進員工訓練，包括安全法規準則介紹、警示訊號辦認、緊急疏散路徑辦識、基本消防、防火常識、工業衛生介紹、衛生及醫療設施、簡單急救箱的使用、危害傳播介紹等，其目的在於協助新進員工了解與工作有關

的基本安全規定及因應原則，定期性訓練計劃包括安全意識的建立，化工生產製程中的主要危害，如靜電、失火、爆炸、毒性物質排放等介紹，化工生產所需原料、副產品、產品的處理方法及物質安全數據表之研習，緊急應變措施及疏散計劃，個人防護工具，如護目鏡、耳塞、頭盔、防護衣服之使用及選擇，滅火器介紹及使用，現場救火實習、安全設計方法、危害鑑定等介紹。

　　管理階層訓練著重於簡易風險評估方法介紹、安全作業流程、緊急應變計劃、安全管理會議、與意外事件及災變研習等，訓練計劃以一至三年為一週期，反覆舉行，以加強職工印象及效果，訓練紀錄應妥善保存，並列入考評紀錄。

參考文獻

1. T.A. Kletz, Grey Hair Cost Nothing, Presented at 18th Loss Prevention Symposium, 1984 AIChE Meeting, Philadelphia, Pennsylvania, August 19-24, 1984.

2. Chemical Manufacturers Association, Community Awareness and Emergency Response Program, Washington, D. C., USA, 1985.

3. C.C. Burns and P.M. Armenante, Emergency Preparedness, in " Risk Assessment and Risk Management for the Chemical Process Industry ", Edited by H.R. Greenbey and J.J. Cramer, Van Nostrand Reinhold, New York, USA, 1991.

4. T. A. Kletz, Layered Accident Investigations, Hydrocarbon Processing, p372-382, Nov, 1979.

5. A.D. Craven, Safety and Accident Prevention in Chemical Operations, Edited by H.H. Fawcett and W.S. Woods, p659-680, 1982, John Wiley & Sons, New York, N.Y., USA.

6. T. A. Kletz, Learning from Accidents in Industry, p22, Butterworths, Boston, MA, USA, 1988.

〔附錄一〕
簡稱及名詞譯釋

簡稱譯釋

ACGIH American Conference of Government Industrial Hygienists. 美國政府工業衛生人員協會

AGA American Gas Association. 美國氣體工業同業公會

AIChE Amenican Institute of Chemical Engineers. 美國化學工程師學會

AIChE – DIERS American Institute of Chemical Engineers – Design Institute for Emergency Relief Systems. 美國化學工程師學會—緊急疏解系統設計院

AIChE – DIPPR American Institute of Chemical Engineers – Design Institute for Physical Property Data. 美國化學工程師學會—物理性質數據設計院

AIHA American Industrial Hygiene Association. 美國工業衛生學會

API American Petroleum Institute. 美國石油協會

ARC Accelerating Rate Calorimetry. 加速率計熱法

ASSE American Society of Safety Engineers. 美國安全工程師學會

CAA Clear Air Act. 美國清潔空氣法案

CAS Chemical Abstract Service. 美國化學文摘服務社

CCF Common Cause Failure. 一般原因所造成的失誤

CCPS Center for Chemical Process Safety. 化學程序安全中心

CERCLA Comprehensive Environmental Response, Compensation Liability Act. 美國綜合性環境應變、補償及責任法案

CFR Code of Federal Regulation. 美國聯邦法規

CMA Chemical Manufacturers Association. 化學製造業同業公會

CPQRA Chemical Process Quantitative Risk Analysis. 計量式化學製程風險分析

DOT Department of Transportation. 美國交通部

EPA Environmental Protection Agency. 環保署

ERPG Emergency Response Planning Guidelines. 緊急應變計劃準則

ETA Event Tree Analysis. 事件（終局）譜分析，事故樹分析

FMEA Failure Modes and Effects Analysis. 失誤模式及影響分析

FMECA Failure Modes, Effects, and Criticality Analysis. 失誤模式、效果及嚴重性分析

FTA Fault Tree Analysis. 失誤譜分析，故障樹分析

HAZOP Hazard and Operability Study. 危害及操作性分析

HI Hazard Identification. 危害鑑定

HE Hazard Evaluation. 危害評析（估）

HEL High Explosion Limit. 爆炸上限

HEP Hazard Evaluation Procedures. 危害評估步驟

HRA Human Reliability Analysis. 人為可靠性分析

IChemE Institution of Chemical Engineers（United Kingdom）. 英國化學工程師學會

ICI Imperial Chemical Industries. 卜內門化學公司

IDLH Immediately Dangerous to Life and Health. 對生命及健康具立即危險的濃度

LCLo Lethal Concentration Low. 致命濃度下限

LC_{50} Lethal Concentration, 50% Mortality. 50%機率之致命濃度

LD_{50} Lethal Dose, 50% Mortality. 50%機率之致命劑量

LEL Lower Explosive Limit. 爆炸下限

LFL Lower Flammable Limit. 燃燒下限

LPG Liquefied Petroleum Gas. 液化石油氣

MHI Material Hazard Index. 物質危害指數

MSDS Material Safety Data Sheet. 物質安全資料表

MORT Management Oversight and Risk Tree Analysis. 管理疏忽及風險譜分析

NIOSH National Institute of Occupational Safety and Health . 美國職業安全及健康研究院

NOAA National Oceanic and Atmospheric Administration. 美國海洋及

大氣署

OPA90　Oil Pollution Act of 1990．　1990年美國頒佈之油品污染法案

OSHA　Occupational Safety and Health Administration．　職業安全及健康署

PCB'S　Polychlorinated Biphenyls．　多氯聯苯

PEL　Permissible Exposure Limit．　許可曝露限制

PFD　Process Flow Diagram．　流程圖

PHA　Preliminary Hazard Analysis．　初步危害分析

P&ID　Piping and Instrumentation Diagram．　管線及儀器圖

PSM　Process Safety Management．　製程安全管理

RCRA　Resource Conservation and Recovery Act．　美國資源保存及回收法案

SARA　Superfund Amendments Reauthorization Act of 1986．　美國超級基金附加條款及再撥款法案（1986）

SCBA　Self Contained Breathing Apparatus．　自閉式呼吸裝置

SHI　Substance Hazard Index．　物質危害指數

SIC　Standard Industrial Classification．　標準工業類別

STEL　Short Term Exposure Limit．　短期曝露限制

TSCA　Toxic Substance Control Act．　美國毒品控制法案

TLV　Threshold Limit Value．　恕限值

TWA　Time Weighted Average．　時間性平均值

UEL　Upper Explosive Limit．　爆炸上限濃度

UFL　Upper Flammable Limit．　燃燒上限濃度

名詞譯釋

著火及爆炸

Aeration：充氣

Autoignition Temperature（AIT）：自燃溫度

Combustion or Fire：燃燒或著火

Deflagration：突燃

Detonation：爆震

Easily Liquified Gas：易液化氣體

Explosion：爆炸

Boiling Liquid, Expanding Vapor Explosion（BLEVE）：沸騰液體，膨脹
蒸氣爆炸

Confined Explosion：局限性爆炸

Dust Explosion：塵爆

Mechanical Explosion：機械爆炸

Unconfined Vapor Cloud Explosion：非局限性蒸氣雲爆炸

Flash Point（FP）：閃火點

Fire Point：著火點

Flammability Limits（LFL and UFL）：著火限度（下限及上限）

Polymerization：聚合反應

Runaway Polymerization：失控聚合反應

Shock Wave：震波

緊急疏解系統

Accumulation：積聚（壓）

Blow－Down：排放

Chattering：顫動

Back Pressure：背壓

Blowdown（or reseat）Pressure：排放壓（或返座壓）

Operating Pressure：操作壓

Overpressure：過壓

Maximum Allowable Working Pressure（MAWP）：最高容許的工作壓力

Set Pressure：設定壓

Relief System：疏解系統（釋放系統）

Relief Valve：疏解閥（釋放閉）

Pressure Relief Valve：壓力疏解閥

Safety Valve：安全閥

Safety Relief Valve：安全疏解閥

風險評估

Accident：意外；造成人類、財產或環境損失的非企劃性（非預期性）事件

Acute Hazard：劇烈性危害；短期曝露所產生的危害

Administrative Control：行政控制；行政措施或人為控制

Basic Event：基本事件

Catastrophic Incident：重大意外；影響波及周圍社區的意外

Cause－Consequence Analysis：因果分析；應用邏輯組合（失誤譜及事件譜模式）以描述可能發生的後果的分析方法

Chronic Hazard：週期性危害；連續性曝露所產生的危害

Consequence：後果、影響；火災、爆炸或毒品洩放等意外事件直接造成的損害

Consequence Analysis：災害後果分析、影響分析

Dow F&E Index：道失火及爆炸指數；道化學公司所發展的化學程序發生火災及爆炸相對危險程度指數

Engineering Control：工程控制；可將程序維持於安全操作狀況或於操作失常時安全停機的軟/硬體系統

Episodic Event：突發性事件；突然發生（非預期或企劃）的短期事件

Episodic Release：突發性的短期排放

Event：事件：人為或機械設備產生的事件

Event Tree：事件譜，事故樹，描述災變發生的事項及情況系統圖

External Event：外在事件；泛指系統（工廠）以外發生的：

天災 颱風、地震、火災、龍捲風、雷擊

人禍 飛機失事、飛彈、火災、蓄意破壞事件

Failure Mode：失誤模式

Failure Mode and Effects Analysis（FMEA）：失誤模式及影響分析；評析活動或設備失敗的原因、頻率及效應的方法

Failure Tree：失誤譜，故障樹；導致失誤原因的系統圖

Frequency：頻率；單位時間內發生的次數

Hazard：危害；足以造成人體、財產或環境損害的內在性物理/化學特性

Hazard and Operability（HAZOP）Analysis：危害及操作性分析；確定程序危害及操作問題的非計量式系統分析

Hazard Evaluation：危害評析；程序或活動的危害程度的分析

Hazard Identification：危害鑑定物質程序及工廠危害性的鑑定

Human Reliability Analysis：人類行為可靠度分析；分析人類執行任務/工作的可靠度的方法

Incident：意外；可能造成災禍的事件

Likelihood：確度；事件發生的頻率或機率的測量

Mitigation System：干擾災禍蔓延或降低災情後果的設施或系統

Mond Index：蒙得指數；英卜內門公司（ICI）所發展的化學毒性及危害性指數

Quantitative Risk Analysis：危險計量分析；以計量方式分析災禍發生的頻率及後果（危險）的方法

Risk：風險；意外發生的頻率及後果的組合

Risk Assessment：風險評估；評估/分析風險程度的程度

Risk Measures：危險測量；人體受傷或財產損失發生的機率及頻率的組合

Safety System：安全系統；防止意外發生及蔓延的設備或系統

Task Analysis：任務分析；分析人為失誤的方法

Worst Case Consequence：最壞情況（最保守估計）下所可能造成的後果

Worst Credit Incident：可信的最嚴重的意外

〔附錄二〕
1960至1989年間化學、石化、煉油、油氣處理等工業災變

〔**附錄二**〕中簡要述及1960年至1989年，30年間一般化學、石化、煉油與油氣處理業所發生的災變中，財產損失最高的一百件事件。總損失以1990年幣值估計，金額高達52億美元。本資料取材自於美國的 M&M 保防顧問公司所出版的《碳氫化物及化學工業的大型財產損失》（Large Property Damage Losses in the Hydrocarbon – Chemical Industries）。資料中的損失金額數值已轉換爲1990年幣值。

對化學工業而言，1989年是一個不幸的一年，總共有8件意外事件上榜，總損失達9億美元，平均損失爲110,000,000元，約爲前29年平均損失的2.4倍。

化學及石油化學工業

⑴**美國德州高密度聚乙烯工廠爆炸事件**
　　日期：1989年10月23日下午1時
　　地點：美國德克薩斯州帕薩丁納市（Pasadena, Texas, USA）
　　原因：乙烯（原料）及異丁烯（催化劑攜帶流體）由高壓（50公斤/平方公分）反應器迴路中洩出，造成蒸氣雲，瞬間引爆，爆炸威力相當於10噸三硝化甲苯（TNT）炸藥
　　災情：兩個高密度聚乙烯（HDPE）生產工廠全部毀壞
　　傷亡人數：二十餘人死亡，一百多人受傷
　　損失金額：500,000,000美元
⑵**美國伊州乙烯工廠爆炸事件**
　　日期：1989年6月7日
　　地點：美國伊利諾州模里斯市（Morris, Illinois, USA）
　　原因：丙烷去除塔回流槽的排放閥開啓後，乙烯、丙烷、丙烯氣體由2英吋排放管經壓縮機（排放管路安裝錯誤）排出，形成蒸氣雲後引火爆炸
　　災情：整個乙烯工廠遭受破壞（面積約40英畝）
　　損失金額：40,000,000美元

(3)比利時乙二醇工廠事件

　　日期：1989年3月7日

　　地點：比利時安特衛普市（Antwerp, Belgium）

　　原因：醛蒸餾塔的液面指示管路的裂隙，造成少量環氧乙烯洩漏，環氧乙烯又形成聚乙二醇，滲入保溫材料中。當維修工作人員將保溫材料剝開，進行維修時聚乙二醇自行氧化而引燃保溫材料。醛蒸餾塔中的環氧乙烯受熱分解，造成整個蒸餾塔的爆炸，並波及附近工廠。

　　損失金額：80,000,000美元；工廠停工達24個月，營業損失約二億七千萬美元

(4)挪威氯乙烯工廠事件

　　日期：1988年9月8日

　　地點：挪威拉夫納斯市（Rafnes, Norway）

　　原因：氯乙烯由泵浦排放管的氣密墊洩漏，形成蒸氣雲後引爆

　　災情：火勢於1小時內撲滅，儀電器材及通路遭受破壞，但主要設備損失不大。

　　損失金額：12,000,000美元

(5)美國德州綜合石化工廠爆炸事件

　　日期：1987年11月14日

　　地點：美國德克薩斯州帕普市（Pampa, Texas, USA）

　　原因：攝氏140度，壓力50公斤/平方公分的反應器（容量38公秉）爆炸，丁烷由管路中洩出形成蒸氣雲，爆炸原因不詳

　　災情：爆炸破壞主要消防系統，水壓不足，部分消防人員受傷，火勢蔓延了12小時後才被撲滅，許多生產工廠及建築物遭受破壞

　　損失金額：241,100,000美元

(6)美國密西西比州苯胺工廠事件

　　日期：1986年6月15日

　　地點：美國密西西比州的帕斯卡古拉市（Pascagoula, Mississippi, USA）

　　原因：批式蒸餾塔的回流槽上的安全閥，因槽壓過高而開啟，排出的

易燃性液體著火爆炸

災情：鄰近硝化工廠、常壓儲槽（容量318公秉）及高壓儲槽（2,385公秉）因爆炸而損害，大量易燃液體流出，產生大火

損失金額：11,200,000美元

(7)義大利乙烯工廠爆炸事件

日期：1985年5月19日

地點：義大利普瑞奧拉市（Priola, Italy）

原因：氫化工廠的壓力疏解系統開啓，排出易燃性氣體，同時丙烷由乙烷去除蒸餾塔的底部再沸器的凸緣洩漏或壓力疏解系統排出而失火

災情：火勢除了涵蓋乙烯及丙烯蒸餾塔，並蔓延至儲槽區，造成五個密閉儲槽的爆炸，其中一個垂直的丙烷儲槽的槽頂，被彈至450公尺高空，兩個丙烯儲槽頂部被炸開，火勢並蔓延至露天的 API 分離器及三個浮頂儲槽、管線架、馬達控制中心、泵浦等設備遭受嚴重破壞，大火燃燒了40個小時之後，才被撲滅

損失金額：72,800,000美元

(8)美國德州亞瑟港火災事件

日期：1983年7月11日

地點：美國德克薩斯州亞瑟港（Port Arthur, Texas, USA）聚丙烯塑膠加工廠

原因：塑膠混合區發生大火，起火原因不詳

災情：廠房、混和區設備遭受損壞，由於防火牆及防火門的保護，附近倉庫、打包場所、及實驗室損失不大

損失金額：17,800,000美元

(9)美國德州石化工廠爆炸事件

日期：1982年10月4日

地點：美國德克薩斯州自由港（Freeport, Texas, USA）

原因：15千伏特（KV）變壓器失常，變壓器中礦物油失火，並造成爆炸

災情：大火燃燒近6小時，控制室的水泥屋頂崩潰

損失金額：17,200,000美元

⑽加拿大亞伯塔省低密度聚乙烯工廠火災事件

日期：1982年4月18日

地點：加拿大亞伯塔省艾德門頓市（Edmonton，Alberta，Canada）

原因：高壓乙烯氣體由八分之一英吋不銹鋼管洩漏

災情：乙烯洩漏後，遇火花造成大火

損失金額：24,600,000美元

⑾美國賓州費城芳香族工廠事件

日期：1982年3月9日

地點：美國賓夕維尼亞州費城（Philadelphia，Pennsylvania，USA）

原因：工廠停工，但高溫蒸汽仍繼續加熱，造成25,000加侖儲槽過
熱，而排放出有機過氧化物，然後點燃爆炸

災情：一個酚生產工廠完全摧毀，其他兩個受到嚴重損壞

損失金額：29,300,000美元

⑿美國伊州樹脂工廠爆炸事件

日期：1981年2月11日

地點：美國伊利諾州芝加哥高地（Chicago Heights，Illinois，USA）

原因：批式反應器過熱而反應失控，溫度升高，液體沸騰成為氣體後
排出，形成蒸氣雲後，引燃失火

災情：7,000平方英尺的樹脂反應器區及6,000平方英尺倉庫全部摧毀

損失金額：17,400,000美元

⒀美國德拉威爾州聚丙烯工廠爆炸事件

日期：1980年10月21日

地點：美國德拉威爾州新堡市（New castle，Deleware，USA）

原因：維修人員錯將聚丙烯反應器回流管上的一個密閉的排放閥取
掉，造成12,000－16,000磅丙烯洩漏，因而形成蒸氣雲，引燃
後爆炸

災情：大火燃燒40小時，兩條生產線、控制室、產品包裝整理區被嚴
重破壞，壓縮機、溶劑回收、冷卻水塔及倉庫受到部分損壞

損失金額：63,600,000美金

⒁美國德州環氧乙烯工廠爆炸事件

　　日期：1980年7月23日

　　地點：美國德克薩斯州海漂市（Seadrift, Texas, USA）

　　原因：環氧乙烯反應器失火而爆炸

　　災情：反應器及附近設備受到嚴重損害

　　損失金額：16,400,000美元

⒂美國德州酚化丙酮工廠

　　日期：1980年5月17日

　　地點：美國德克薩斯州鹿園市（Deer Park, Texas, USA）

　　原因：泵浦軸承因振動而損壞，排放大量易燃氣/液體

　　災情：蒸餾塔及氣冷式冷卻器遭受破壞

　　損失金額：25,800,000美元

⒃美國波多黎各石化工廠火災事件

　　日期：1979年12月11日

　　地點：美國波多黎各屬地龐西市（Ponce, Puerto Rico, USA）

　　原因：13英呎直徑的環戊二烯雙元體儲槽破裂，15噸重、一又二分之一英吋厚的儲槽鋼蓋彈至460公尺之外的對二甲苯工廠的丙烷冷凍系統上，造成火災

　　災情：約25,000加侖碳氫化合物液體由雙元體/儲槽中及80,000加侖液體由附近溶劑儲槽中排放後失火，火勢蔓延至長寬各50公尺地區，爆炸影響的範圍約20公尺長、70公尺寬

　　損失金額：23,300,000美元

⒄義大利乙烯工廠失火及爆炸事件

　　日期：1977年12月8日

　　地點：義大利布侖迪塞市（Brndisi, Italy）乙烯工廠（年產量：230,000公噸）

　　原因：易燃性碳氫化合物氣體排放後失火爆炸

　　災情：大火於8小時後受控制，3日後才完全息滅，附近兩個乙烯工廠亦遭受損害，3人死亡，22人受傷

　　損失金額：51,500,000美元

⒅美國路州環氧乙烯工廠火災事件

　　日期：1976年8月30日

　　地點：美國路易斯安娜州的樸萊克瑪鎮（Plaquemine, Louisiana, USA）

　　原因：由於反應器的熱交換器洩漏，導致1,379 kpa（200磅/平方英
　　　　　吋）空氣進入而造成有機物排放

　　災情：大火燃燒4小時，損壞了6個反應器及相關設備

　　損失金額：23,200,000美元

⒆美國路州石化工廠爆炸事件

　　日期：1976年5月24日

　　地點：美國路易斯安娜州蓋斯瑪鎮（Geismor, Louisiana, USA）

　　原因：聚乙二醇醚反應器因攪拌器失常，過熱造成反應失控而爆炸

　　災情：反應器頂被彈至520公尺之外，損壞了1,200公秉（320,000加
　　　　　侖）聚乙二醇醚儲槽的噴水系統，大火燃燒1小時30分鐘後被
　　　　　撲滅

　　損失金額：17,300,000美元

⒇荷蘭乙烯工廠爆炸事件

　　日期：1975年11月7日

　　地點：荷蘭比克市（Beek, Netherlands）

　　原因：石油腦裂解工廠中，進料桶上的安全閥的1.5英吋（4公分）輸
　　　　　入管線因過冷脆化而破裂，放出3-5噸的碳氫化合物（丙
　　　　　烯），引火而爆炸

　　災情：破壞附近的儲槽、建築物及其他生產工廠，並波及廠外社區，
　　　　　其他民事損失計2,310件，107人受傷

　　損失金額：46,700,000美元

㉑比利時安特衛普港聚乙烯工廠爆炸事件

　　日期：1975年2月10日

　　地點：比利時安特衛普港（Antwerp, Belgiun）

　　原因：壓縮機進料管的排放管線由於材料疲乏而破裂，總計45公秉
　　　　　（約12,000加侖）高壓液體乙烯洩漏後揮發、點燃後爆炸

　　災情：整個工廠遭受破壞，6人死亡

損失金額：57,800,000美元

(22)美國德州石化工廠爆炸事件

日期：1974年11月29日

地點：美國德克薩斯州博瑪市（Beaumont, Texas, USA）

原因：泵浦的輸入管線破裂，釋放63.6公秉（16,800加侖）碳氫化合物液體，液體揮發產生蒸氣雲，引燃後爆炸

災情：合成橡膠工廠及儲槽區失火，1小時30分鐘後，3.7公尺直徑，60公尺高的蒸餾塔毀壞，又釋放出大量有機液/氣體，2人死亡，10人受傷

損失金額：36,600,000美元

(23)英國人纖工廠爆炸事件

日期：1974年6月1日

地點：英國傅立克斯鎮（Flixborough, United Kingdom）

原因及災情：參閱〔附錄三〕

損失金額：412,200,000美元

(24)日本聚丙烯工廠爆炸事作

日期：1973年10月8日

地點：日本（Goi, Japan）

原因：操作員誤將聚丙烯反應器內的丙烯及己烷排放至一個未加頂蓋的維修中的反應器，液體揮發產生蒸氣雲，引燃爆炸

災情：部分工廠毀壞

損失金額：18,900,000美元

(25)日本乙烯廠爆炸事件

日期：1973年7月8日

地點：日本東古山市（Tokuyama, Japan）

原因：由於儀器用空氣中斷，造成丙烯氫化塔中氫氣濃度過高，導致乙烯氫化，由於反應為放熱反應，溫度過高，結果造成乙烷的分解，洩漏的氫氣、丙烷等引火爆炸

災情：乙烯工廠部分受損，1人死亡，4人受傷

損失金額：40,000,000美元

⒇美國伊州石化工廠爆炸事件

日期：1971年11月7日

地點：美國伊利諾州模里斯市（Morris, Illinois, USA）

原因：蒸汽鍋爐儀表失常，造成蒸汽溫度降低引發一連串的設備及儀
器失常，最後由於環氧乙烯反應器內氧氣濃度過高，氧化反應
失控，造成反應器爆炸

災情：兩個反應器熱媒油加熱系統及壓縮機完全毀壞，火勢於1小時
後被撲滅

損失金額：16,200,000美元

⒇美國德州聚乙烯工廠爆炸事件

日期：1971年2月26日

地點：美國德克薩斯州遠見市（Longview, Texas, USA）

原因：高壓（40,000磅/平方英吋）壓縮機附近管線的排放管破裂，
造成乙烯外洩，乙烯進入壓縮機滅音器後點燃爆炸

災情：12幢建築物被毀壞，但是聚乙烯工廠的設備損失不大，4人死
亡，60人受傷

損失金額：16,500,000美元

⒇美國德州石化工廠爆炸事件

日期：1969年10月23日

地點：美國德克薩斯州德克薩斯市（Texas City, Texas, USA）

原因：乙烯工廠中30公尺高的丁二烯純化塔爆炸，原因不詳，可能是
由於塔內丁二烯受硝酸的催化的熱聚合反應所造成的

災情：丁二烯純化工廠內所有五個蒸餾塔全部損壞

損失金額：26,600,000美元

⒇加拿大聚苯乙烯工廠爆炸事件

日期：1966年10月13日

地點：加拿大魁北克省拉色爾市（Lasalle, Quebec, Canada）

原因：苯乙烯聚合反應失控，造成再沸器上防爆盤破裂，放出700公
斤苯乙烯蒸氣，著火後爆炸

災情：三層樓的聚苯乙烯廠房及供電站被毀壞，倉庫、警衛室及車房

著火，損失慘重。

　　損失金額：11,400,000美元

(30)美國肯塔基州合成橡膠工廠爆炸事件

　　日期：1965年8月25日

　　地點：美國肯塔基州路易維爾市（Louisville, Kentucky, USA）

　　原因：壓縮機內機械失常，造成丙炔、乙烯單體在反應器內循環，由
　　　　　於過熱，丙炔及乙烯分解，造成爆炸

　　災情：反應器、管線損壞

　　損失金額：39,200,000美元

(31)美國麻州聚氯乙烯工廠爆炸事件

　　日期：1964年1月21日

　　地點：美國麻塞諸塞州亞特博若市（Attleboro, Massachusetts, USA）

　　原因：聚氯乙烯反應器洩漏，著火爆炸

　　災情：反應器附近廠房、鍋爐毀壞，20個其他反應器及其他設備亦遭
　　　　　破壞，共放出68公噸氯乙烯

　　損失金額：19,900,000美元

(32)美國肯塔基州氨基乙醇工廠爆炸事件

　　日期：1962年4月17日

　　地點：美國肯塔基州布蘭登堡市（Brandenburg, Kentucky, USA）

　　原因：反應器的過壓將氨氣經環氧乙烯逆流輸入管線，進入環氧乙烯
　　　　　儲槽，由於氨氣的催化作用，造成環氧乙烯的放熱聚合反應及
　　　　　溫度上升，最後造成環氧乙烯的分解而爆炸

　　災情：儲槽及附近設備損失慘重，1人死亡，9人受傷

　　損失金額：20,200,000美元

(33)美國俄州酚工廠爆炸事件

　　日期：1962年4月27日

　　地點：美國俄亥俄州瑪利亞塔市（Marietta, Ohio, USA）

　　原因：苯回流泵浦堵塞後，操作人員企圖以蒸汽清除管線內的雜質，
　　　　　由於高壓蒸汽進入汽提塔造成塔頂6英吋壓力疏解閥開啓，釋
　　　　　放大量苯蒸氣，點燃後爆炸

災情：爆炸後的金屬碎塊損壞附近管線，又釋出約150公秉（40,000
　　　　　加侖）易燃性液體，更加強火勢
　　損失金額：20,200,000美元

⑭美國田州硝化苯工廠爆炸事件
　　日期：1960年4月10日
　　地點：美國田納西州金斯堡市（Kingsport, Tennessee, USA）
　　原因：反應器控制失常，產生約6.6公噸爆炸性苯、硝化苯、硝酸及
　　　　　水的混和蒸氣，爆炸威力相當於6公噸三硝化甲苯（TNT）炸
　　　　　藥
　　災情：反應器附近損失慘重，15人死亡
　　損失金額：39,000,000美元

⑮美國肯塔基州乙醇胺工廠爆炸事件
　　日期：1962年4月17日
　　地點：美國肯塔基州布蘭登市（Brandenburg, Kentucky, USA）
　　原因：6,500加侖環氧乙烯儲槽內少量氨氣促成放熱性聚合反應，溫
　　　　　度升高，造成環氧乙烯分解而爆炸
　　災情：嚴重
　　損失金額：20,200,000美元

煉油工業

⑴美國路州煉油廠爆炸事件
　　日期：1989年12月24日
　　地點：美國路易斯安娜州的巴頓露治市（Baton Rouge, Louisiana,
　　　　　USA）
　　原因：溫度驟降至攝氏零下12度（−12℃），造成一個8英吋管徑、
　　　　　壓力4,826 kpa（700 psig）原料輸送管破裂，放出大量乙烷及
　　　　　丙烷氣體
　　災情：氣體著火爆炸（非局限蒸氣雲爆炸），10公里之外的窗戶被震
　　　　　碎，爆炸後，又損壞37個輸送管線，並引發兩個大型柴油儲槽

（14,000公秉），12個潤滑油儲槽，另外尚有兩個生產工廠著火，火勢於14小時後被撲滅，整個煉油廠停工3天

損失金額：44,700,000美元

(2)處女島颱風損壞煉油廠事件

日期：1989年9月18日

地點：處女島聖克羅克斯市（St. Croix, Virgin Islands）

原因：雨果颱風（Hurricane Hugo）過境，風速高達150英里/時

災情：許多大型儲槽（500,000－600,000桶容量）及建築物損壞，生產工廠損失輕微

損失金額：62,400,000美元

(3)美國加州催化裂解工廠爆炸事件

日期：1989年9月5日

地點：美國加利福尼亞州馬丁尼茲市（Martinez, California, USA）煉油工廠

原因：氫化反應部分的分離器排放管線破裂，釋出大量氫氣及碳氫化合物

災情：排放氣體著火爆炸，整個催化裂解（FCC）工廠損壞

損失金額：52,000,000美元

(4)美國加州加氫裂解工廠失火事件

日期：1989年4月10日

地點：美國加利福尼亞州瑞奇蒙市（Richmond, California, USA）

原因：2英吋直徑約19,305 kpa（2,800 psig）的氫氣管線焊接部分洩漏而失火

災情：30公尺、高3.6公尺直徑的加氫裂解反應器（Hydrocracker）銷毀，煉油廠產量降低25%達5個月之久，全部損失必須花費兩年始能修復

損失金額：93,600,000美元

(5)新加坡石油腦儲槽失火事件

日期：1988年10月25日

地點：新加坡普魯馬利曼島（Pulua Merliman, Singapore）

原因：連續兩天大雨，將一個41公尺直徑、15公尺高的石油腦儲槽部
分浸入水中，並損壞槽頂及槽壁

災情：洩漏的石油腦著火，火勢蔓延至其他3個儲槽

損失金額：13,100,000美元

(6)美國德州儲槽失火事件

日期：1988年6月8日

地點：美國德克薩斯州亞瑟港（Port Arther, Texas, USA）煉油廠

原因：煉油廠儲槽區泵浦站的6英吋丙烷管線破裂，丙烷洩漏，形成
蒸氣雲後失火

災情：火勢蔓延至四個3,000公秉儲槽及35條管線，長度達400公尺，
大火於20小時後被撲滅

損失金額：17,400,000美元

(7)美國路州煉油廠催化裂解工廠爆炸事件

日期：1988年5月5日

地點：美國路易斯安娜州諾寇鎮（Norco, Louisiana, USA）

原因：15公尺高的丙烷分餾塔附近管線（8英吋直徑），因腐蝕原因
而破裂，放出9,000公斤丙烷、丙烯

災情：蒸氣雲爆炸，損壞控制室及一個8公尺直徑的蒸餾塔，12條主
要管線及設備被毀壞，10公里以外社區損失達5,200件

損失金額：327,000,000美元

(8)美國加州烴化工廠火災事件

日期：1987年11月24日

地點：美國加利福尼亞州特羅斯鎮（Torrance, California, USA）煉
油廠

原因：煉油廠中烴化工廠的丙烷/氫氧化鉀處理槽破裂，碎片彈射至
管線中，造成多數管線破裂及燃燒塔損壞

災情：大火損壞氟化氫去除塔、氧化鋁處理槽及丙烷去除塔

損失金額：16,800,000美元

(9)加拿大安大略省氫化反應器洩漏事件

日期：1987年6月23日

地點：加拿大安大略省密斯梭加市（Mississauga, Ontario, Canada）

原因：氫化反應器（操作壓力21,000 kpa，388℃）的2英吋（50公厘）氫管洩漏，12分鐘後氫氣著火

災情：大火燃燒2天之久，毀壞了反應器

損失金額：22,400,000美元

(10)英國氫化裂解工廠爆炸事件

日期：1987年3月22日

地點：英國格蘭傑茅斯市（Grangemouth, United Kingdom）煉油廠

原因：蒸餾液氫化裂解工廠（29,000桶/天容量）起動時，由於分離器壓力過高而爆炸

災情：9公尺高、3公尺直徑的分離器因爆炸而破碎，一個重約3公噸的碎片被彈至1,000公尺高空，大火燃燒19小時

損失金額：87,900,000美元

(11)美國伊州煉油廠脫蠟工廠爆炸事件

日期：1985年1月23日

地點：美國伊利諾州木河市（Wood River, Illinois, USA）

原因：去蠟/去柏油工廠中丙烷管線，因溫度太低凍結後，造成管線破裂，放出丙烷

災情：丙烷形成蒸氣雲後爆炸

損失金額：25,200,000美元

(12)委瑞內拉加氫脫硫工廠爆炸事件

日期：1984年12月13日

地點：委瑞內拉拉斯皮德斯市（Las Piedras, Venzuela）600,000桶/天煉油廠

原因：輸送4,900 kpa（700 psi）、360℃熱油的8英吋直徑管線破裂，熱油噴至附近的氫氣工廠後著火

災情：大火造成16英吋直徑的氣體輸送管線破裂，氣體釋放後著火爆炸，毀壞附近工廠的主要設備，三個氫氣工廠及四個加氫脫硫

工廠遭到嚴重損壞

損失金額：70,100,000美元

(13)加拿大流化床石油焦工廠火災事件

日期：1984年8月15日

地點：加拿大亞伯塔省麥克摩瑞堡（Ft. McMurracy, Alberta, Canada）煉油廠

原因：82,000桶/天容量的流化床石油焦工廠中的一個直徑10英吋的油漿回流管線因沖蝕而破裂，釋放大量油氣

災情：油氣形成蒸氣雲，籠罩整個工廠後著火，火勢蔓延至約30公尺長45公尺寬的地區，反應器、分餾塔、輕油汽提塔、15,000馬力的送風機及管線嚴重遭受損害

損失金額：85,900,000美元

(14)美國伊州氨基乙醇吸收塔破裂事件

日期：1984年7月23日

地點：美國伊利諾州羅密歐維爾市（Romeoville, Illinois, USA）煉油廠

原因：16.5公尺高、2.4公尺直徑的甲基乙基胺（MEA）吸收塔破裂

災情：釋放出500桶丙烷/丁烷混和物及50桶氨基乙醇後著火爆炸，將20噸重的吸收塔彈到1,050公尺之外的138,000伏特電力輸送塔上，大火蔓延至烯類工廠，流化床催化裂解工廠及烴化工廠，半小時之後，烴化工廠儲槽中便發生了沸騰液體膨脹蒸氣爆炸（BLEVE），將儲槽碎片彈至150公尺之外，毀壞油氣輸送管線及水處理工廠的儲槽

損失金額：143,500,000美元

(15)印度煉油廠爆炸事件

日期：1984年3月8日

地點：印度克瑞拉市（Kerala, India）

原因：實際原因不詳，據判斷可能是由於熱交換器中的輕油經管線裂隙進入冷卻水系統，然後由冷卻水塔釋放

災情：油氣釋放後著火爆炸，火勢蔓延至兩個石油腦儲槽、一個噴射

機燃料槽及化學品倉庫救火站亦受損壞，無法及時救火，大火
燃燒77個小時，冷卻水塔完全損壞，發電站及電力系統及公共
設施工廠控制室損失嚴重

損失金額：13,600,000美元

⒃英國煉油廠儲槽失火事件

日期：1983年8月30日

地點：英國密爾頓海汾市（Milton Haven, United Kingdom）

原因：600,000桶容量浮頂原油儲槽（直徑80公尺，高度20公尺）釋
放的油氣與100公尺外燃燒塔噴出的碳粒接觸著火，大火蔓延
達4英畝區域，失火儲槽完全損壞，其他兩個鄰近的儲槽亦遭
破壞，並損失132,000桶原油

損失金額：17,300,000美元

⒄美國加州煉油廠流化床催化裂解工廠失火事件

日期：1983年4月7日

地點：美國加利福尼亞州雅芳市（Avon, California, USA）

原因：12英吋直徑的油漿回流管破裂，放出360℃的油氣後著火

災情：催化反應器、催化劑再生器、分餾塔及管線，儀控設備遭到嚴
重破壞

損失金額：56,300,000美元

⒅加拿大亞伯塔省頁岩油煉製工廠失火事件

日期：1982年1月20日

地點：加拿大亞伯塔省麥克摩瑞堡

原因：氫氣壓縮機的10,500 kpa（1,500 psi）潤滑油系統著火

災情：三個離心式氫氣壓縮機、一個天然氣壓縮機受損

損失金額：24,600,000美元

⒆科威特油槽失火事件

日期：1981年8月20日

地點：科威特速瓦拔鎖（Suaiba, Kuwait）

原因：不詳，火勢是由儲槽區石油腦泵浦管線開始的

災情：八個油品儲槽完全銷煅，槽中油品亦完全損失

損失金額：124,000,000美元

⒇美國德州氫化裂解工廠失火事件

日期：1980年12月31日

地點：美國德克薩斯州科帕斯提市（Corpus Christi，Texas，USA）

原因：煉油廠氫化裂解工廠中的壓力爲17,500 kpa（2,500 psi）反應器破裂，裂隙長達50公分，噴出大量油氣後著火

災情：大火燃燒四又二分之一小時，裂解工廠損失慘重

損失金額：23,600,000美元

㉑澳洲雪梨市丁烷去除柏油工廠爆炸事件

日期：1980年6月26日

地點：澳大利亞洲雪梨市（Sydney，Australia）

原因：加熱爐爆炸

災情：不詳

損失金額：25,000,000美元

㉒美國德州煉油廠烴化工廠爆炸事件

日期：1980年1月20日

地點：美國德克薩斯州博格鎮（Borger，Texas，USA）

原因：16,800桶/天處理量的中管線或容器破裂，釋放出大量易燃物質

災情：易燃物質形成大形氣雲後著火爆炸，損壞整個烴化工廠以及鍋爐，並造成催化裂解、氣體轉化、烴鍵轉化及油氣處理等工廠不同程度的損壞

損失金額：48,500,000美元

㉓美國加州流化床石油焦工廠控制系統破壞事件

日期：1980年1月8日

地點：美國加利福尼亞州雅芳市（Avon，California，USA）煉油廠

原因：工會罷工前控制儀器遭受人爲破壞

災情：工廠停機，生產停頓一段時期

損失金額：20,900,000美元，營業損失高達69,000,000美元

(24)澳洲煉油廠火災事件

　　日期：1979年12月11日

　　地點：澳大利亞吉朗市（Geelong, Australia）

　　原因：原油泵浦殼壁破裂，釋放出高溫原油

　　災情：泵浦及其覆蓋建築物為大火銷燬

　　損失金額：17,400,000美元

(25)美國德州蒸餾油儲槽爆炸事件

　　日期：1979年9月1日

　　地點：美國德克薩斯州鹿園市（Deer Park, Texas, USA）煉油廠

　　原因：閃電造成蒸餾油儲槽（容量：70,000立方公尺）及乙醇儲槽
　　　　　（容量：80,000桶）著火爆炸

　　災情：儲槽、碼頭上油輪、碼頭、四個汽油及原油槽船嚴重損壞

　　損失金額：105,400,000美元

(26)美國德州烴化工廠爆炸事件

　　日期：1979年7月21日

　　地點：美國德克薩斯州德克薩斯市（Texas City, Texas, USA）

　　原因：烴化工廠的丙烷去除蒸餾塔回流槽12英吋直徑的管線破裂，釋
　　　　　放出大量丙烷

　　災情：釋放的碳氫化合物形成蒸氣雲，飄浮至200公尺外的催化裂解
　　　　　工廠，著火爆炸，烴化、催化裂解、鍋爐及控制室損失慘重，
　　　　　冷卻水塔亦受損，震波將一公里外房屋窗戶震破

　　損失金額：37,200,000美元

(27)美國新澤西州催化裂解工廠爆炸事件

　　日期：1979年3月20日

　　地點：美國新澤西州林頓市（Lindon, New Jersey, USA）

　　原因：催化裂解工廠管線破裂，釋放出的丙/丁烷，形成蒸氣雲後，
　　　　　著火爆炸

　　災情：蒸氣雲籠罩一又二分之一英畝地區，厚度約2公尺，催化工廠
　　　　　及控制室慘遭破壞

　　損失金額：27,100,000美元

(28)美國科州催化聚合工廠爆炸事件

　　日期：1978年10月3日

　　地點：美國科羅拉多州丹佛市（Denver, Colorado, USA）

　　原因：催化聚合工廠中的丙烷穩定蒸餾塔再沸器管線破裂，釋放大量
　　　　　丙烷

　　災情：丙烷形成蒸氣雲後爆炸，摧毀催化聚合工廠，並損壞其他工廠

　　損失金額：37,100,000美元

(29)美國德州烴化工廠儲槽爆炸事件

　　日期：1978年5月30日

　　地點：美國德克薩斯州德克薩斯市（Texas City, Texas, USA）煉油
　　　　　廠

　　原因：800公秉（5,000桶）容量的球形儲槽進料時，因儀器及疏解閥
　　　　　失常，壓力過高而破裂，釋放大量油氣，著火爆炸

　　災情：碎片損壞其他五個筒形容器（容量：160公秉）、兩個球形儲
　　　　　槽（容量：800公秉）、附近其他工廠消防水槽及水泵儲槽，
　　　　　並點燃洩漏的碳氫化合物，更加強火勢

　　損失金額：93,000,000美元

(30)美國路州催化裂解工廠爆炸事件

　　日期：1977年10月17日

　　地點：美國路易斯安娜州的巴頓露治市（Baton Rouge, Louisiana,
　　　　　USA）

　　原因：催化裂解工廠的預熱爐，因電路短路著火而爆炸

　　災情：預熱爐完全摧毀

　　損失金額：17,000,000美元

(31)美國伊利諾州儲槽失火事件

　　日期：1977年9月24日

　　地點：美國伊利諾州羅密歐維爾市（Romeoville, Illinois, USA）

　　原因：60公尺直徑的錐頂柴油儲槽遭雷擊而破裂

　　災情：槽頂彈至70公尺外一個30公尺直徑的汽油儲槽及24公尺外54公
　　　　　尺直徑儲槽上，柴油儲槽被雷擊中後，馬上著火，其他兩個儲

槽完全損壞，所盛裝的油品完全流失

損失金額：14,600,000美元

(32)**美國賓州油槽失火事件**

日期：1975年8月17日

地點：美國賓夕維尼亞州費城（Philadelphia, Pennsylvania, USA）

原因：10,000公秉（60,000桶）容量的浮頂儲槽於進料時，液面超過最高限制而溢流，釋放出大量揮發性油氣，油氣被風吹至鍋爐房後著火

災情：鍋爐房的煙囪受損，儲槽管線破裂，釋放大量原油，大火損壞了其餘四個儲槽及行政辦公大樓

損失金額：26,500,000美元

(33)**美國加州流化床石油焦工廠失火事件**

日期：1975年3月16日

地點：美國加利福尼亞州雅芳市（Avon, Califoinia, USA）煉油廠

原因：進料槽因排放加速造成的真空而破裂，釋放出大量熱油後著火燃燒

災情：大火燃燒12個小時，由於儀器失常，又造成另一個火災，鍋爐損壞嚴重

損失金額：21,200,000美元

(34)**美國賓州油輪爆炸事件**

日期：1975年1月31日

地點：美國賓夕維尼亞州（賓州）的馬克斯虎克港（Marcus Hook, Pennsylvania, USA）

原因：180公尺長的化學品運輸輪失控，撞上一個225公尺長的油輪，油輪內原油著火爆炸

災情：油輪損失慘重，釋放出大量的燃燒熱油，覆蓋近2,000公尺水面，600公尺長的碼頭及30公尺、寬90公尺長的倉庫著火，火勢持續30個小時

損失金額：16,000,000美元

⑶5處女島聖克羅克斯市加氫脫硫工廠失火事件

　　日期：1973年8月24日

　　地點：處女島聖克羅克斯市（St. Croix, Virigin Island）

　　原因：高/低壓分離塔之間管線破裂，釋放氫氣及碳氫物質，遇熱著
　　　　　火

　　災情：大火燃燒3小時，強風將火勢蔓延至40公尺的管線，並摧毀氣
　　　　　冷式冷卻器，其他設備亦遭部分破壞

　　損失金額：28,400,000美元

⑶6美國蒙州烴化工廠爆炸事件

　　日期：1972年8月14日

　　地點：美國蒙他拿州畢林斯市（Billings, Montana, USA）

　　原因：丁烷去除塔的加熱器管線堵塞，維修人員企圖清除過濾器時，
　　　　　丁烷噴出而著火爆炸

　　災情：分餾塔及進料槽著火爆炸，火勢燃燒二又二分之一小時

　　損失金額：14,000,000美元

⑶7巴西液化石油氣儲槽爆炸事件

　　日期：1972年3月30日

　　地點：巴西里約熱內盧市（Rio De Janerio, Brazil）

　　原因：256,000桶/天生產量的煉油廠內液化石油氣儲槽的積水，操作
　　　　　員將排放閥開啟以排除積水時，因操作員擅離職守，未能及時
　　　　　關閉，造成液化石油氣的洩漏

　　災情：洩漏油氣形成大型蒸氣雲點燃爆炸，火勢蔓延至整個儲槽區，
　　　　　並造成其餘三個儲槽爆作，總共毀壞了21個儲槽，辦公大樓及
　　　　　其他設施

　　損失金額：13,400,000美元

⑶8美國新州加氫裂解工廠爆炸事件

　　日期：1970年12月5日

　　地點：美國新澤西州林頓市（Linden, New Jersey, USA）

　　原因：加氫裂解工廠的流化床反應器（壓力：17,236kpa, 2,500psi）
　　　　　由於局部過熱爆炸

災情：爆炸影響範圍半徑達90公尺，附近催化裂解工廠、原油分餾工廠及控制室遭受嚴重損壞，廠外財產損失件數達7,000件

損失金額：84,500,000美元

(39)**美國德州廢油槽洩漏失火事件**

日期：1970年9月17日

地點：美國德克薩斯州博瑪市（Beaumont, Texas, USA）

原因：2,400公秉（15,000桶）容量的廢油槽遭電擊破裂，洩漏1,750公秉（11,000桶）廢油

災情：廢油著火燃燒12小時，損壞許多儲槽

損失金額：20,200,000美元

(40)**美國德州煉油廠遭颱風破壞事件**

日期：1970年8月3日

地點：美國德克薩斯州的科帕斯基斯提市（Corpus Christi, Texas, USA）

原因：西利亞颶風（Hurricane Celia）風速140－160英哩/時。

災情：熱裂解反應器被風吹斷，並損失30個儲槽及電力設備

損失金額：23,000,000美元

(41)**荷蘭廢油儲槽失火事件**

日期：1968年1月20日

地點：荷蘭波尼斯市（Pernis, Netherlands）

原因：廢油槽內熱油和水的混和物與揮發性碳氫化合物反應，造成液體沸騰及蒸氣釋放

災情：有機蒸氣著火燃燒，籠罩在30英畝地區內，約佔整個煉油廠的15％。兩個蠟裂解工廠，一個石油腦裂解工廠、硫工廠及80個儲槽遭到嚴重損壞，廠區外5公里處財產亦遭受損失

損失金額：97,700,000美元

(42)**美國加州油池雷擊事件**

日期：19767年12月19日

地點：美國加尼福尼亞州艾爾薩剛多市（El Segundo, California, USA）

原因：儲存846,000桶燃料油的240公尺長、140公尺寬、6公尺高的油池遭雷擊中而著火，頂蓋雖然裝置避雷針，但未發生作用

災情：1,000,000桶燃料油著火燃燒，達三天之久，籠罩7.5英畝地區

損失金額：13,500,000美元

(43) 美國路州烴化工廠爆炸事件

日期：1967年8月8日

地點：美國路易斯安娜州的查爾斯湖市（Lake Charles, Louisiana, USA）

原因：兩個烴化工廠之間的8英吋閥洩漏，維修人員在使用770 kpa（110 psi）消防用水以取代管線中的異丁烷時，因水壓過高，將閥震裂，造成66公秉異丁烷排放

災情：異丁烷形成蒸氣雲，籠罩240公尺長，90公尺寬的地區，著火爆炸，毀壞一個烴化工廠，並嚴重損壞另一個烴化工廠，一個延遲石油焦工廠及一個催化重組工廠，兩個球形槽及冷卻水塔亦遭破壞，並造成許多錐形儲槽失火，爆炸損壞鍋爐及發電設備

損失金額：63,100,000美元

(44) 法國煉油廠丁烷儲槽失火爆炸事件

日期：1966年1月4日

地點：法國里昂市費眞區（Feyzin, Lyons, France）

原因：丁烷自直徑15公尺、容量2,000公秉（12,600桶）的球形丁烷儲槽上的2吋接頭處洩漏後失火

災情：大火燃燒1小時後，儲槽崩潰時100公噸的碎片炸至1.2公里以外，碎片損壞40條管線，並將另一儲槽支柱打壞，造成儲槽傾倒，其他3個丁烷儲槽亦因燃燒而破裂

損失金額：68,800,000美元

(45) 日本煉油廠爆炸事件

日期：1964年6月14日

地點：日本尼加塔市（Nigata, Japan）

原因：47,000桶/天處理量的煉油廠因地震（7.7）級，造成大火

災情：儲槽洩漏，油品著火燃燒，6小時後360公尺外煉油工廠爆炸，
　　　97個油槽完全損壞，原油損失約175,000公秉（1,100,000
　　　桶），其他工廠亦遭破壞

損失金額：87,300,000美元

氣體處理業

(1)沙烏地阿拉伯丙烷爆炸事件
　　日期：1987年8月15日
　　地點：沙烏地阿拉伯羅斯譚努瓦市（Ras Tanuva, Saudi Arabia）
　　原因：停電造成氣體分餾工廠釋放大量丙烷，著火後爆炸
　　災情：不詳
　　損失金額：67,200,000美元

(2)美國路州氣體處理工廠失火事件
　　日期：1984年9月30日
　　地點：美國路易斯安娜州貝西爾市（Basile, Louisiana）
　　原因：每天處理1.35百萬立方英尺的天然氣工廠內的吸收塔底部的一
　　　　　又二分之一英吋排放管線破裂，釋放出吸收油及氣體
　　災情：釋放之油氣著火燃燒，3公尺直徑、23公尺高的吸收塔傾倒，
　　　　　11,000馬力的氣體壓縮機及廢熱回收設備完全破壞
　　損失金額：33,900,000美元

(3)印度液化天然氣工廠失火事件
　　日期：1983年4月14日
　　地點：印度博譚市（Bontang, India）
　　原因：52公尺高、4公尺直徑的熱交換器，因排放管線上的24英吋的
　　　　　閥關閉，壓力過高而破裂，釋放大量氣體，氣體著火後燃燒
　　損失金額：57,500,000美元

(4)沙烏地阿拉伯氣體工廠爆炸事件
　　日期：1978年4月15日
　　地點：沙烏地阿拉伯亞伯寇克市（Abqaiq, Saudi Arabia）

原因：22英吋直徑的天然氣輸送管線，因腐蝕洩漏出大量氣體，著火
　　　　　後爆炸

　　災情：一個10,000桶容量的球形儲槽失火，鄰近氣體處理工廠損失慘
　　　　　重，震壓約7.8磅/平方英吋

　　損失金額：90,800,000美元

(5)沙烏地阿拉伯燃氣管破裂失火事件

　　日期：1977年6月4日

　　地點：沙烏地阿拉伯亞伯寇克市（Abqaiq, Saudi Arabia）

　　原因：3,500 kpa（500 psi）壓力的燃氣管線破裂

　　災情：排放的燃氣形成蒸氣雲，籠罩120公尺寬、150公尺長的地區，
　　　　　氣雲著火後爆炸

　　損失金額：19,300,000美元

(6)沙烏地拉伯原油輸送管破裂事件

　　日期：1977年5月11日

　　地點：沙烏地阿拉伯亞伯寇克市

　　原因：30英吋直徑的原油輸送管破裂，原油著火燃燒

　　災情：大火損壞三個球形儲槽（容量：40,000桶）泵浦站及其他相關
　　　　　設備

　　損失金額：99,200,000美元

(7)卡達丙烷儲槽破裂事件

　　日期：1977年4月3日

　　地點：卡達烏姆薩鎮（Umm Said, Qatar）

　　原因：容量260,000桶（41,356公秉）冷凍丙烷儲槽（溫度：－4
　　　　　2℃）破裂，釋放出51,000桶丙烷後，著火燃燒

　　災情：附近一個125,000桶容量的丁烷儲槽及處理設備完全損壞

　　損失金額：139,000,000美元

油氣儲存及轉運站

(1)美國賓州油槽破裂事件

　　日期：1988年1月2日

　　地點：美國賓夕維尼亞州的佛羅瑞夫港（Floreffe, Pennsylvania, USA）

　　原因：36公尺直徑、15公尺高的油槽破裂，釋放92,400桶柴油，破裂
　　　　　原因不詳，可能是由於焊接或材質發生問題

　　災情：釋放大量柴油於河川之中，污染環境，幸未失火

　　損失金額：14,500,000美元

(2)義大利儲油區爆炸事件

　　日期：1985年12月21日

　　地點：義大利尼布拉斯市（Naples, Italy）

　　原因：一個儲槽進料時，因溢流而排放大量油氣，著火後爆炸

　　災情：24個儲槽遭受破壞，流失27,000公噸汽油以及燃料油，火勢蔓
　　　　　延至3.7英畝，燃燒3天半後，才被撲滅

　　損失金額：47,000,000美元

(3)美國德州液化石油氣儲槽區爆炸事件

　　日期：1985年11月5日

　　地點：美國德克薩斯州蒙白茂油鎮（Mont Belvieu, Texas, USA）

　　原因：10英吋直徑壓力5,600 kpa（800 psi）丙烷管線被維修人員切
　　　　　斷，釋放出30,000加侖液化石油氣，著火後爆炸

　　災情：大火燃燒6小時後被撲滅，控制室及室內儀控電子設備損失慘
　　　　　重。

　　損失金額：44,800,000美元

(4)墨西哥液化天然氣儲存/轉運站爆炸事件

　　日期：1984年11月19日

　　地點：墨西哥墨西哥市（Mexico City, Mexico）

　　原因：球形儲槽的8英吋管線破裂，釋放出大量液化石油氣，形成蒸
　　　　　氣雲後，著火爆炸

災情：火球直徑約360公尺，四個球形儲槽及44個筒形儲槽被毀壞，
　　　幾個20公噸重的儲槽被彈至1,200公尺以外

損失金額：22,500,000美元

(5)美國新州油品儲存站儲槽爆炸事件

日期：1983年1月7日

地點：美國新澤西州紐沃克市（Newark, New Jersey, USA）

原因：1300桶汽油由42,000桶容量儲槽中溢流，油氣著火後爆炸

災情：三個儲槽及一個混和槽被燒毀，共損失120,000桶汽油，儲存
　　　站損失約12,000,000美元，附近財產損失約28,000,000美元

損失金額：40,300,000美元

(6)美國德克薩斯州油輪爆炸事件

日期：1979年4月19日

地點：美國德克薩斯州納裘斯港（Port Neches, Texas, USA）

原因：256公尺長，12萬噸油輪於港內輸油時，遭雷擊中失火爆炸

災情：其他4艘油輪亦失火

損失金額：49,000,000

(7)愛爾蘭班翠灣爆炸事件

日期：1979年1月8日

地點：愛爾蘭班翠灣（Bantry Bay, Ireland）

原因：12萬噸油輪甲板上失火，半小時後爆炸

災情：油輪完全損壞，340公尺長的水泥及鋼材碼頭亦遭破壞

損失金額：31,900,000美元

(8)美國南加州油輪爆炸事件

日期：1976年12月17日

地點：美國加利福尼亞州洛杉磯市（Los Angles, California, USA）

原因：7萬公噸油輪卸油時，著火爆炸，失火是由泵浦火花所引發的

災情：油輪中間部分及艦橋被炸開，彈至水泥碼頭上

損失金額：23,200,000美元

(9)義大利儲槽爆炸事件

    日期：1972年8月4日

    地點：義大利崔斯蒂港（Trieste, Italy）

    原因：恐怖份子以炸藥放置於四個原油儲槽（50公尺直徑，500,000桶容量）的排放管線（直徑40英吋）上，然後引爆

    災情：二個儲槽完全毀壞，三個損失嚴重，其餘三個損壞較輕

    損失金額：29,700,000美元

其他

(1)德國油漆工廠爆炸事件

    日期：1989年2月14日

    地點：德國烏爾丁根（Urdingen, Germany）

    原因：油漆工廠的混和槽因溫度失控，升至攝氏210度後爆炸

    災情：釋放易燃物質著火燃燒，毀壞工廠內建築物

    損失金額：財產損失達41,600,000美元，營業損失則高達85,000,000美元

(2)美國阿拉斯加州儲槽破裂事件

    日期：1983年5月26日

    地點：美國阿拉斯加州普魯休灣（Prudhoe Bay, Alaska, USA）

    原因：輸油站小型天然氣液體（NGL）儲槽破裂

    災情：釋放的油氣著火燃燒，但原油輸送停頓的時間很短

    損失金額：40,300,000美元

(3)加拿大亞伯塔省天然氣壓縮站管線爆炸事件

    日期：1980年2月26日

    地點：加拿大亞伯塔省布魯克市（Brooks, Alberta, Canada）

    原因：地下天然氣管線上的門閥（Gate Valve）凸緣與36英吋管線接頭處洩漏後，著火爆炸

    災情：壓縮站損失慘重，兩個20,000馬力的渦輪壓縮機毀壞，另一個遭到嚴重破壞，180公尺外的控制室及測試室亦被炸壞，是天

　　　　然氣工業損失最大的意外事件

　　損失金額：55,600,000美元

(4)美國阿拉斯加州原油泵浦站失火事件

　　日期：1977年7月8日

　　地點：美國阿拉斯加州費爾班克市（Fairbanks, Alaska, USA）

　　原因：原油泵浦起動時，操作人員失誤，將26英吋管線上的過濾器蓋
　　　　　板除去，造成原油釋放

　　災情：原油著火燃燒3小時後被撲滅，泵浦站損失嚴重

　　損失金額：72,100,000美元

(5)加拿大亞伯塔省合成油工廠失火事件

　　日期：1987年10月11日

　　地點：加拿大亞伯塔省麥克摩瑞堡（Ft. McMurray, Alberta, Canada）

　　原因：礦場至工廠輸送帶的軸承過熱而造成輸送帶及焦油砂（Tar
　　　　　Sands）失火

　　災情：五層樓高的處理工廠頂部及上面三層結構傾倒，控制室頂部的
　　　　　10個含多氯聯苯絕緣油的變壓器亦受影響，造成多氯聯苯的潑
　　　　　灑，火勢在幾小時內控制住，但是儲槽內的焦油砂燃燒了2天
　　　　　後才熄滅

　　損失金額：39,700,000美元

〔附錄三〕
嚴重化學災變

〔**附錄三**〕詳細描述下列七個災情嚴重的化學災變以供讀者參考：

(1)美國加州里其蒙通用化學公司（Richmond General Chemical Co., Richmond, California, USA）硫酸雲霧排放事件。

(2)美國德州菲力浦化學公司（Philips Chemical Co., Pasadena, Texas, USA）聚乙烯工廠爆炸事件。

(3)北海油田生產平台爆炸事件。

(4)美國內華達州太平洋工程以及其生產公司（Pacific Engineering and Production Company, USA）過氯酸銨工廠爆炸事件。

(5)印度博帕市聯碳化學公司（Union Carbide Corp., Bhopal, India）化工廠劇毒氣體外洩事件。

(6)英國傅立克斯鎮（Flixborough, UK）人纖工廠爆炸事件。

(7)意大利薩維梭鎮（Seveso, Italy）艾克梅沙化學工廠（Icmesa Chemical Co.）四氯雙苯戴奧辛散佈事件。

這七個災變都具其特殊性及影響性。

第一個事件的災害並不太，但是發生在人口稠密地區，直接造成舊金山灣區兩千餘人中毒求醫；德州聚乙烯工廠爆炸事件，財產損失達5億美元，傷亡數十人，聚乙烯價格也因缺貨而急速上漲；北海油田平台爆炸事件死亡人數超過150人，是有史以來，最嚴重的外海平台意外；英國傅立克斯鎮爆炸事件，震驚整個英國化學工業界，促起政府制定法規及工程界加強程序安全技術發展；義大利薩維梭事件造成環境長期性的污染及居民中毒，促起歐洲共同市場頒佈「薩維梭訓令」；印度博帕毒氣外洩事件造成二千多人死亡，訴訟長達數年之久，造成聯碳公司名譽及財務上的巨大損失。

美國加州里其蒙化工廠硫酸雲霧外洩事件

依據美國1993年7月27日世界日報報導,一節鐵路化學品槽車於7月26日溢出的硫酸,在舊金山灣區里其蒙市約1,000英呎的上空,形成一片廣達6至8哩雲霧(圖Ⅲ–1),至少150人,進入溪邊醫院就醫,症狀包含:眼睛酸痛、反胃、呼吸困難,其他4家醫院亦有類似病患多人前往就醫,總求醫者至少有兩千人之多。

硫酸雲外洩後,八十號州際公路暫時停閉,地區公共汽車及捷運站也關站。

此一意外事件的發生,是由於里其蒙通用化學公司(Richmond General Chemical Company)的工作人員於26日上午7時15分時,移動這節充滿高壓濃縮硫酸的槽車時,槽車內的巨大壓力將安全閥衝開所造成的。

此漏氣事件長達4小時,穿著防護衣的工作人員在上午11時左右,才把安全閥封住,結束了硫酸的外洩。

此事件的財產損失甚低,而且並未造成人員的死亡,但是由於發生在人煙稠密地區,至少有二千人中毒,並造成附近交通停頓,對於舊金山灣區居民的心理威脅很大,影響相當深遠。

美國德州聚乙烯工廠爆炸事件

1989年10月23日位於美國德州帕薩丁納(Pasadena, Texas, USA)市的菲力浦化學公司所屬的高密度聚乙烯工廠發生爆炸事件(圖Ⅲ–2),造成23人死亡、124人受傷,爆炸威力相於10噸的三硝化甲苯炸藥,一時黑煙蔽天,周圍10哩之內皆會感到震波,兩個生產高密度聚乙烯的工廠全部被毀壞,財產損失高達5億美元。

爆炸是由於乙烯原料及異丁烯(催化劑攜帶流體)由高壓(50公斤/平方公分)反應迴路中洩出,形成巨大的蒸氣雲後,遇點火源著火爆炸。至於為何乙烯及異丁烯會由迴路中逸出,雖難有定論,但決非操作失誤或蓄意破壞所造成的。最可信的原因為維護工作執行得不夠徹底,以及安全

資料來源：1993年7月27日《美國世界日報》第一版。

圖Ⅲ－1 美國里其蒙市硫酸外洩圖

資料來源：Chemical & Eng. New ,p4,Oct.30,1989.

圖Ⅲ－2 美國德州菲力浦化學公司聚乙烯工廠爆炸圖

管理不當。美國職業安全與健康署調查報告中，指出廠方作業及管理不合安全規定者，達55項之多，應繳交罰款570萬元。工會則將責任推至公司管理階層，因為公司為了降低人事負擔，使用大量臨時合約雇工，合約員工的經驗及安全訓練皆較正式工會成員為低，易於失誤及疏忽。

由於該工廠產量佔美國高密度聚乙烯市場的需求量17％，爆炸後，供應失調，價格上漲約8－10％。

此事件發生以後，震驚美國化學工業界、國會及政府主管機關，因而加速工業安全管理法規之修正，OSHA 1910·119（化學工廠風險管理系統法規）之迅速頒佈及執行與此事件有很大的關係。

北海油田平台爆炸事件

1988年7月6日距離英國蘇格蘭亞伯丁（Aberdeen, Scotland, United Kingdom）市192公里外海上的美國西方石油公司（Occidental Petroleum Corp.）的一座產油平台發生了一連串的爆炸，造成167人死亡，是有史以來，外海上發生的最嚴重的災變。經過十三個月的調查，調查小組證實災變是由於輕凝結油的洩漏而引起的。

意外發生的當天下午9點40分時，運轉中的輕凝結油注射泵浦跳機，修護人員立即起動備用泵浦，當時他們並未想到備用泵浦上的安全閥已拆除，而以一個未鎖緊的凸緣替代，因此當泵浦起動後，輕凝結油即由凸緣中洩出著火。火球由平台 B 部分蔓延至 C 部分（圖Ⅲ-3），黑煙立即充滿了平台的北部。由於平台上的主要緊急設施及消防系統失常，平台上的工作人員無法接近救生艇，火災發生20分鐘後，450公噸油氣的高壓（120大氣壓）管線破裂，一個約150公尺直徑的火球籠罩了整個平台。

如果操作人員事先曉得備用泵浦上的安全閥尚在維修中，自然不會冒然起動泵浦，也就不會發生可怕的意外了。維修及運轉部門的充分溝通及起動前的安全檢視是不可疏忽的，否則少量的（約45公斤）洩漏，即會造成可怕的財產損失及人員的傷亡。

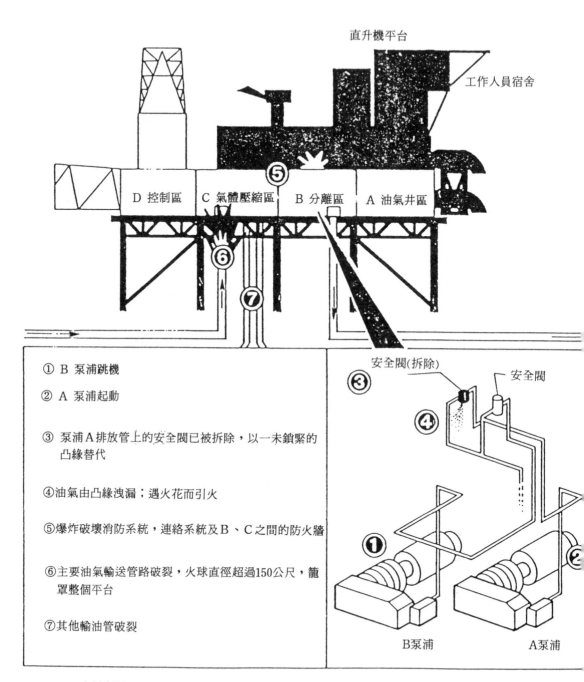

直升機平台

工作人員宿舍

⑤

D 控制區　C 氣體壓縮區　B 分離區　A 油氣井區

⑥

⑦

① B 泵浦跳機

② A 泵浦起動

③ 泵浦A排放管上的安全閥已被拆除，以一未鎖緊的
　凸緣替代

④油氣由凸緣洩漏；遇火花而引火

⑤爆炸破壞消防系統，連絡系統及B、C之間的防火牆

⑥主要油氣輸送管路破裂，火球直徑超過150公尺，籠
　罩整個平台

⑦其他輸油管破裂

安全閥(拆除)　　安全閥

③

④

①

B泵浦　　　　　A泵浦

資料來源：Lord Cullen, Piper Alpha report, Nov. 12, 1990, United Kingdom

圖Ⅲ－3　北海油氣生產平台圖

說明：攝於爆炸後15分鐘

資料來源：R.O. Segraves and D. Wickelsham, Lessons from the PEOCON Explosion, Chem, Eng. Progress, p65－69, Juhe, 1991

圖Ⅲ－4　太平洋工程及生產公司（PERCON）之過氯酸銨（Ammoniun Peichlorate）工廠爆炸圖

美國過氯酸銨工廠爆炸事件

1988年5月14日美國太平洋工程及生產公司（Pacific Engineering and Production Company，PEPCON）位於內華達州韓德壽市（Henderson，Nevada，USA）的過氯酸銨工廠發生爆炸（**圖Ⅲ-4**）造成兩人死亡（生產主管及總公司會計長）350人受傷，並毀壞附近的一座麥芽糖工廠及社區，總損失達一億美元。

此工廠為美國僅有的兩個過氯酸銨（Ammonium Perchlorate）工廠之一，產量約佔全國三分之一，主要的用途為太空船及飛彈的固體燃料、固體推動劑及氧化劑。爆炸的原因是由於失火所產生的熱量促使過氯酸銨的分解，由固體直接變成氣體而產生的。截至目前為止失火的原因仍難以確定，PEPCON公司指責火災係由於西南氣體公司（Southwest Gas Company）的天然氣管線（離該工廠約4公尺）洩漏而造成的，地方消防隊則認為火災是由於焊工的焊槍火焰所引發的。不論任何原因，此事件說明一個事實，即安全準備不足時，一個小小的意外，即會引發出多元連鎖意外事件，以及可怕的災禍。

依據調查的結果，PEPCON工廠有下列幾個安全上的缺失：

(1)缺乏適當的儲存場所。

(2)反應槽的廠房的隔間及保溫材料，皆為易燃的玻璃纖維。

(3)設備之間及產品儲存場所距離太近。

(4)廠內未裝設火警警示訊號。

(5)未具可靠的消防系統。

(6)沒有可靠的無線電通訊器材，當電話中斷後，無法連絡、指揮疏散及救災。

(7)工廠及地方當局皆無有效的緊急應變計劃，附近社區未能及時疏散及救災。

印度博帕市（Bhopal, India）事件

1984年12月3日印度博帕市的化學工廠（**圖Ⅲ-5**）發生劇毒性氣體外洩，造成兩千餘附近居民的死亡，是最近十年以來最嚴重的化學災變。博帕農業化學工廠是由美國聯碳公司（Union Carbide Corporation）與地方人士合資經營的。建廠初期，周圍2.5公里之內，並無人居住，由於該工廠是當地主要的雇主，周圍空地逐漸形成住家及商店的聚集地。

該化學工廠的主要產品為殺蟲劑，劇毒的異氰酸甲酯（Methyl Isocyanate，簡稱 MIC）是主要的中間產物之一。異氰酸甲酯揮發性高，反應性極強，易於著火，八小時平均最高曝露限制僅為百萬之零點零二（0.02 ppm）。如果人體接觸濃度超過百萬分之二十一（0.21 ppm），鼻喉即會感到嚴重的刺激，濃度更高時，會因窒息而死亡。

異氰酸甲酯在常壓下的沸點僅為攝氏39.1度，其蒸氣密度約為空氣的2倍，如果蒸氣外洩，會沈浮在地面上；與水接觸，會放出熱量。如果冷卻系統失控，無法及時散熱時，會導致沸騰；因此一般異氰酸甲酯的儲槽皆具冷凍設施。

意外發生時，生產異氰酸甲酯的單元工廠由於勞資糾紛並未運轉，但是儲槽中的異氰酸甲酯與水或其他雜質作用，溫度逐漸升高而沸騰，造成壓力的增加及疏解閥釋放。由於壓力疏解系統中的洗滌塔及燃燒塔（**圖Ⅲ-6**）並未運轉，約25噸的異氰酸甲酯氣體未經處置，直接排入大氣之中。幾分鐘之內，窒息性的氣體散佈至附近城鎮，造成二千餘人的死亡，受傷人數超過二萬人，工廠的員工及設備卻未受損。（**圖Ⅲ-7**）顯示意外事件發生的順序。

雜質進入儲槽的原因雖不得而知，但是，如果安全檢討工作執行徹底，設計上的缺失及時事先發現，並加以修正，則可防止慘劇的發生，而且如果停機時，將異氰酸甲酯的儲量降低，亦可減少災情。

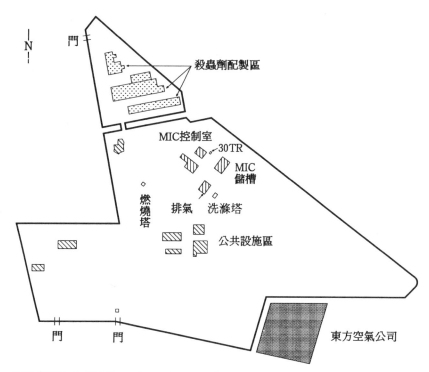

資料來源：A. Kalelkar, Investigation of Large-Magnitude Incidents, Bhopal as
a Case Study, Preventing Major Chemical and Related Process
Accidents, I. CHEM. E Symposium Series, No. 110, p553－575, 1988.

圖Ⅲ－5　印度博帕市農藥工廠佈置圖

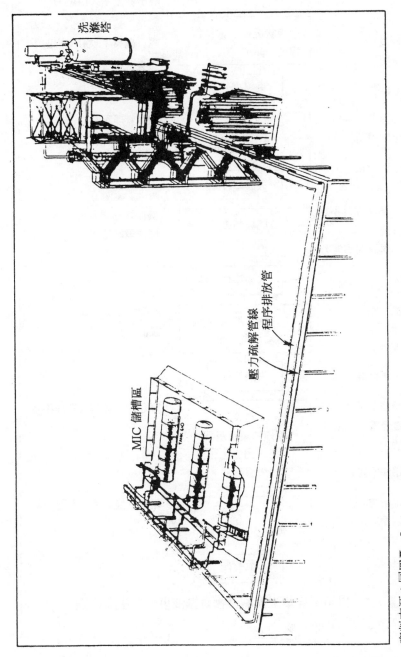

資料來源：同圖Ⅲ－5

圖Ⅲ－6　MIC（異氰酸甲酯）儲槽及疏解系統

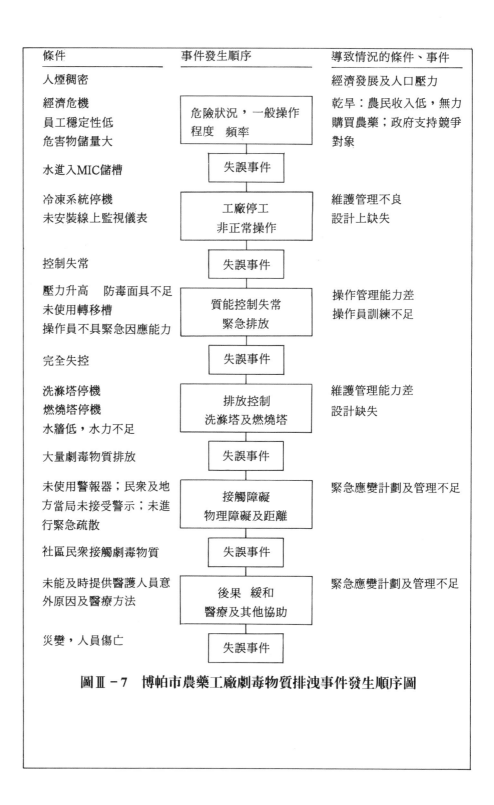

條件	事件發生順序	導致情況的條件、事件
人煙稠密		經濟發展及人口壓力
經濟危機 員工穩定性低 危害物儲量大	危險狀況，一般操作 程度　頻率	乾旱：農民收入低，無力 購買農藥；政府支持競爭 對象
水進入MIC儲槽	失誤事件	
冷凍系統停機 未安裝線上監視儀表	工廠停工 非正常操作	維護管理不良 設計上缺失
控制失常	失誤事件	
壓力升高　防毒面具不足 未使用轉移槽 操作員不具緊急因應能力	質能控制失常 緊急排放	操作管理能力差 操作員訓練不足
完全失控	失誤事件	
洗滌塔停機 燃燒塔停機 水牆低，水力不足	排放控制 洗滌塔及燃燒塔	維護管理能力差 設計缺失
大量劇毒物質排放	失誤事件	
未使用警報器；民眾及地 方當局未接受警示；未進 行緊急疏散	接觸障礙 物理障礙及距離	緊急應變計劃及管理不足
社區民眾接觸劇毒物質	失誤事件	
未能及時提供醫護人員意 外原因及醫療方法	後果　緩和 醫療及其他協助	緊急應變計劃及管理不足
災變，人員傷亡	失誤事件	

圖Ⅲ-7　博帕市農藥工廠劇毒物質排洩事件發生順序圖

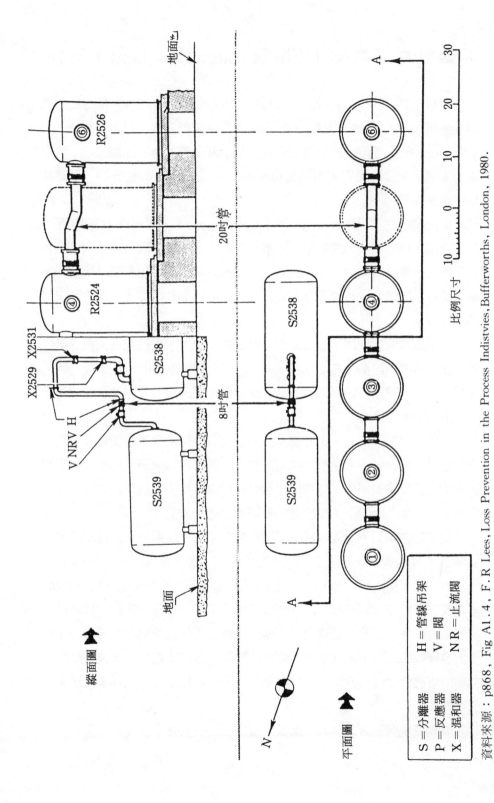

縱面圖

地面せ

R2526 ⑥

R2524 ④

20吋管

X2529 X2531

V NRV H

S2538

S2539

8吋管

地面

N

平面圖

A

① ② ③ ④ ⑥

A

比例尺寸

S2538

S2539

30 20 10 0 10

S = 分離器	H = 管線吊架
P = 反應器	V = 閥
X = 混和器	N R = 止流閥

資料來源：p868，Fig A1.4，F. R Lees，Loss Prevention in the Process Indistvies,Bufferworths, London, 1980.

說明：圖中 R2524 及 R2526 為第4號及第6號反應器

圖Ⅲ－8　環己烷氧化工廠簡圖

英國傅立克斯鎮（Flixborough, England）事件

　　1974年6月發生於英國傅立克斯鎮的尼龍原料工廠的爆炸是有史以來調查最深入的災變，它的發生對於英國的化學工程界造成很大的衝擊。災變發生後，安全考慮成為影響工程設計及工廠運轉的主要因素之一。傅立克斯工廠是英國尼龍專業有限公司（Nypro Limited）所經營的，當時每年生產量約7萬噸。

　　人造纖維的主要原料為環己烷（Cyclohexane），反應器的溫度/壓力分別為攝氏155度及7.9大氣壓，如果反應器洩漏或管線破裂時，環己烷會立即由液態揮發成氣態，逸入大氣之中，形成蒸氣雲。由於環己烷較空氣重，而且易於燃燒，蒸氣雲逸入大氣之後，如遇火花引爆，立即會造成可怕的災害。

　　此工廠的製造程序，包括六個串連式的反應器，環己烷首先與空氣作用氧化，產成環己酮（Cyclohexanone），然後再經氧化，形成環己醇。每個反應器內環己烷的容量約20噸，反應器之間的液體原料及產品的傳送是受重力的影響。

　　災變發生前幾個月，第五號反應器發現有洩漏現象，必須停機修補。為了避免生產停頓，生產部門決定先將第五號反應器隔絕，然後再將第四號與第六號反應器相連。此項決定及管路修改工程在一般化工廠內是很平常的工作，然而設計上的錯誤造成無可補償的損失。

　　反應器之間的連接管線應使用28英吋口徑的不銹鋼管，但是當時該廠並無28英吋的管線，因此以庫存的20英吋口徑管替代。由於口徑縮小28.6%，截面積則減少2倍左右，管內流速卻增至合理速度的2倍，管內的差壓及反應力亦大幅增加。設計者可能是為了增加管線的彈性，以降低管線的張力影響，因此在管線與反應器的接頭使用彈性伸縮管（圖Ⅲ-8）然而由於管線的支持不足或者過分彈性的結果，造成連接管的破裂，估計約30噸的環己烷於洩漏後揮發，形成蒸氣雲，約45秒鐘後，蒸氣雲接觸火花而爆炸。

　　爆炸將整個工廠及辦公室摧毀，造成廠內28人死亡，36人受傷。由於

意外發生於星期六，一般行政及工程支援人員休假，否則傷亡人數更高。廠區內大火連續了十日，並波及附近社區，總共損壞1,821座房屋及167個商店、工廠，以及53個人的受傷。

如果該工廠切實執行合理的安全管理，此項災變是可以避免的。該廠犯了下列兩個主要的管理上的錯誤：

(1)連接管線的設計並非由有經驗的工程師負責，整個設計圖是用粉筆畫在機械工廠的地板上，既未經過合格工程師認可，也未經過安全檢討。

(2)該廠儲存過多的危害性物質，包括：33,000加侖的環己烷、66,000加侖的石油腦、11,000加侖的甲苯、26,400加侖的苯及450加侖的汽油，這些危險性物質是爆炸後造成連續十日的大火的主要因素。

意大利薩維梭事件

薩維梭鎮是距離義大利米蘭市25公里的小鎮，居民約有17,000人，1976年7月10日艾克梅沙化學工廠中生產三氯酚（Trichlorophenol）的反應器失去控制，溫度升高產生了四氯雙苯戴奧辛（2,3,7,8-Tetrachloro-dibenzo-dioxin，簡稱 TCDD），其中約兩公斤經壓力疏解系統逸入大氣之中，再經雨水進入土壤之中，污染面積達25平方公里（圖III-9）。

TCDD 是目前公認為最毒的物質，動物實驗的結果顯示，僅需吸取體重十億分之一（10^{-9}）的劑量，即會致命。意外發生時，工廠與地方政府的溝通不良，附近居民未能即時疏散，約250人受傷，污染嚴重地區，目前仍以圍牆包圍，並且嚴禁人員進入。

如果設計時，考慮過 TCDD 逸放的危險，而安裝適當的圍堵設備，則可防範此類意外的發生。

此事件的發生引起歐洲共同市場的重視，歐洲共同市場並因此而頒佈「薩維梭訓令」。

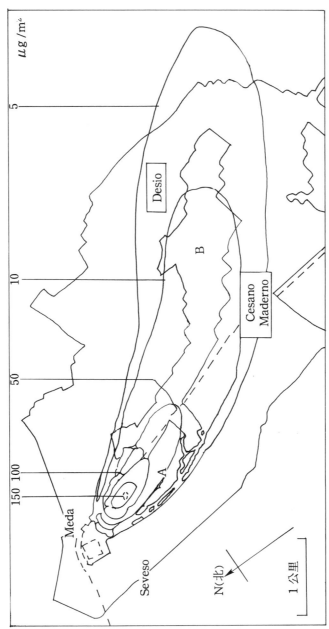

說明：圖中曲線為等濃度線
資料來源：P.J Coner, the Dispersion of Large－Scale Acidental Relense such asseveso,Roy. Met. Soc. Mtg.
　　　　　on Atmospheric－Surface Excharges of Pollution, London, 1977.

圖Ⅲ－9　義大利薩維梭鎮（Seveso, Italy）地區遭受 TCDD 污染濃度分佈圖

〔附錄四〕
1990年美國工業衛生學會公布的緊急應變計劃標準濃度

1990年美國工業衛生學會公布的緊急應變計劃標準濃度（AIHA ERPGs 1990）

名稱	ERPG－1	ERPG－2	ERPG－3
Acrolein 丙烯醛	0.1 ppm	0.5 ppm	3 ppm
Acrylic Acid 丙烯酸	2 ppm	50 ppm	750 ppm
Ammonia 氨	25 ppm	200 ppm	1,000 ppm
1.3－Butadiene 1,3一丁二烯	10 ppm	50 ppm	5,000 ppm
Chlorine 氯	1 ppm	3 ppm	20 ppm
Chloroacetyl Chloride 氯化乙酸氯	0.1 ppm	1 ppm	10 ppm
Chloropicrin 硝基三氯甲烷	NAf	0.2 ppm	3 ppm
Crotonaldehyde 丁烯酸	2 ppm	10 ppm	50 ppm
Diketene 雙乙烯酮	1 ppm	5 ppm	50 ppm
Dimethylamine 雙甲基肼	1 ppm	100 ppm	500 ppm
Epichlorohydrin 環氧〔1,2〕－氯－〔3〕丙烷	2 ppm	20 ppm	100 ppm
Formaldehyde 甲醛	1 ppm	10 ppm	25 ppm
Hexachlorobutadiene 六氯化丁二稀	3 ppm	10 ppm	30 ppm
Hydrogen Chloride 氯化氫	3 ppm	20 ppm	100 ppm
Hydrogen Fluoride 氟化氫	5 ppm	20 ppm	50 ppm
Methyl Mercaptan 甲硫醇	0.005 ppm	25 ppm	100 ppm
Monomethylamine 單甲基胺	10 ppm	100 ppm	500 ppm
Perfluoroisobutylene 過氟化異丁烯	NA	0.1 ppm	0.3 ppm
Phosgene 光氣	NA	0.2 ppm	1 ppm
Phosphorus Pentoxide 五氧化磷	5 mg/m³	25 mg/m³	100 mg/m³
Sulfur Dioxide 二氧化硫	0.3 ppm	3 ppm	15 ppm
Sulfuric Acid（Oleum. Sulfur） 硫酸 Trioxide , and Sulfuic Acid）	2 mg/m³	100 mg/m³	30 mg/m³
Tetrafluoroethylene 四氟化乙烯	200 ppm	1,000 ppm	10,000 ppm
Trimethylamine 三甲基胺	0.1 ppm	100 ppm	500 ppm
Vinyl Acetate 醋酸乙烯酯	5 ppm	75 ppm	500 ppm

〔附錄五〕
危害性物質的立即危險值、恕限值、危害指數等

化學物名稱	化學摘要編號 CAS NO.	立即危險值 (30秒, IDLH NIOSH) ppmv	濃度限值 (TLV－TWA ACGIH) ppmv	許可曝露限值 (PEL, OSHA) ppmv	緊急應變企劃準值－2 ERPG－2 ppmv	物質危害指數 (SHI)	刺激毒性濃度限值 (ATC) ppmv	刺激毒性效應 (Acute Toxicity Effects)
Acetaldehyde	00075－70－0	10000	100	100	500(Kodak)	6620	150	C,D,E,I,K,L,T
Acetic Acid	00064－19－7	1000	10	25					
Acetic Anhydride	108－24－7	1000			10(Kodak)			
Acetone	00067－64－1	20000	750	750	8500(NRC)			
Acetone Cyanohydrin	00075－05－8	4000			10(Dow)			
Acetonitrile	00123－54－6							
Acetylacetone	00074－86－2							
Acetylene	00079－27－6							
Acetylene Bromide	00107－02－0	10						
Acrolein	00079－10－7	5	0.1	0.1	0.05(NRC)	94000	5	B,C,E,H,I
Acrylic Acid	00107－13－1		2(Skin)		50(AIHA)			
Acrylnitrile	00309－00－2		2(Skin)	2(Skin)	20(Dow)	2125	57.6	A,D,I,T
Aldrin	00107－18－6	100 mg/m3						
Allyl Alcohol	00107－05－1	150						
Allyl Chloride	00106－92－3	300				13000	29	
Allyl Glycidyl Ether	00107－11－9	270						
Allylamine	00504－29－0					10177	25.6	A,E,I
2－Aminopyridine	07664－41－7	5						
Ammonia	01336－21－6	500	25	25		8470	1000	C,D,E,I
Ammonia Hydroxide(28%)	07773－06－0					1555	423	C,D,E,I
Ammonia Sulfamate	00628－63－7	5000 mg/M3						
n－Amyl Acetate	00071－41－0	4000						
Amyl Alcohol	00062－53－3							
Aniline	00104－94－9	100	2	2				
Anisidene(o－,p－ isomers)		50 mg/m3						

化 學 物 名 稱	化學摘要編號 CAS NO.	立即危險值 (30秒，IDLH) NIOSH ppmv	濃度限值 (TLV－TWA ACGIH) ppmv	許可曝露限值 (PEL, DSHA) ppmv	緊急應變企劃 準值－2 ERPG－2 ppmv	物質危害指數 (SHI)	刺激毒性濃度限值 (ATC) ppmv	刺激毒性效應 (Acute Toxicity Effects)
Arsine	07784－42－1	6	0.05	0.05			1	B,C,D,E
Barium	07440－39－3	250 mg/m3			50			
Benzene	00071－43－2	2000	10	10				
Benzoyl Peroxide	00094－36－0	1000mg/m3						
Benzyl Chloride	00100－44－7	10			10(NRC)			
Biphenyl	00092－52－4	300 mg/m3	0.2	0.2				
Boron Tribromide	10294－33－4					1447	50	C,E,I
Boron Trichloride	10294－34－5						20	C,D,E,I
Boron Trifluoride	07637－07－2	100			15(Kodak)		3.86	C,E,I
Bromine	07226－95－6	10	0.1	0.1	1(Dow)			
Bromine Chloride	13863－41－7						10	C,E,I
Bromine Pentafluoride	07789－30－2					45132	10	C,I,K,L
1,3－Butadiene	00106－99－0	2000			50(AIHA)			
Butane	00106－97－8		800					
t－Butanol	00075－65－0	8000						
2－Butanone	00078－93－3	3000						
2－Butoxy Ethanol	00111－76－2	700						
Butyl Acetate	00123－86－4	1000						
sec－Butyl Acetate	00105－46－4	10000						
t－Butyl Acetate	00540－88－5	8000						
Butyl Acrylate	00141－32－2				50(ORC)			
Butyl Alcohol	00071－36－3	8000						
Butylamine	00109－73－9	2000						
n－Butyl Glycidyl Ether	02426－08－6	3500						
Butyl Mercaptan	00109－79－5	2500						

化學物名稱	化學摘要編號 CAS NO.	立即危險值 (30秒，IDLH NIOSH) ppmv	濃度限值 (TLV－TWA ACGIH) ppmv	許可曝露限值 (PEL, DSHA) ppmv	緊急應變企劃 準值－2 ERPG－2 ppmv	物質危害指數 (SHI)	刺激毒性濃度限值 (ATC) ppmv	刺激毒性效應 (Acute Toxicity Effects)
p－tert－Butyltoluene	00098－51－1	1000						
Cadium	07440－43－9	40 mg/m3						
Calcium Arsenate	07778－44－1	100 mg/m3						
Calcium Oxide	01305－78－8	250 mg/m3						
Caprolactum			0.22					
Carbon Dioxide	00124－38－9	50000	5000	5000				
Carbon Disulfide	00075－15－0	500			50(NRC)			
Carbon Monoxide	00630－08－0	1500	50	35	800(ORC)		571	A,D,K,L
Carbon Tetrachloride	00056－23－5	300	5(skin)	2(skin)	300－100(ORC)			
Carbonyl Fluoride	00353－50－4						36	A,E,I
Chlordane	00057－74－9	500 mg/m3						
Chlorine	07782－50－5	25	0.5	0.5	3(NRC)	330000	20	C,E,I
Chlorine Dioxide	10049－04－4	10			1(NRC)		10	C,E,I
Chlorine Pentafluoride	13637－63－3						5.7	C,E,I
Chlorine Trifluoride	07790－91－2	20					9.6	C,E,I
Chloroacetaldehyde	00107－20－0	250						
Chlorobenzene	00108－90－7	2400						
Chloroform	00067－66－3	1000	10	2	100(NRC)			
bis(Chloromethyl)Ether	00542－88－1					45113	0.7	A,C,E,I
Chloromethyl Methyl Ether	00107－30－2					45933	5.5	C,E,I
Chloropicrin	00076－06－2	4			0.2(AIHA)	6579	4	B,C,E,I
Chloroprene	00126－99－8	400			10(Kodak)	1419	166	A,C,D,E,I,K,L
Chromic Acid	07738－94－5	30 mg/m3						
Coal Tar Pitch Volatiles	65996－93－2	30 mg/m3						
m－Cresol	01319－77－3	250						

化 學 物 名 稱	化學摘要編號 CAS NO.	立即危險值 (30秒，IDLH NIOSH) ppmv	濃度限值 (TLV－TWA ACGIH) ppmv	許可曝露限值 (PEL, DSHA) ppmv	緊急應變企劃準值－2 ERPG－2 ppmv	物質危害指數 (SHI)	刺激毒性濃度限值 (ATC) ppmv	刺激毒性效應 (Acute Toxicity Effects)
Crotenaldehyde	00123－73－9	400 mg/m3			10(AIHA)	5981	6.6	C,D,E,I
Cyclohexane	00110－82－7	10000	300	300				
Cyclohexanol	00108－93－0	3500	50(skin)	50(skin)				
Cyclohexanone	00108－94－1	5000	25(skin)	25(skin)				
Cyclohexene	00110－83－8	10000	300	300				
Cyclopentadiene	00542－92－7	2000						
Cyclopenane			600					
Cyanogen	00460－19－5						35	A,C,I
Cyanogen Chloride	00506－77－4						4.8	A,C,E,I
Diazomethane	00334－88－3	10					10	C,E,I
Diborone	19287－45－7	40	0.1	0.1			2.9	B,D,E,I,T
Dibutyl Phosphate	00107－66－4	125						
Dichloroacetylene	07572－29－4				10000(NRC)	346260	1.9	D,E,K,L
Dichlorodiflouromethane	00075－71－8	50000						
1,1 Dichloroethane	00075－34－3	4000	200	100				
1,2 Dichloroethylene	00075－35－4	4000	200	200				
Dichloroethyl Ether	00111－44－4	250						
Dichlorosilane	04109－96－0					56000	27.2	C,E,I
Diethylamine	00109－89－7	2000	10	10	75(UCC)	1493	167.4	C,E,K,L
Diethylaminecethanol	00100－37－8	500						
Diethyl Ketone	00096－22－0		200					
Diglycidyl Ether	02238－07－5	85						
Diketene					5(AIHA)			
Dimethylamine	00124－40－3	2000	10	10	75(UCC)	8360	201	C,E,I
Dimethyl Hydrazine,1,1	00057－14－7	50			0.24(NRC)	7879	17.2	B,C,E,I,K,L,S,T

化 學 物 名 稱	化學摘要編號 CAS NO.	立即危險值 (30秒，IDLH) NIOSH ppmv	濃度限值 (TLV－TWA ACGIH) ppmv	許可曝露限值 (PEL, DSHA) ppmv	緊急應變企劃 準值－2 ERPG－2 ppmv	物質危害指數 (SHI)	刺激毒性濃度限值 (ATC) ppmv	刺激毒性效應 (Acute Toxicity Effects)
Dimethyl Sulfide	00078－18－3				500(ORC)			
Dimethyl Sulfate	00077－78－1	10						
1,4－Dioxane	00123－91－1	200	25	25				
Diphenylmethane Diisocyanote	00101－68－8				0.05(ORC)			
Epichlorohydrin	00106－89－8	100			20(AIHA)			
Ethyl Acetate	00141－78－6	10000	400	400				
Ethylamine	00075－04－7	4006	10	10	75(UCC)	9340	123	C,D,E,I,K,L
Ethyl Benzene	00100－41－4	2000	100	100				
Ethyl Bromide	00074－96－4	3500	200	200				
Ethyl Chloride	00075－00－3	20000	1000	1000				
Ethylene Oxide	00075－21－8	800	1	1	20(NRC)		83.6	D,E,I,T
Ethyleneamine	00151－56－4	1000			50(NRC)	8421	25	B,C,D,E,I,K,T
Ethyl Acrylate	00140－88－5	2000			75(UCC)			
EthyleneChlorohydrin	00107－07－3	10						
Ethylene Dichloride	00107－06－2	1000	10	1	100(Dow)	2100	277	C,E,I,K,L
Ethyl Mercapton	00075－08－1	2500	0.5	0.5	7.5(NRC)		17	C,E,I,K,L
Fluorine	07782－41－4	25	1	0.1				
Flourotrichloromethane	00075－69－4	10000			1500(NRC)			
Formaldehyde	00050－00－0	100	1	1	5(UCC)	220000	7.5	D,E,I,T
Formic Acid	00064－18－6	100	5	5				
Furfural	00098－01－1	250	2(skin)	2(skin)				
Furan	00110－00－9					151000	4.3	A,D,E,I
Gasoline	08006－61－9		300					
Glycidol	00556－52－5	500						
Heptane	00142－82－5	4250	400	400				

化學物名稱	化學摘要編號 CAS NO.	立即危險值 (30秒，IDLH NIOSH) ppmv	濃度限值 (TLV－TWA ACGIH) ppmv	許可曝露限值 (PEL, OSHA) ppmv	緊急應變企劃準值－2 ERPG－2 ppmv	物質危害指數 (SHI)	刺激毒性濃度限值 (ATC) ppmv	刺激毒性效應 (Acute Toxicity Effects)
Hexafluoroacetone	00684－16－2						27.5	E,I,K,L,T
Hexane	00110－54－3	5000	50	50				
Hydrazine	00302－01－2	80			0.12(NRC)			
Hydrobromic Acid(62%)	10035－10－6					2100	50	C,E,I
Hydrogen Bromide	10035－10－6	50			5(Dow)		50	C,E,I
Hydrogen Chloride	07647－01－0	100	5(ceiling)	5(ceiling)	25(Dow)	410000	102.1	
Hydrogen Cyanide	00074－90－8	60 mg/m3	10(skin,C)	10(skin,C)	10(ORC)			
Hydrogen Fluoride	07664－39－3	20	3	3	20(AIHA)			
Hydrogen Peroxide	07722－84－1	75	1	1(90%)				
Hydrogen Selenide	07783－07－5	2			0.1(ORC)		2	D,E,I,L
Hydrogen Sulfide	07783－06－4	300	10	10	20(Kodak)	350000	50	
Iodine			0.1(ceiling)	0.1(ceiling)				
Isobutyl Alcohol	00078－83－1		50	50				
Isopropylamine	00075－31－0	10000				8300	74.7	A,C,E,I
Isopropyl Ether	00108－20－3	10000	250	250				
Ketene	00463－51－4	25	0.5	0.5		6700000	1.7	E,I
Maleic Anhydride	00108－31－6		0.25	0.25				
Mercury and inorg. cpds	07439－97－6	28 mg/m3		0.2mg/m3(Dow)				
Methacryldehyde	00078－85－3					6300	25	C,E,I
Methyl Acrylnitrile	00126－98－7					22000	3.6	A,D,I
Methanol			200	200				
Methyl Acetate	00079－20－9		200	200				
Methyl Acetylene	00074－99－7	11000	1000	1000				
Methylamine	00074－89－5	100	10	10	100(AIHA)	29000	100	C,E,I
Methyl Bromide	00074－83－9	2000	5(skin)	5(skin)	50(ORC)		26	D,E,I,K

化學物名稱	化學摘要編號 CAS NO.	立即危險值 (30秒，IDLH NIOSH) ppmv	濃度限值 (TLV－TWA ACGIH) ppmv	許可曝露限值 (PEL, DSHA) ppmv	緊急應變企劃準值－2 ERPG－2 ppmv	物質危害指數 (SHI)	刺激毒性濃度限值 (ATC) ppmv	刺激毒性效應 (Acute Toxicity Effects)
Methyl Chloride	00074－87－3	10000	50	50	200(ORC)	15000	314.6	D,I,K,T
Methyl Chloroformate	00079－22－1					27400	4.8	C,E,I
Methyl Dichlorosilane	00075－54－7					1550	300	C,E,I
Methylene Chloride	00075－09－2	5000	50	50	1000(ORC)			
Methyl Ethyl Ketone	00078－93－3		200	200				
Methyl Fluoracetate	00453－18－9					39000	0.67	D,I
Methyl Fluorosulfate	00421－20－5					92000	0.5	E,I
Methyl Formate	00107－31－3	5000	100	100				
Methyl Hydrazine	00060－34－4					24000	2.1	B,D,I,K,T
Methyl Iodide	00074－88－4	800			25(ORC)	18700	23.2	D,E,I,L
Methyl Isocyanate	00624－83－9	20						
Methyl Mercapton	00074－93－1	400			25(AIHA)	3300000	0.5	B,D,E,I,K,L
Methyl Vinyl Ketone	00078－94－4					390000	0.24	D,I
Naphthalene	00091－20－3		0.02	0.02				
Nickel Carbonyl	13464－39－3					42000000	0.001	D,E,I,T
Nicotine	00054－11－5	35 mg/m3						
Nitric Acid (94.3%)	07697－37－2	100	2	2		8100	4.9	B,E,I
Nitrobenzene	00098－95－3	200	1(skin)	1(skin)				
Nitrogen Oxides (NOx)	00098－95－3	200				14100	6.7	B,E,I
Nitrogen Oxide (NO)	10103－43－9	100						
Nitrogen Dioxide	10102－44－0	50	3	3	1(NRC)			
Nitromethane	00075－52－5	1000	100	100				
Nitrogen Tetroxide (N3O4)	10544－72－6							
Nitrogen Trioxide (NO3)	10544－73－7							
Nitrogen Trifluoride	07783－54－2	2000					200	A,I,K,L

化學物名稱	化學摘要編號 CAS NO.	立即危險值 (30秒,IDLH NIOSH) ppmv	濃度限值 (TLV–TWA ACGIH) ppmv	許可曝露限值 (PEL, DSHA) ppmv	緊急應變企劃準值–2 ERPG–2 ppmv	物質危害指數 (SHI)	刺激毒性濃度限值 (ATC) ppmv	刺激毒性效應 (Acute Toxicity Effects)
Nonane	00111–84–3		200					
Octane	00111–65–9	3750	300	300				
Oleum (65% SO3)	08014–95–7	3750			10mg/m3(AIHA)	9400	9	C,I
Osmium Tetroxide	20816–12–0					96000	0.096	C,E,I
Oxalic Acid	00144–62–7	500 mg/m3	1 mg/m3	1 mg/m3				C,E,H,I
Oxygen Difluoride	07783–41–7		0.1				0.15	D,E,H,I
Ozone	10028–15–6	10	0.1	0.1	1(NRC)	14000	0.48	
Parathion	00056–38–2	20 mg/m3						
Pentaborane	19624–22–7	3				750000	0.3	D,I,K,L
Pentane	00109–66–0	5000	600	600				
Perchloromethyl Mercapton	00594–42–3					95000	0.9	B,D,E,K,L
Perchloryl Fluoride	07616–94–6						38.5	A,E,H,K,L
Phenol	00108–95–2	100			50(ORC)			
Phosgene	00075–44–5	2	0.1	0.1	0.2(NRC)		1.1	B,D,E
Phosphine	07803–51–2	200	0.3	0.3				
Phosphoric Acid	07664–38–2	50	1 mg/m3	1 mg/m3				
Phosphorous Trichloride	07719–12–2				5(Kodak)			
Phosphorous Trifluoride	07783–55–3							
Phosphoryl Chloride	10025–87–3					7400	4.8	C,E,I,K
Phthalic Anthhydride	00085–44–9						529	E,I
Propylamine,N	00107–10–8		1	1		1410	231	E,I,K,L
Propylene Oxide	00075–56–9	2000			700(ORC)	3340	174	C,D,E,I,T
Pyridine	00110–86–1	3600	5	5				
Selenium and Cpds	07782–49–2	100 mg/m3						
Selenium Hexafluoride	07783–79–1	5					5	D,E,I

化學物名稱	化學摘要編號 CAS NO.	立即危險值 (30秒，IDLH) NIOSH ppmv	濃度限值 (TLV－TWA) ACGIH ppmv	許可曝露限值 (PEL, DSHA) ppmv	緊急應變企劃準值－2 ERPG－2 ppmv	物質危害指數 (SHI)	刺激毒性濃度限值 (ATC) ppmv	刺激毒性效應 (Acute Toxicity Effects)
Sodium Hydroxide	01310－73－2	200 mg/m3			2mg/m3(NRC)			
Stibine	07803－52－3	40					3	B,D,E
Styrene	00100－42－5	5000	50(skin)	50(skin)				
Sulfur Dioxide	07746－09－5	100	2	2	3(AIHA)	130000	100	A,B,D,E,I,T
Sulfur Monochloride	10025－67－9	10				1900	4.8	C,E,I
Sulfur Pentafluoride	05714－22－7	1				738000	1	B,E,H,I
Sulfur Tetrafluoride	07783－60－0						2	C,E,I
Sulfur Trioxide	07746－11－9				10 mg/m3(AIHA)	6250	40	C,I
Sulfuryl Fluoride	02699－79－8	1000			10 mg/m3(AIHA)		302	D,E,I
Sulfuric Acid	07664－93－9	80 mg/m3						
TEDP	03689－24－5	35 mg/m3						
Tellurium Hexafluoride	07783－80－4	1					1	C,E,I
Tetrafluoroethylene	00116－14－3				1000(AIHA)			
Tetrafluorohydrazine	10036－47－2						50	B,E,I,K
Tetramethyl Lead	00075－74－1	40 mg/m3				7900	3.67	D,I,T
Tetranitromethane	00509－14－8	5				5848	1.8	B,D,E,L
Thallium,Soluble Compounds	07440－28－0	20 mg/m3						
Thioyl Chloride	07719－09－7				3(Kodak)	74000	1.75	C,E,I
Titanium Tetrachloride	07550－45－0				200´(NRC)	10200	1.29	C,I
Toluene	00108－88－3	2000	100(skin)	100(skin)	0.2(Dow)			
Toluene Diisocyanate	00091－08－7	10						
o－Toluidine	00095－53－4	100						
Trichloroethylene	00079－01－6	100						
Trichlorosilane	10025－78－2	1000				25200	27.2	C,I
Triethylamine	00121－44－8		10	10				

化學物名稱	化學摘要編號 CAS NO.	立即危險值 (30秒,IDLH NIOSH) ppmv	濃度限值 (TLV-TWA ACGIH) ppmv	許可曝露限值 (PEL, DSHA) ppmv	緊急應變企劃準值-2 ERPG-2 ppmv	物質危害指數 (SHI)	刺激毒性濃度限值 (ATC) ppmv	刺激毒性效應 (Acute Toxicity Effects)
Trifluorochloroethylene	00079−38−9						86.6	D,K,L
Trimethylsilane	02487−90−3					10000	7.5	D,E,I
Trimethylamine	00075−50−3				100(AIHA)		248.6	E,I
Trimethylchlorosilane	00075−77−4					2210	113	C,I
Turpentione	08006−64−2	1900	100(skin)	100(skin)				
Uranium,Soluble Compounds	07440−61−1	20 mg/m3						
Vinyl Acetate	00108−05−4		10		100(UCC)			
Vinyl Chloride	00075−01−4		5	5	5000(UCC)			
Vinyl Trichlorosilane	00075−94−5		5			1550	45.8	C,I
Xylene	01330−20−7	10000	5	5	200(NRC)			
Xylidine	01300−73−8	150						

註:A＝窒息;B＝影響血液;C＝組織受傷(腐蝕);D＝壓抑中央神經系統;E＝肺積水;H＝出血、刺激;K＝腎臟受損;L＝肝受損;S＝刺激中央神經系統;T＝胎兒受傷

AIHA:美國工業衛生學會(American Industrial Hygiene Association)
Dow:道化學公司(Dow Chemical Co.)
Kodak:柯達化學公司(Eastman Kodak Corp.)
NRC:美國核能管理委員會(Nuclear Regulatory Council)
ORC:美國組織資深顧問公司(Organization Resources Counselors, Inc.)
UCC:美國聯碳化學公司(Union Carbide Corporation)
ACGIH:美國政府工業衛生師協會(American Conference of Governmental industrial Hygienists)
OSHA:美國職業安全健康署(Occupational Safety and Health Administration)
NIOSH:美國職業安全健康研究院(National Institute of Occupational Safety and Health)

〔附錄六〕
安全查核校驗表

組織及行政管理

組織

    (1)公司組織圖、部門主管、功能。

    (2)工業安全部門主管、功能。

    (3)緊急應變小組功能、組織。

    (4)公共設施、廠房、實驗室、修護工廠是否完備？

    (5)擴廠或改善計劃。

行政管理

    操作部門：

    (1)操作步驟說明。

    (2)緊急應變措施步驟。

    (3)培訓計劃。

    (4)定期執行意外因應演習？

    修護部門：

    (1)設備及空間。

    (2)設備維護手冊。

    (3)員工培訓及再教育。

    (4)定期維護計劃。

    (5)安全及檢視作業。

    緊急應變部門：

    (1)緊急停機作業步驟。

    (2)緊急疏散計劃。

    (3)緊急疏散路徑及演習。

    (4)緊急應變設備（警示器、防火設備、消防栓等）。

    (5)意外發生時是否可以得到警察局、消防隊及地區緊急應變小組的支援？

    (6)救災及整修計劃。

一般操作情況

庫存管制

 (1)危險性或危害性物質的存放。

 (2)工廠庫存是否超過最低可接受之標準？

 (3)洩漏或潑灑的警示或監視系統。

 (4)容器物品排置是否合乎安全標準？

 (5)危害性物質是否與一般物品隔離？

 (6)儲存場、倉庫是否合乎地方建築規範（例如水電、防火設備等）？

生產場所

 (1)儀表及設備是否定期維修及校正？

 (2)危害性物質的運輸及使用是否合乎安全標準？

 (3)程序控制開關及控制板是否方便使用？

 (4)容器設備的排放閥是否關閉？

 (5)控制室是否設計合理？

 (6)機械設備的佈置是否合乎安全標準？

中間產品及副產品的排放

 (1)危害性中間產品或副產品是否具適當標示？

 (2)排放監視系統。

 (3)排放系統是否具安全防制設施？

 (4)氣體排放是否經由管線送至燃燒塔或洗滌塔？

最終產品的處理

 (1)產品包裝是否合乎安全標準？

 (2)產品的標示是否足以辨認？

 (3)產品的儲存及運送是否安全？

控制室操作及連絡

 (1)操作紀錄是否正確反映操作狀況？

 (2)領班或經理人員是否複核操作紀錄？

 (3)操作步驟及方法是否定期修訂，以反映實際情況？

(4)失誤或故障發生時，是否馬上通知修護人員？

紀錄及文件

(1)工廠設計圖是否反映實際情況？

(2)設計圖校正及保存步驟是否合理？

(3)操作紀錄的保存。

(4)操作手冊及文件。

    a.手冊是否簡明？易於了解？

    b.是否具備設備說明？

    c.手冊是否包括下列文件圖表：

        ·流程圖

        ·管線及儀表圖

        ·警示設定點

        ·安全閥的設定壓力

        ·取樣步驟

        ·產品規格

        ·實驗測試需求

(5)操作指示

    a.操作指示的撰寫及修訂是否由具經驗的專門人員負責？

    b.操作指示是否易於了解？

工廠運轉

(1)工廠運轉率。

(2)非定期性停機的原因：

    a.停電。

    b.公共設施（蒸汽、冷卻水、儀器用空氣）失常。

    c.主要設備停機。

    d.停爐。

    e.自動安全互鎖系統停機。

    f.操作員失誤。

(3)經常需要留意的場所或設備。

(4)操作及修護人員離職或調職率。

(5)交班方式。

(6)操作員是否定期輪調至不同工作場所？

(7)操作人員培訓方式。

(8)操作人員是否定期接受能力評估？

訓練

是否執行正式訓練計劃：

(1)操作資格及水準是否足以應付工作需求？

(2)是否定期舉行安全講習及訓練？

(3)操作人員是否了解設備性能？

(4)訓練教材是否適當？

修護保養

(1)是否進行定期修護保養計劃？

   a.庫存零件、料件之控制。

   b.自動採購及補充計劃。

   c.危害性物質的控制。

(2)修護保養工作是否與生產計劃相互配合？

(3)修護保養人員品質及數目是否足以應付需求？

(4)生產設備是否經常在最適設計範圍內運轉？

(5)自動控制設備的使用率及維修率。

(6)設備修護或更新的標準及決策者。

(7)修護保養紀錄之保持：

   a.時間及員工紀錄。

   b.設備保養紀錄。

   c.庫存管理系統紀錄。

   d.儀表、儀控設備之校正紀錄。

   e.緊急停機頻率。

   f.修護保養的經驗是否提供工程人員參考？

(8)技術手冊及步驟：

    a.設備之保存及其適用性。

    b.設備機械設計圖的有無。

    c.是否依照設備製造者建議的方法進行？

(9)修護工作的要求步驟及決策。

(10)工作要求是否包括下列資料：

    a.設備損壞的原因或問題。

    b.要求修護的描述。

    c.特殊工具需求。

    d.標示需求。

    e.安全考慮。

    f.設備手冊及圖樣。

    g.人力需求。

    h.主管許可證明。

(11)工作時間表：

    a.全天候服務。

    b.每日或每週工作時間。

    c.長期計劃日程表。

(12)保養及預防計劃之執行。

(13)定期生產停工時之修護計劃。

(14)員工狀況。

    a.士氣。

    b.加班時數及要求。

    c.合約員工的比例。

(15)培訓：

    a.培訓紀錄。

    b.新進員工實習及訓練計劃。

    c.定期訓練。

    d.員工長期目標。

    e.員工素質及能力。

f.訓練教材。

g.管理階層的態度及支持。

檢視

(1)設備的採購：

    a.規格是否正確列出？

    b.標準要求是否合理？

    c.供應及製造廠家是否合格？

    d.驗收步驟之執行是否嚴格？

(2)設備儲存：

    a.儲存場所是否合乎標準？

    b.存放作業是否合理？

(3)管線及容器：

    a.是否定期使用超音波厚度測試計？

    b.是否定期使用非破壞性測試（染料滲透，磁粒測試等）？

    c.執行定期測試之單位及資格。

    d.安全閥定期測試計劃。

    e.金屬防鏽及防腐計劃。

(4)儀表：

    a.是否定期檢驗電路及定期校正儀表？

    b.儀表技術員的工作時間表及支援能力。

(5)泵浦及壓縮機：

    a.泵浦密封損壞及更新紀錄。

    b.定期檢視計劃。

    c.定期保養及整修計劃。

工業安全

(1)維修時，設備停機及隔離步驟。

(2)工安部門的功能及權限。

(3)安全設備（滅火器、噴水設施）及輔助呼吸工具（氧氣筒）是否定
期檢視？

(4)員工救火及救生訓練計劃。

(5)員工應變訓練計劃及演習。

(6)工廠內救火設備是否足夠？

(7)緊急醫護人員及設備。

(8)自動警示及監視儀表。

(9)緊急停機遙控設施。

(10)員工安全警覺性。

(11)工廠安全紀錄及改善計劃。

(12)標準作業步驟是否合乎工業安全標準？

(13)工廠警衛系統及管理。

(14)個人安全工具（面罩、安全眼鏡、頭盔、安全鞋及安全衣褲）的使
用。

(15)定期工業安全訓練及講習。

(16)危害標示是否易於辨認？

〔附錄七〕
程序/系統校驗表

一般佈置

(1)場所排水情況是否良好？

(2)是否提供足夠的人/車通道？

(3)是否有防火牆/堤及護欄等設施？

(4)是否有地下安全阻擋設施？

(5)是否具頭頂上空安全限制？

(6)緊急疏散路徑之有無。

(7)是否有足夠的頂頭空間？

(8)緊急應變車輛是否足夠？

(9)原料及產品的儲存是否合乎安全標準？

(10)是否有足夠的升降平台以策維修安全？

(11)升降設備是否合乎安全標準？

(12)空懸電線的高度是否足夠？

房屋建築

(1)是否有足夠的樓梯及緊急疏散路徑？

(2)是否需安裝防火門？

(3)頂頭限制是否明顯標示？

(4)是否具足夠的通風？

(5)是否需要通往屋頂的樓梯或門？

(6)是否需戴安全護目鏡？

(7)使用耐火結構鋼材？

製程

(1)是否考慮對於附近其他生產單位的影響？

(2)是否需要特殊煙霧或灰塵罩？

(3)性質不穩定的物質的儲存是否合乎安全規定？

(4)是否有測試反應失控而導致爆炸的情況？

(5)是否具防爆措施？

(6)是否會因污染或錯誤而產生危害性反應？

(7)是否完全了解或檢查過製程的化學變化？

(8)緊急狀況發生時，是否具備及時處置及排放設施？

(9)設備的失常是否會造成危險事件的發生？

(10)管線或設備的阻塞是否構成危害？

(11)噴灑、煙霧、液體霧滴或噪音是否會造成公害？

(12)是否具備毒性物質處置設施？

(13)排水溝的流體是否含有危害性物質？

(14)所使用的化學品的物質安全數據表是否周全？

(15)同時喪失兩種或兩種以上公共設施（水、電力、冷卻水、蒸汽）
　　時，是否具危險性？

(16)設計的修改是否會改變安全因數？

(17)流程圖是否正確及反映實際製程？

管線

(1)是否需要安全淋浴及沖洗眼睛的裝置？

(2)是否需要安裝噴水系統？

(3)管線設計時是否考慮受熱膨脹的影響？

(4)排氣及排液管是否流至安全區域？

(5)管線規格是否適當？

(6)是否安裝止流閥，以防範倒流？

(7)是否曾進行管線系統張力分析以確定系統中的脆弱部分，並進行補救措施？

(8)管線外表是否會接觸腐蝕性的物質？

(9)有無緊急安全疏解閥的安裝？

(10)管線的支持及固定是否充分？

(11)泵浦的進口及排放管線是否安裝安全閥？

(12)市區自來水管是否與製程管線相接？

(13)輸送易燃性流體至生產設備的管線上的隔離閥是否裝置於安全距離（15公尺以上）以外，以便於失火或其他意外發生時切斷流體的輸送。

(14)是否安裝人員保護用的隔熱材料，以防止員工燙傷？

(15)蒸汽管線是否具保溫裝置？

儀表及電路

(1)控制設備是否具失敗安全的設計？

(2)儀電用管線佈置是否合乎安全標準？

(3)是否安裝特殊互鎖系統，以策安全？

(4)是否有緊急電源供應設備及緊急照明設備？

(5)是否配置必要的通訊器材？

(6)緊急停機/切斷開關是否易於辨認及使用？

(7)電機器材是否須具備特殊防爆設計？

(8)儀表維修時，系統中是否有其他備用儀表，以便監控使用？

(9)是否明白標示所有起動及停機的開關？

(10)電路系統的設計是否合乎安全標準？

(11)生產場所的照明是否充足？

(12)所有設備是否接地？

設備

(1)設計壓力及溫度是否妥當？

(2)設計時是否考慮腐蝕影響？

(3)危害性高的設備是否與一般設備隔離？

(4)輸送帶、槽輪、滑輪、齒輪等是否具安全保護裝置？

(5)儲槽梯是否配置護欄？

(6)儲槽四周是否設置短堤，以圍堵儲槽溢流的液體？

(7)材質是否與處理的化學物相容？

(8)主要的機械設備是否具自動潤滑裝置？

(9)是否需要緊急備用設備？

(10)是否定期檢視安全防護設施？

排放系統

(1)是否需要安全閥、防爆盤？

(2)是否使用耐腐蝕材料？

(3)排放系統的設計是否適當（例如容量、方向、排放管線的設計及口徑）？

(4)是否需要火星撲滅的裝置？

(5)防爆盤與安全閥之間是否裝置壓力計？

安全設備

(1)滅火器的配置。

(2)是否需要特殊的輔助呼吸設備？

(3)滅火物質是否與製程中使用的化學品相容？

(4)是否需要特殊緊急應變措施及警示信號？

(5)是否需要防火牆或防火堤？

原料及產品

(1)原料及產品是否需要特殊搬運設備?

(2)原料及產品特性是否會受氣候的變化而影響?

(3)產品是否具危害性?

(4)原料、產品及中間產物的儲槽是否明確標示其危害性?

(5)倉庫的作業步驗是否適於所有的庫存物質?

資料來源:H.E.Webb,What to do When Disaster Strikes, Safety and Efficient Plant Operation and Maintenance, ed.R.Greene, Mc-Graw-Hill, New York, USA, 1980.

〔附錄八〕
危害及操作性分析校驗表

一般設備

管線洩漏的影響評估

⑴壓力（當高壓部分的邊壓差超過低壓部分的邊壓差的1.5倍時）。

⑵溫度。

⑶化學反應。

    a.過壓。

    b.過熱。

    c.固體的形成。

⑷壓力疏解路徑是否足夠？

⑸其他影響，例如：

    a.易燃或有毒的物質排放。

    b.腐蝕、管殼脆弱。

⑹當複管的高低壓差超過70公斤/平方公分（1,000磅/平方英吋）。

是否超過設計壓力

⑴最高壓力來源：上游或下游。

⑵再沸器與安全閥的壓差。

⑶壓力疏解路徑是否足夠？

⑷安全疏解閥的容量設計是否足夠？

⑸最高壓力的停機裝置。

⑹是否會發生真空狀況？

是否超過設計溫度

⑴最高上游溫度（熱源溫度）。

⑵上游除熱設備的失常。

⑶冷流中斷。

液面的降低

⑴液面壓的降低（蒸氣排放）。

⑵溫度是否超過下游設備需求？

⑶溫度控制失常造成冷流中斷？

泵浦

離心式泵浦

(1)是否可能超過泵殼設計壓力：

　　a.最高進壓及最高停機壓差之和。

　　b.流體的比重是否超出設計範圍？

(2)下游管線及設備是否合乎設計標準？

(3)是否具有防止倒流的裝置：

　　a.止流（單向）閥。

　　b.雙止流閥（壓差超過70公斤/平方公分（1,000磅/平方英吋））。

(4)進壓管線的過壓（單一泵浦）：

　　進口閥：凸緣及管線壓是否與進口管線壓差相同？

(5)進壓管線的過壓（平行泵浦）：

　　進口閥及連接部分的壓力和是否超過泵浦排放壓差的四分之三？

(6)低流量的損害之預防：

　　回流裝置。

(7)防火措施：

　　a.是否具備隔離閥；如果上游容器的液體量超過：

　　　・輕油＞7,500公升（2,000加侖）

　　　・碳氫化合油液體（316℃以上）＞7,500公升（2,000加侖）

　　　・碳氫化合物液體（常溫）＞15,000公升（4,000加侖）

　　b.在下列情況下，是否具遙控裝置？

　　　・管線10英吋或10英吋以上時

　　　・失火機率高的區域內或7.5公尺距離內

排量（Postive Displacement）式泵浦

(1)是否會超過泵殼設計壓力？

　　a.安全閥排放時。

b.安全閥設定壓等於泵殼壓差與最高進壓之差。

c.安全閥的位置（黏滯性液體）。

壓縮機

離心式壓縮機

(1)是否會超出設計壓力：

a.倒流。

b.經由回流迴路的倒流。

c.流體分子量過高。

d.超速轉動。

(2)是否會超出設計溫度：

a.低流量的產生：

· 出口堵塞

· 下游管線或設備壓力升高

· 流體分子量過低

b.冷卻喪失：

· 上游

· 中游

(3)其他可能造成機械損害的原因：

a.液體之夾帶：

· 氣液分離器設計是否合理

· 進口管線是否需要加熱，以防止氣體冷凝

b.是否具自動回流裝置？

c.倒流：止流閥的安裝。

d.空氣的進入：

· 是否會產生真空狀態

· 如何防範空氣的進入

(4)防火措施

　　a.如果超過容量150瓩（200馬力）時，必須安裝遙控裝置。

　　b.隔離閥的安裝：

　　　　·氣液分離器的液體容量低於3,750公升（1,000加侖），或者僅
　　　　　有10分鐘的停留時間時，進/出口及回流量線必須安裝隔離閥

　　　　·液體容量超過3,750公升（1,000加侖）或者停留時間超過10分
　　　　　鐘時，每一個加壓過程的回流管線必須安裝隔離閥

(5)安全閥的考慮：

　　a.出口管線堵塞。

　　b.進口壓力升高。

　　c.冷卻系統失常。

　　d.轉速失控。

　　e.壓縮流體分子量超過設計範圍。

排量式壓縮機

(1)是否會超過設計壓力？

　　a.回流迴路的倒流：

　　　　·平行設計的考慮

　　　　·回流限制（高壓設備）

　　　　·低壓加壓過程的安全閥設計數量過高

　　b.出口堵塞或出口閥關閉。

(2)是否會超過設計溫度？

　　a.冷卻失常或喪失：

　　　　·進口或回流氣體

　　　　·機體冷卻系統

　　b.全部回流操作。

　　c.壓縮流體的放熱裂解。

(3)其他可能造成機械損害的原因：

　　a.液體夾帶：

・氣液分離器的功能

・進口管線的加熱

b.空氣進入：

・真空狀態的發生

・預防空氣進入的設計

(4)防火措施（與離心式壓縮機相同）。

蒸餾塔及壓力槽

失火或緊急情況時燃料的限制

(1)緊急隔離閥的安裝位置：

a.150瓩（2,000馬力）以上壓縮機的進/出管線。

b.加壓中間過程的分離器的進/出管線。

c.泵浦進口管線，如果上游液體儲槽最大容量超過 F 值：

・輕油：7,500公升（2,000加侖）

・316℃以上碳氫化合物：7,500公升（2,000加侖）

・碳氫化合物：15,000公升（4,000加侖）

d.盛裝3,750公升－37,500公升（1,000－10,000加侖）溫度超過閃火點的輕油槽的2英吋或低於2英吋的進/出管線。

e.盛裝37.5公秉（10,000加侖）以上碳氫化合物液體槽上所有低於最高液面的進/出管線。

f.位於狹窄擁擠地區的液體管線及槽。

g.易於破裂的設備的進口管線。

(2)過壓情況的安全措施：

a.安全閥的安裝及設計容量是否合乎要求？

b.小型液體容器（不須考慮防火安全）熱膨脹安全閥的安裝。

c.安全閥進口管線是否暢通？

d.自動控制器失常時是否會造成下游桶槽的過壓？

(3)桶/槽設計時是否曾考慮真空狀況之發生？

(4)洩漏防制：

    a.複閥安裝位置：

        ·輕油排放或取樣管線

        ·盛裝自凍（Self-Refrigeration）式液體的容器排放管線

    b.緊急排放閥的關閉。

    c.液體防凍設施。

(5)燃爐燃料桶：

    a.是否具除液裝置？

    b.燃料管線之加熱。

固定床單相反應器及攪拌反應器

過壓

(1)安全閥的設置。

(2)安全閥進口管線是否疏通？

(3)反應床的堵塞原因：

    a.積垢。

    b.碳焦或其他固體反應副產品。

    c.催化劑的飛逸。

    d.壓力造成的反應床移動，導致出口阻塞。

    e.冷卻流體或空氣的進入造成的堵塞。

過熱

(1)加熱系統失控：

    a.急冷系統或外在冷卻系統失常。

    b.反應物的濃度變化。

    c.攪拌不均勻。

    d.反應床部分阻塞產生的局部過熱現象。

e.局部過熱而導致的熱裂解或反應失控。

f.連續進料而導致批式反應的延緩發生。

g.反應物倒流造成的反應失控。

h.預熱溫度過高。

i.溫度控制或緊急停機裝置失控。

(2)再生：

再生溫度過高。

(3)反應床中的溫度監控裝置失常。

退化

容器材料的過度磨損或反應。

火災

棄置之催化劑是否易燃？

毒性

(1)排放至大氣中的氣體足具劇烈的毒性？

(2)再生或使用過的催化劑是否會排放劇毒氣體？

燃爐

燃燒室

(1)燃氣輸入系統是否安裝防止液體進入裝置：

a.燃氣系統是否具氣液分離器？

b.距離燃爐15公尺之外的燃氣管線是否裝置手控開關閥？

c.氣液分離器的液體排放。

d.氣液分離器是否具液面顯示裝置？

e.燃氣管線是否具加熱或保溫裝置？

(2)燃燒室爆炸之防範：

a.火焰熄滅警示及相關安全互鎖措施。

b.燃料切斷閥。

c.有無燃料壓力警示裝置？

d.擋板失控時之應變措施。

e.強制送風式燃爐的壓力過高時之安全、因應措施。

　(3)火災蔓延之防範：

　　a.是否具備蒸汽清除接頭？

　　b.液體燃料輸入管線是否具備管壁？

燃爐內的管路

　　管線破裂或損害時之安全措施：

　(1)是否具備低壓或低流量警示裝置及自動進料切斷裝置？

　(2)燃燒室是否裝置防爆天窗（當壓力超過70公斤/平方公分時）？

　(3)輸出管線是否裝置單向閥？

　(4)手控進料切斷閥的位置是否距離燃爐15公尺以外？

壓力疏解閥

應用考慮

　(1)緊急情況發生（停電、冷卻水停流、火災或程序失控）時，壓力疏
　　解閥是否足以將系統壓力降至安全範圍？

　(2)是否每一個設備/容器皆裝置壓力疏解閥？

　(3)壓力疏解閥的材料是否考慮腐蝕及溫度/壓力需求？

　(4)輸入管線是否需要加熱或保溫裝置？

　(5)若系統中含有黏滯性或膠狀物質時，不宜使用平衡的伸縮管式壓力
　　疏解閥。

　(6)如果設定壓力超過70公斤/平方公分（1,000磅/平方英吋）或系統
　　可能產生衝撞性壓力時考慮使用防爆盤（Rupture Disk）。

上游裝置防爆盤的壓力疏解閥

　(1)防爆盤與壓力疏解閥之間的氣體是否連續地排出大氣中？

　(2)上游防爆盤的安裝足以降低壓力疏解閥的釋放流量的百分之二十，
　　設計時，是否應將此種情況考慮在內？

管線考慮

(1)輸入及排放管線之管徑是否合適？

(2)管線額定壓力/溫度與壓力疏解閥相符？

(3)是否具備維修時使用的隔離閥？

(4)管線的壓差超出設定壓力的10％時，必須加大輸出管徑或使用平衡伸縮管式閥（壓差＜50％）。

(5)輸入管線的壓差不得超出設定壓力的3％。

(6)是否會發生雙相流動情況？

(7)壓力疏解閥的輸入及排放管線是否安裝排放閥？

大氣排放

(1)氣液分離器是否設計妥當（液體容量，氣體流動等）？

(2)氣體出口速度是否低於聲速的75％？

(3)排放管線中是否使用蒸汽淡化？

(4)地表面的易燃性氣體的平均燃燒功率是否低於安全限制？

　　a.氫、甲烷、乙烷、乙烯或316℃以上的碳氫化合物：9.5瓩/平方公尺（3,000英熱單位/時·平方公尺）。

　　b.其他：19瓩/平方公尺（6,000英熱單位/時·平方英尺）。

(5)氫氣或甲醛排放口是否為環形？

管線

壓力/溫度範圍

(1)管線的設計是否適於長期連續性使用？是否合乎美國國家標準（ANSI）？

(2)管線上的安全疏解閥的設定壓力的決定是否考慮管線的靜壓及閥輸入壓差？

(3)管線上的閥及凸緣是否與管線額定的規格相符？

(4)泵浦排放閥下游的管線是否能承受下列壓力？

　　a.進口壓與120％泵浦壓差之和。

　　b.最高進口壓與泵浦壓差之和。

(5)平行泵浦系統（雙泵或三泵）的進口閥及閥下游管線是否可承受排放流體溫度下，75％之排放壓力？

(6)下游管線阻塞時，管線的流體壓力是否會超過泵浦壓差的15％（在流體溫度下）？

(7)如果單一泵浦的排放管線上有其他替代壓力源時，進口閥及管線是否使用排放管線的標準而設計？

安全及閉路排放系統

(1)排放管線是否暢通？是否略為傾斜（傾斜角度＞0.12），以便於排放？

(2)易燃性液體的閉路排放管線：

　a.液體儲槽排放管線是否安裝單向閥？

　b.排放系統管線的選擇是否考慮所有連接的容器或設備壓力/溫度範圍？

　c.排放系統是否需加熱或保溫/絕熱裝置？

　d.排放管線的設計是否考慮流體自高壓容器排放後，由於壓力降低，部分蒸發成氣體，而產成雙相流動及溫度之降低？

其他有關安全考慮

(1)10英吋或較大的管線上的隔離閥是否是馬達驅動式？

(2)如果止流閥洩漏而倒流時，壓力是否會超過設計壓力的150％？

(3)下列情況，是否使用複閥？

　a.設計溫度超過攝氏540度（華氏1,000度），壓力等級超過600磅/平方英吋時

　b.液漿（Slurry）的設計溫度超過攝氏204度（華氏400度）

(4)輕分子量的碳氫化合物液體取樣管是否安裝雙閥？

(5)蒸餾塔、壓力容器的排氣及排液管閥的規格：

　a.額定壓力/溫度是否符合塔/槽的設計規格。

　b.排氣/排液閥是否密閉？

　c.經常使用之排洩管線是否安裝雙閥？

　d.所有需人進入維修的容器是否安裝6英吋管徑的排氣閥？

是否會發生下列導致管線破裂或損害的情況：

(1)輕分子量的碳氫化合物的自行冷凍：

　　管線的額定規格及材質是否適用於正常操作，起動及停機時的最低溫度爲何？

(2)設計時使用的溫度範圍是否妥當？

(3)積水的凍結：

　　如果管線中有積水可能，設計時是否已考慮加裝加熱裝置，以防止冬天積水結冰。

(4)加熱線的選擇：

　　a.加熱線的溫度是否會造成管線內物質的化學變化？

　　　　‧放熱裂解（例如乙烯）
　　　　‧因碳焦產生或泥漿的水份蒸發而造成壓力疏解路徑的阻塞
　　　　‧快速的腐蝕性化學反應

　　b.張力腐蝕：

　　　　‧碳鋼中的鹼性含量是否會在操作最高溫度下造成強力的降低
　　　　‧如欲加熱含鹼性的碳鋼管線，是否應考慮最高溫度的限制，以免造成鋼質張力的降低
　　　　‧如何預防高鹽份濕空氣對沃斯田鋼材的（Austentic Steel）損害

　　c.酸的損害：

　　　　‧材質的選擇是否考慮硫酸的濃度及溫度的影響
　　　　‧其他礦物酸或有機酸的考慮

　　d.金屬塵埃化：

　　　　溫度超過攝氏480度以上的含高濃度氫氣、甲烷或一氧化碳的氣體在管線中會將管壁金屬化爲塵埃，導致管壁破裂。

　　e.沖蝕：

　　　　是否考慮降低沖蝕的影響措施。

f.關閥減震措施：

　·關閥時是否考慮通過管閥的最大流體速度，以免流速突然變化
　　造成液鎚（Liquid Hammer）的現象
　·主要止回閥是否需安裝閉路減震裝置以避免損害轉動機械（泵
　　浦、壓縮機等）

資料來源：Guidelines for Hazard Evaluation Procedures, American Insti-
　　　　　tute of Chemical Engineers, 1985.

〔附錄九〕
苯的物質安全資料表

製造商或供應商資料：

製造商或供應商名稱：中國石油股份有限公司	
製造商或供應商地址：台北市中華路一段83號(總公司)	
諮詢者姓名及電話：曾玲玲　　(05)222－4171轉2450	
緊急聯絡電話：(05)222－4171	傳真電話：(05)225－0324

辨識資料：

物品中(英)文名稱：苯(BENZENE)【硝化級(NITRATION GRADE)】

同義名稱：BENZOL；CYCLOHEXATRIENE；BENZOLE；PHENE；PYROBENZOL；PYROBENZOLE；CARBON OIL；COAL TAR；NAPHTHA；PHENYL HYDRIDE；BENZOLENE；BICARBURET OF HYDROGEN；COAL NAPHTHA；MOTOR BENZOL；ANNULENE；UN1114

危害性成分				容許濃度			LD50	LC50
中(英)文名稱	化學式	含量 (%)	化學文摘社 登記號碼 CAS NO.	時量平均 容許濃度 TWA	短時間時量平 均容許濃度 STEL	最高容許 濃　度 CEILING	測試動物 吸收途徑	測試動物 吸收途徑
苯 (BENZENE)	C6H6	100	00071－43－2	10 ppm (30 mg/m3)	15 ppm (45 mg/m3)	未規定	3,306 mg/kg (大鼠吞食)	1,000 ppm /7 hours (大鼠吸入)

物質及化學特性：

物質狀態：　○糊狀物　　○粉末	酸鹼性：無資料	
	外　觀：淺色或無色或清澈液體	
○固體　◉液體　○氣體	氣　味：芳香燒味	
沸點：176 ℉　80℃	熔點：42 ℉　6℃	蒸氣壓：74.6 mmHg （20℃）　　psi
蒸氣密度：(空氣＝1)　　2.77		比　重：(水＝1)　　0.877
揮發速度：(乙酸丁酯＝1)　　3.50		水中溶解度：0.18% 於 25℃
揮　發　度：　100%		臭味閾值：　1.5～5.0 ppm

苯　第一頁(共三頁)

本資料之內容僅適用於本產品，若用於添加劑或摻配其他物質則不適用，本資料為收集目前最新相關資料編寫而成，但並不保證其準確性、可信度及完整性；使用者應自行負責其安全。

火災及爆炸危害資料：

閃火點：	12	°F		−11	℃	爆炸界限	爆炸下限（LEL）		1.3
測試方法：		○開杯	⊙閉杯						
自燃溫度：	928	°F		498	℃		爆炸上限（UEL）		7.9

火 災	滅火材料：小型火災用乾粉、二氧化碳、海龍或標準泡沫，大型火災用水霧、噴水或標準泡沫。
	特殊滅火程序：(1)救火人員須穿載防護具和呼吸具，在上風處救火；(2)切斷溶劑源，讓餘火繼續燃燒； (3)如果可能儘量移開儲存容器，或用水冷卻災區附近之容器，注意噴水時不要太靠近； (4)儲槽區火災，使用機械式水管或有偵測功能之噴嘴滅火，人員避免進入災區。

反應特性：

安 定 性	安　定	√	應避免之狀況：常溫常壓下安定，避免靜電、加熱、火花及任何 火源。
	不 安 定		危害分解物：　加熱可能釋出有毒含碳氧化物。
危害之聚合	可能發生		應避免之狀況：一
	不會發生	√	
不 相 容 性	應避免之物質：強氧化劑、強酸、強鹼、鹵素、硝酸、過氯酸鹽等。		

健康危害及急救措施：

進入人體之途徑：	⊙吸入	⊙皮膚接觸	⊙食食	⊙眼睛接觸

健康危害效應：
急性—苯易從皮膚、黏膜滲入體內，會造成眼睛、皮膚、黏膜之刺激作用，亦為中樞神經麻醉劑和骨髓抑制
　　　劑；應避免皮膚直接接觸，食食所引起之急毒性較吸入為強。
慢性—於流行病學報告指出，暴露在苯環境中，會影響免疫、造血、神經系統、心臟、肝、腎及血液，亦經證
　　　實為致癌物。

暴露之徵兆及症狀：
急性—吸入會刺激鼻、喉及肺，可能發生肺充血，其他如興奮、頭痛、反胃、嘔吐、眩暈、呼吸急促、胸口不
　　　適等症狀，高濃度會昏迷甚至致死。皮膚會引起刺痛、紅斑、炙痛，眼睛接觸會引起中度炙痛感，食食
　　　會造成口腔、喉及胃炙痛感，中毒症狀有反胃、嘔吐、頭疼、眩暈、胸痛、脈膊加速等。
慢性—吸入初期症狀有頭痛、反胃、厭食、虛弱、肺水腫等，其次有呼吸困難、蒼白、血壓降低、視力減退、
　　　振顫、口齒不清、尿液顏色改變、視線不清、體重減輕、肝及心臟、腎、血液功能異常。

緊急處理及急救措施：
吸入中毒—趕快將中毒者帶離現場，移至安靜涼爽、通風良好的地方，如面色蒼白，使其平躺，雙腳墊高；如
　　　　面色紅赦，則頭側向一邊，雙腳墊高，鬆開領口及皮帶，立即送醫。
吞食中毒—必須在十五分鐘內由專業人員將胃內之汽油移除（可用活性碳1 g/kg 體重）。
　　　　不要對中毒者施行催吐，免引起肺部併發症，讓他喝下一湯匙礦物油（Nujol），再喝下一杯加有一
　　　　湯匙 $MgSO_4$ 或 Na_2SO_4 的開水，同時鬆開領口及皮帶，立即送醫。
皮膚接觸—將中毒者移開污染區，將感染皮膚外的衣服脫除，在水籠頭下用清水和肥皂清洗感染處，如果皮膚
　　　　感染炙痛或刺痛，立刻送醫急救，將視同燙傷處理。如果皮膚不痛不紅而只有乾燥感覺，則塗抹少
　　　　許羊毛脂軟膏並替其換上乾淨衣服。
眼睛接觸—將中毒者移開污染區，在水籠頭或洗眼器下沖洗眼睛十五分鐘以上，並將上下眼皮翻開慢慢轉動眼
　　　　睛以便沖洗徹底，如果疼痛持續則送至眼科醫生處急救。

注意：
‧若呼吸停止，應立刻由專業人員施用人工復甦術。
‧不要給失去知覺者任何飲料。

暴露預防措施：

個 人 防 護 設　　　備	眼部：化學安全防護護目鏡。
	呼吸：逃生用，供氣式或自攜式呼吸防護具。救災或緊急情況，正壓式全面型供氣式呼吸 防護具。須同時注意保護眼睛，避免苯氣體刺激而受傷害。
	手套：材質須為耐芳香烴溶劑之合格防護手套。
	其他：防護衣、長圍裙、防護長統靴等，工作場所須備有淋身、洗眼設備。
通 風 設 備	(1)單獨使用不會產生火花、接地之通風系統。 (2)排氣口直接通到室外。　　　(3)供給充份的新鮮空氣以補充排氣系統抽出的空氣。
操 作 與 儲 存 注 意 事 項	(1)儲槽及作業場所要嚴禁煙火並避免用可能跳火花之器具。(2)罐裝或卸放中，嚴禁開啟車 輛電源、檢查電路、修護、洗刷車身或移動。(3)儲存於陰涼、乾燥及通風良好，且陽光無 法直射處。(4)保護容器及管線勿受撞擊或損壞；遠離易燃物。(5)貯存於合格之安全容器 內。(6)限量儲存，不使用時容器應加蓋。(7)有關苯之安全規則，應公告於使用或可能逸出 苯場所之明顯處，使進入該危險區之員工提高警覺，並遵守規則。(8)有肝、腎及血液疾病 之工作人員、孕婦、小孩應避免參加苯作業。
個 人 衛 生	(1)應使用合格之防護具，並每日檢察是否有破損，隨時更新；溶劑不可與皮膚直接接觸。 (2)不要配戴隱形眼鏡工作，注意個人衛生，工作完畢要清洗並換掉工作服，進食前將手臉 用肥皂和清水洗淨。(3)不可在工地睡覺、飲食，加班工作也盡量減少。(4)定期作健康檢 查。(5)平日少喝酒，多運動，多攝食富含維生素食物。

洩漏及廢棄物處理：

洩漏之緊急應變	(1)移走所有火源，不可接觸漏出液；(2)封閉污染區、附近人員撤離；(3)用水噴灑現場，降 低空氣中蒸氣濃度；(4)洩漏時救災人員須配戴正壓式全面型自攜式呼吸防護具，其他人員 速遠離現場；(5)災區附近絕對嚴禁煙火；(6)洩漏區施行有效通風，切斷溶劑源，注意引爆 濃度；(7)如為小規模洩漏，可用砂或其他吸附劑吸收後放入乾淨密閉容器中再行處理；(8) 如為大規模洩漏則須建堤坊圍堵（用土、砂袋、混凝土或 Polyurethane），避免讓其擴散 出去，再收集一起處理；(9)不可將漏出液倒入排水溝中，以免燃燒爆炸。
廢棄物處理方法	(1)將廢溶劑噴成霧狀，於一適當的焚化爐中燒掉。(2)設法將廢溶液回收利用。(3)量少時可 用大量的水沖入排水溝。(4)吸收溶劑之吸收劑，須按環保相關法規處理。

運送資料：

聯合國編號 （UN No.）	1114	危害性分類	3	所需圖式種類 （Hazard Labels）	

（標示顏色請參照通識規則附表二）

製表者資料：

製 表 單 位	名稱：中國石油股份有限公司煉製研究所			
	地址：嘉義市民生南路239號			
	電話：（05）222－4171			
製 表 人	職稱：化學工程師	姓名： 曾玲玲	（簽章）	
製 表 日 期	民國 82 年 6 月 26 日（更新日期）		建檔日期： 78 年 4 月 11 日	

工管叢書 4.

化工製程安全管理

著　　者 / 張一岑

出 版 者 / 揚智文化事業股份有限公司

發 行 人 / 林智堅

副總編輯 / 葉忠賢

責任編輯 / 賴筱彌

執行編輯 / 范維君　黃美雯

登 記 證 / 局版臺業字第 6499 號

地　　址 / 臺北市新生南路三段 88 號 5 樓之 6

電　　話 / (02)3660309　3660313

傳　　真 / 886-2-3660310

郵政劃撥 / 14534976

印　　刷 / 偉勵彩色印刷股份有限公司

法律顧問 / 北辰著作權事務所　蕭雄淋律師

定　　價 / 新臺幣 400 元(平裝)

初版四刷 / 1997 年 9 月

ISBN 957-9091-94-3

國立中央圖書館出版品預行編目資料

化工製程安全管理＝Chemical process safety
management／張一岑著. －－初版. －－臺北市
：揚智文化，1995〔民84〕
　　面　；　公分，－－（工管叢書；4）
含參考書目
ISBN 957－9091－94－3

1.工業安全　2.化學工程—管理

555.56　　　　　　　　　　83011916